历史与理论

Douze leçons sur l'histoire

历史学十二讲

(增订本)

〔法〕安托万·普罗斯特 著
王春华 译
〔阿根廷〕石保罗 校

北京大学出版社
PEKING UNIVERSITY PRESS

著作权合同登记　图字：01-2017-5374
图书在版编目(CIP)数据

历史学十二讲/(法)安托万·普罗斯特著；王春华译.—增订本.—北京：北京大学出版社，2018.9
（历史与理论）
ISBN 978-7-301-29461-1

Ⅰ.①历… Ⅱ.①安…②王… Ⅲ.①史学—基本知识 Ⅳ.①K0

中国版本图书馆 CIP 数据核字（2018）第 078165 号

Douze leçons sur l'histoire
Antoine Prost
© Éditions du Seuil, 1996 et 2010

书　　　名	历史学十二讲（增订本） LISHI XUE SHI'ER JIANG (ZENG DING BEN)
著作责任者	〔法〕安托万·普罗斯特　著　王春华　译
责任编辑	陈　甜
标准书号	ISBN 978-7-301-29461-1
出版发行	北京大学出版社
地　　　址	北京市海淀区成府路 205 号　100871
网　　　址	http://www.pup.cn　新浪微博:@北京大学出版社
电子信箱	pkuwsz@126.com
电　　　话	邮购部 62752015　发行部 62750672　编辑部 62752025
印刷者	北京中科印刷有限公司
经销者	新华书店
	880 毫米×1230 毫米　A5　13.125 印张　309 千字 2012 年 5 月第 1 版 2018 年 9 月第 2 版　2023 年 5 月第 4 次印刷
定　　　价	78.00 元

未经许可，不得以任何方式复制或抄袭本书之部分或全部内容。
版权所有，侵权必究
举报电话: 010-62752024　电子邮箱: fd@pup.pku.edu.cn
图书如有印装质量问题，请与出版部联系，电话: 010-62756370

目 录

导　论	1
第一讲　19—20世纪法国社会中的历史学	7
第二讲　历史学家这份职业	29
第三讲　事实与历史考证	52
第四讲　历史学家的问题	78
第五讲　历史学的时间	102
第六讲　概　念	127
第七讲　作为理解的历史学	148
第八讲　想象与归因	174
第九讲　社会学模式	194
第十讲　社会史	218
第十一讲　情节化与叙事性	242
第十二讲　历史学是写出来的	268
结　语　历史学的真相与社会职能	289

新版增补说明	315
附录一 历史、真相、方法	
——历史学的论证结构	316
附录二 历史学如何造就历史学家	337
书目指南	354
索　引	390
译后记	405

引用文献目录

第一讲
　　维克多·迪律伊大纲中的几个题目　　　　　　　　　　16

第二讲
　　皮埃尔·布迪厄｜历史学场域的组织　　　　　　　　　47

第三讲
　　马克·布洛赫｜献给页下注的颂歌　　　　　　　　　　55
　　夏尔·瑟诺博司｜考证是与天性相反的　　　　　　　　63
　　夏尔·瑟诺博司｜没有历史学事实是不带立足点的　　　66
　　保罗·拉孔布｜无假设,则无观察　　　　　　　　　　74

第四讲
　　罗宾·乔治·柯林武德｜历史地提问　　　　　　　　　80
　　吕西安·费弗尔｜一切皆可是资料　　　　　　　　　　81
　　罗宾·乔治·柯林武德｜一切皆可作史料　　　　　　　84
　　亨利-伊雷内·马罗｜澄清历史学家好奇心的缘由　　　98
　　朱尔·米什莱｜我的书创造了我……　　　　　　　　　99

第五讲
　　克洛德·列维-斯特劳斯｜没有日期,就没有历史学　　102
　　赖因哈特·科泽勒克｜预言和预测　　　　　　　　　　114

马克·布洛赫｜每种现象的分期 121

费尔南·布罗代尔｜三种时间 123

第六讲

赖因哈特·科泽勒克｜两个层面的概念 128

马克斯·韦伯｜理想型是一种思想表格 136

皮埃尔·布迪厄｜用历史学的钳子夹取概念 144

第七讲

吕西安·费弗尔｜人们，历史学唯一的对象 151

马克·布洛赫｜历史学家，像是传说中的
吃人妖魔…… 152

吕西安·费弗尔｜"亲历历史" 154

安托万·库尔诺｜一局国际象棋象征着历史 158

威廉·狄尔泰｜亲身经验与实在 161

亨利-伊雷内·马罗｜作为倾听的历史学 166

亨利-伊雷内·马罗｜作为友情的历史理解 167

罗宾·乔治·柯林武德｜除了被思考的
东西之外别无历史 171

罗宾·乔治·柯林武德｜对自我的认识与
对人类世界事务的认识 172

第八讲

夏尔·瑟诺博司｜不得不想象…… 174

保罗·拉孔布｜从偶然到确定 179

保罗·拉孔布｜历史学中想象的经验 183

雷蒙·阿隆｜衡量原因…… 184

保罗·利科｜尊重事件的不确定 190

亨利-伊雷内·马罗｜理论先于历史　　　　　　　　　193

第九讲
夏尔·瑟诺博司｜没有音乐，就不研究舞蹈　　　　195
埃米尔·涂尔干｜比较法　　　　　　　　　　　　200

第十讲
弗朗索瓦·基佐｜资产阶级与阶级斗争　　　　　　220
卡尔·马克思｜我既没有发现阶级，
　　也没有发现阶级斗争　　　　　　　　　　　232
弗朗索瓦·多斯｜新史学话语　　　　　　　　　　238

第十一讲
保罗·韦纳｜历史学是对真实事件的叙事　　　　　253
海登·怀特｜事先的预设　　　　　　　　　　　　265

第十二讲
克日什托夫·波米安｜历史叙事　　　　　　　　　268
米歇尔·德·塞尔多｜一种教学的话语　　　　　　274
米歇尔·德·塞尔多｜作为对于他者的
　　知识的历史学　　　　　　　　　　　　　　276
雅克·朗西埃｜话语体系中的叙述　　　　　　　　282
雅克·朗西埃｜知道从事的是哪种文学　　　　　　284

结　语
夏尔·瑟诺博司｜为什么必须教历史学　　　　　　302
皮埃尔·诺拉｜记忆与历史学　　　　　　　　　　306
吕西安·费弗尔｜历史学，遗忘，生与死　　　　　308
卡尔·贝克尔｜历史学家的声音就是普通人的声音　311

导　论

如果历史学真如我在本书中试图表明的那样，取决于书写历史者在社会与体制中所处的位置，那么，对我的这些思考产生于何种背景之中不做一番交代的话就说不过去了。本书源于我教的一门课程，给它起"历史学十二讲"这个名字是名副其实的。

和许多其他大学一样，在我任教的大学里，历史系学生也要上一门历史书写或者说认识论的课，其目的是要通过种种方法使学生用批判的眼光来看待人们自称在研究历史时的所作所为。这门课本身也有着长达百年的传统：皮埃尔·维拉尔（Pierre Vilar）和乔治·勒费弗尔（Georges Lefebvre）都曾讲过这门课，在此之前，是夏尔-维克多·朗格卢瓦（Charles-Victor Langlois）和夏尔·瑟诺博司（Charles Seignobos）于1896—1897年度在索邦大学首次开这门课，其授课内容在1897年付梓刊行，书名为《历史研究导论》（*Introduction aux études historiques*）〔1〕，其实我这本书若是取这个名字也非常合适。

然而，上述传统却是脆弱的、受到威胁的。直到1980年代末，对历史学进行方法论上的反思在法国都被认为毫无用处。诚然，也有一些

---

〔1〕 相关著作的完整信息参见书目指南部分，脚注中不再说明，否则冗长累赘，于读者无益。（此书有李思纯中译本，《史学原论》，商务印书馆，1933年。——译注）

历史学家对史学史感兴趣，譬如卡博内尔（CH. -O. Carbonell）、多斯（F. Dosse）、阿尔托格（F. Hartog）、迪穆兰（O. Dumoulin）等人，但即使是他们也把认识论方面的反思工作留给哲学家（雷蒙·阿隆［R. Aron］、保罗·利科［P. Ricœur］）去做。很能够说明问题的一点是，如今能在书店里买到的那几本综论性著作全都缘起于域外：勒高夫（J. Le Goff）的《历史与记忆》（*Histoire et Mémoire*）最早以意大利文出版，爱德华·卡尔（E. Carr）的教材［2］源于其在剑桥大学乔治·麦考莱·屈维廉讲座的讲演，而那本依然十分出色的小书《论历史认识》（*De la connaissance historique*）也同样是马罗（H. -I. Marrou）在鲁汶大学任红衣主教梅西耶讲座教授时的授课记录。像勒高夫和诺拉（P. Nora）一样，年鉴学派的领军人物布罗代尔（F. Braudel）、勒华拉杜里（E. Le Roy Ladurie）、傅勒（F. Furet）和肖尼（P. Chaunu）也曾组织出版许多论文集或集体撰写的著作，但试图对历史学家这份职业予以说明解释的，却仍只有马克·布洛赫（Marc Bloch）那不幸未能完成的《为历史学辩护》（*Apologie pour l'histoire*）一本书而已。

出现这样的情况，乃是法国历史学家有意为之：他们一直都很少在普遍层面上进行思考。对费弗尔（L. Febvre）来说，"哲学探讨"是"大错特错"［3］他在法兰西学院（Collège de France）所做的首场讲座中讲到，历史学家"不太需要哲学"。他援引贝玑的"冷嘲热讽"来支持自己的说法：

---

［2］ 指 E. H. Carr, *What Is History?* 一书。——译注

［3］ 见费弗尔给布洛赫《为历史学辩护》一书所作书评，初发表于《形而上学与伦理学杂志》（*Revue de métaphysique et de morale*, LXII, 1949），后收录于《为历史学战斗》（*Combats pour l'histoire*, 第 419—438 页）："人们绝不会指责作者进行哲学探讨——此处我们不要被误导，历史学家说出这样的话来是大错特错了。"（第 433 页）

> 历史学家在研究历史时通常不考虑历史学的局限与条件;他们这样做大概是正确的;还是各司其职的好;一般而言,历史学家在开始研究历史时最好不要那么好高骛远;否则将永远一事无成![4]

这里不仅仅是分工的问题。许多历史学家即使时间充裕也不会对其学科进行系统反思。阿里耶斯认为,拒绝对历史学进行哲学思考,这是一种"让人无法忍受的自负":

> 对哲学思考视而不见,或者毫不在意地将之撇在一边,认为这是业余爱好者能力不足而空谈理论:技术专家的自负让人无法忍受,他一直窝在自己的技术里面,从来都没想过要从外部来看看这种技术![5]

这种说法是言之有据的。利科阅读了大量法国历史学家的著作,但他不必对他们手下留情,在这个问题上,他有点儿"阴险"地引用了肖尼的话:

> 认识论是一种应该坚决予以抵制的诱惑……最多也只能由一些顶尖人物去研究——无论如何,我们不是,也不该自以为是这种顶尖人物——这样做是为了防止此种卡普阿病[6]的危险诱惑,从

---

[4] 贝玑:《论现代历史学与社会学中的既成事实》(Charles Péguy, De la situation faite à l'histoire et à la sociologie dans les temps modernes, 3e Cahier, 8e série),参见费弗尔:《为历史学战斗》,第3—17页。引语见第4页。

[5] 阿里耶斯:《历史学的时间》(Philippe Ariès, Le Temps de l'histoire),第216页。

[6] 卡普阿病(morbide Capoue):这里大概是化用了"les délices de Capoue"(卡普阿的快乐)一语。迦太基将领汉尼拔在坎尼会战中击败罗马军队之后,将卡普阿作为自己的冬季宿营地,李维等史家认为汉尼拔的军队在此期间军纪松弛,丧失斗志,"les délices de Capoue"由此专指使人精神萎靡、不思进取的逸乐。——译注

而更好地保护正在构建知识的身强体壮的工匠——这才是我们唯一应有的头衔。[7]

因为法国的历史学家常常就是这样一副朴实工匠的模样。如果给法国的历史学家拍张全家福的话，会是这样一幅情景：他们在自己的作坊里摆好姿势，竭力让自己看上去是经过漫长学徒期训练之后技艺娴熟的手艺人。他们赞赏精心打造的作品，更看重手法技艺而不是理论，在他们看来，做社会学研究的同行正是被那些百无一用的理论所困扰。大多数法国历史学家不会在著作的开头部分就界定其使用的概念和解释框架，而在他们的德国同行看来，这却是必不可少的。更有甚者，他们认为对历史学进行系统反思是自大的，也是危险的：领袖群伦的企图与他们的谦逊格格不入（即使这谦逊是装出来的），更何况这还会招致同行不友善的批评，他们可不想给同行留下好为人师的印象。认识论上的反思看来有损于行会中"师傅"之间的平等地位。于是，不进行反思既可节省时间，又能免遭同侪批评。

幸好，这种态度正在改变。在《综合杂志》(Revue de synthèse)之类的老牌期刊和《起源》(Genèse)之类较年轻的期刊上发表的文章比以前更注重方法论方面的问题。《年鉴》(Annales)在创刊60周年的时候也进行了一次反思，自此之后，这种反思就一直没有断过。

的确，历史学家所处的局势(conjoncture)已经改变了。过去，所有的法国历史学家都为自己或多或少算是年鉴学派的一员而感到骄傲（据说全世界的历史学家都对年鉴学派青眼有加），而现在，这种优越感不仅让人生厌，而且实在是站不住脚。法国的历史书写破裂了，有三

---

[7] 保罗·利科：《时间与叙事》(Temps et Récit)，第一卷，第171页。

种探究动摇了它原先的确定性。从此以后,进行综合的尝试看来就是幻想,注定失败;现在是微观史学,是主题无限丰富的专题著作大行其道的时候了。在将史学归入文学的主观主义的打击之下,瑟诺博司和西米安(Simiand)的科学抱负(尽管二者也不尽相同)已是风中残烛;表象(représentation)盖过了事实。最后,布罗代尔以及那些倡导一种吸纳摄取其他所有社会科学的总体史的人的统一大业遇到了信任危机:由于不断地借用经济学、社会学、民族学、语言学的问题、概念和方法,今日的历史学面临着发人深省的身份危机。总之,多斯给其著作所取的名字是有道理的:今日的历史学"裂成了碎片"。[8]

在这种新背景之下,一本对历史学进行反思的书绝不是一份学派宣言,不是秉持某种理论立场来对不同的史学著作横加褒贬,党同伐异。它为一种所有历史学家都参与其间的共同反思做出贡献。将自认为在做的与实际上所做的加以比照,这是今日任何历史学家都不可回避的工作。

然而必须要说明的是,本书中的反思基于一门面向本科生的课程。这门课我很愉快地上过好几轮。在我看来,这门课所回应的是一种期盼,甚至是一种渴求。所以我决定将课程讲义誊清,配上脚注和参考书目,使之更为精准详细,于本书读者更加方便。显然,这样做也有其负累:某些知识是历史学圈内人熟知的,例如朗格卢瓦和瑟诺博司所说的历史考证,又如布罗代尔提出的三种历史时间,这些本来可以不用赘述,但本书读者有权获得详尽的信息。另外,行文理应清楚明晰,因此

---

[8] 指多斯所著 *L'Histoire en miettes: Des Annales à la «nouvelle histoire»* 一书,中译本见《碎片化的历史学:从〈年鉴〉到"新史学"》,马胜利译,北京大学出版社,2008年。——译注

有些课堂上的俏皮话以及所有枝蔓之处都被我删去了。

11　　和所有教师一样,我这门课自然也是基于他人的思考之上。在阅读他们的著作时,我感到由衷的快乐,这些人当中法国的有拉孔布(Lacombe)、瑟诺博司、西米安、布洛赫、费弗尔、马罗,国外的有柯林武德(Collingwood)、科泽勒克(Koselleck)、海登·怀特(Hayden White)和韦伯(Weber)等等,此处无法一一罗列。我希望能与读者分享这种阅读的快乐,于是引用了不少他们的文字,并将之整合到我自己的文章中,这么做也是因为在我看来,别人说过的(或是说得生动活泼,或是说得风趣幽默,但都说得贴切到位),我鹦鹉学舌似地再说一遍徒劳无益。因此我请读者不要跳过引文直奔结论:这些引文常常构成推理的关键步骤。

我们明白,本书既不是自负的宣言,也不是漂亮的随笔:它只是谦逊的反思,但愿它于读者有益。而这在我看来已经是很大的抱负了。在作坊里向学徒传授手艺,这是法国历史学家所珍视的角色,本书也是去重新获取这个角色的方式之一……

第一讲 19—20世纪法国社会中的历史学[1]

历史学,乃是历史学家的所作所为。

被称之为"历史学"的这门学科并不是一种永恒不变的实质,不是柏拉图式的理念。它本身也是一个历史事实,换言之,历史学处于时间和空间之中,它由那些自称是、而且也被承认是历史学家的人们所负载,被各界公众作为历史学来接受。并不存在什么永恒的(*sub specie aeternitatis*)、其特质历久而不变的大写历史学,却有着被某个时代的人们一致认为是历史学的各式各样的作品。这意味着历史学首先是一种社会实践,然后才如它自以为的那样(在某种程度上也的确)是一门具有科学性的学科。

以上论断可以让想要对自己所从事的学科进行反思的历史学家放心了;因为这种反思实际上是让历史学家去做他早就驾轻就熟的事情:研究一个职业群体,研究这个群体的行为及其演变。由历史学家组成的群体以传统为指归,他们形成诸多学派,同时也承认构成其共同技艺的那些行规,遵循某种职业操守,举行吸纳或是开除成员的仪式。自认为是历史学家的人们(有男有女)实际上是由对这一共同体的归属感联系在一起的。他们为饶有兴味地阅读、倾听和讨论其作品的公众而

---

[1] 在法语中,"histoire"兼有"历史"与"历史学"两重含义,译者在译文中尽量予以区分,惟请读者注意,在原文中这两重意思未必处处都能分得那么清楚。——译注

研究历史。诚然,他们也被好奇心、对真相的执着以及对科学的崇拜所驱动,但是社会对他们的承认以及他们的收入都要依靠这个社会,是这个社会给予他们某种地位与报酬。要成为历史学家,得同时获得同行与社会两方面的承认。

因此,历史学家的史学话语本身也从属于与之密不可分的社会史与文化史。在阅读某个时代或某个学派的历史学家关于历史学的著作时,我们需要从两个层面加以考察:第一个是其文本所界定的历史这一概念,第二个是这一历史概念所处的背景,我们要破解历史学家的方法论,从中抽取出多重蕴义。以朗格卢瓦和瑟诺博司那本著名的《历史研究导论》为例,从第一个层面看,它是一种方法论,其对各种历史考证的分析本身就自有其意义。从第二个层面来看,它是一种知识甚至政治背景的反映,当时贝尔纳[2]式的实验科学大行其道,涂尔干社会学也是在此时出现,它想要将严格的实验方法运用于社会现象,这从根本上对历史学成为科学的抱负构成威胁。

于是,以历史学为研究对象的历史学家们——我在此书中也无法避免这共同的命运——为了确立自身的地位,不得不既要比照同学科的先辈与同人,也要比照相邻的科学团体,历史学与这些团体为了争夺科学领域同时也是为了争夺社会领域的控制权,不可避免地会产生竞争。此外,以历史学为研究对象的历史学家们既应考察社会整体,也应考察他们所针对的社会中的某些部分,他们的研究对某些部分有意义,对另一些则没有。这是因为,历史学首先是一种社会实践,然后才是一种科学实践,说得更准确些,历史学在科学上的鹄的同时也是其在一个

---

[2] 贝尔纳(Claude Bernard, 1813—1878),法国生理学家,实验医学的奠基者。——译注

特定社会中有所秉持与获得意义的手段,历史学的认识论本身在一定程度上也是一部历史。在这方面,法国的情况非常典型。

一 历史在法国的地位:得天独厚

在法国文化与法国社会中,历史所占的地位非同凡响。它在法国政治话语和新闻评论中的地位是任何其他国家都没有的。它在法国所享有的声誉也是其他任何地方所没有的。历史是进行任何思考时必备的参照,是不可或缺的视角。曾有人说它是一种"法兰西激情"[3];或许,我们甚至可以从中看到一种民族怪癖。

我们来看看书店里的景象。比之国外,法国有更多面向大众的历史类丛书。不光是大学出版社和专业出版社,连那些最有分量的出版社也对历史感兴趣。无论是阿歇特(Hachette)、伽里玛(Gallimard)、法亚尔(Fayard)、瑟伊(Le Seuil)和普隆(Plon),还是弗拉马里翁(Flammarion)、奥比耶—蒙田(Aubier-Montaigne),都有一套或多套历史类丛书。其中颇有几套大获成功,如法亚尔出版的传记,另外有些书,如勒华拉杜里的《蒙塔尤》(*Montaillou, village occitan*)大概已经卖出20多万本。[4] 同样,车站报亭里的历史类书刊也广受欢迎,如《历史之镜》(*Le*

---

[3] 菲利普·儒达尔:《一种法兰西激情:历史》(Philippe Joutard, une passion française: l'histoire)。儒达尔追溯至16世纪市民族记忆的形成,他把所有历史学作品作为一个整体加以考察。本书的分析与之不同,我们将历史教学摆在首位,并且主要关注上述民族记忆体制化过程中法国大革命及19世纪这个时段。

[4] 据出版社方面说,截至1989年1月,《蒙塔尤》已发行188540本。乔治·杜比的《大教堂时代》(Georges Duby, *Le Temps des cathédrales*)已发行75500本。参见菲利普·卡拉尔:《新史学的诗学》(Philippe Carrard, *Poetics of the New History*),第136页。

Miroir de l'histoire)、《历史》(*Historia*,1980 年发行 15.5 万份)、《历史全景》(*Historama*,1980 年发行 19.5 万份)、《历史》(*L'Histoire*) 等等。这些普及性历史书刊并非只是讲些轶闻掌故,在法国,这类书刊在 1980 年总共售出 60 万份,而英国同类书刊只卖出 3 万份,此外,阿兰·德科[5]从 1969 年起就开始在电视上"讲"历史,这档节目所获得的成功使他能在 10 年之后进入法兰西学士院(Académie française de France)。所以,当我们看到 1983 年的一份调查说 52% 的法国人对历史"感兴趣",15% 的法国人为历史"着迷"的时候,就不会感到惊讶了。[6]

然而,广受大众欢迎并不是问题的关键所在。历史学的确比社会学和心理学有更多的读者,更引人入胜,这些学科由此分出了高下,但它们的性质没有不同。我们不能以此来证明历史学在法国文化中享有特殊地位。但历史学在这个国度中扮演与众不同的、决定性的角色——这才是关键。

我举一个例子,读者便可一目了然。例子中的这句话在法国人看来自然而然,其本身就不容置疑,也没有人会提出异议。另外,这句话也具有权威,因为讲这话的是国家最高领导人。在 1982 年的一次部长会议上,讨论到历史教学问题,密特朗总统说:"一个民族不教授自己的历史就丧失了自己的认同。"与会者对此表示一致同意。

只要对法国之外的情况稍微有点了解便足以证明这种说法是错误的:许多国家,例如美国和英国,都有强烈的民族认同感,但历史教学在

---

〔5〕 阿兰·德科(Alain Decaux,1925—),法国作家,以在电视和广播中主持多种历史类谈话节目闻名,其中有一档节目便名为《阿兰·德科开讲》(*Alain Decaux raconte*),他在 1979 年当选法兰西学士院院士。——译注

〔6〕 这是《快报》(*L'Express*)的民意调查,参见儒达尔:《一种法兰西激情:历史》,第 511 页。

他们那里却处于边缘,甚至根本就没有。在美国,18岁之前的整套中小学教育中,历史课一般只上一年,也只开一门课。除了学习历史,还有许多其他办法可以用来构建民族认同。学习历史也并不能自动形成想要拥有的认同:让阿尔及利亚获得独立的那些人在小时候都学过法国史,都反复朗诵过"我们的祖先高卢人……"共和国总统密特朗的论断并非放之四海而皆准,然而此处的要害却不在于其正确与否。

更为重要的在于以下两点。第一,没有任何人站出来指出总统的错误(哪怕是心怀敬意地提出异议)。总统所说的并不是他个人的见解,而只是被普遍接受的、再平常不过的观点。法国人一致认为,他们的民族认同,甚至民族之存在都要通过历史教学来获得:"一个社会若是逐渐在学校里取消历史课,便等于在自杀。"[7] 如此决绝的看法……

即使其他地方的民族认同是经由其他途径塑造的,这也不能否认在法国,民族认同植根于一种与历史相关的文化之中——对于这一信念,我们不在此处进行讨论。法国人对历史学认同功能的共识是否正确并不重要,重要的是这一共识赋予了历史学家万分重要且声誉卓著的使命。他们的社会地位越来越高,尽管,为此付出的代价也越来越大。

第二,没有人因为国家元首自以为是地对历史教学发表看法而感到惊讶。在法国人眼里,这是总统必须做的工作之一。法国或许是世界上唯一一个历史教学成为国家大事、在部长会议上进行讨论[8]的国

---

[7] 《历史》杂志社论,1980年1月,转引自《历史学家与地理学家》(*Historiens et Géographes*),1980年2—3月,第277期,第375页。

[8] 例如1982年8月31日的部长会议。

家,或许也是唯一一个总理以其总理身份在历史教学研讨会上做开幕讲话并视之为理所当然的国家。[9] 假若美国总统或英国首相偶尔也如此行事,那么新闻记者之惊讶,就好比是听到总统或首相就足球比赛的裁判问题发表了声明一样。但在法国,人们赋予历史教学以认同功能,这使它成为政治上得失的一大关键。

因此,历史学在法国文化传统中的特殊地位系于它在学校教育中的地位。事实上,世界上几乎再也没有其他国家像法国那样,历史课是义务教育阶段(6—18岁)所有学生每年都必修的课程。[10] 法国的历史教育史能让我们明白历史教学在我们社会中的独特功能以及它在我们文化传统中所占据的地位。[11]

从这点来看,中学与小学的历史教育之间有着显著区别。在中学,从1818年起历史课就是必修课;而在小学,历史课要到1880年才成为必修课。这意味着在19世纪时,历史课与平民百姓上的小学无缘,它是上层人物的事情。

---

[9] 此处指皮埃尔·莫鲁瓦(Pierre Mauroy)1984年1月在蒙彼利埃"全国历史学与历史教学研讨会"上的讲话,见《全国历史学与历史教学研讨会》(*Colloque national sur l'histoire et son enseignement*,教育部),第5—13页。

[10] 一般来说,历史课只在某些年级才是必修课,这个阶段通常设置在小学,而不是高中。

[11] 此处我们不想追溯中小学历史教育史。关于中学历史教育,保罗·热尔博(Paul Gerbod)1965年在《历史信息》(*L'Information historique*)中已有论述,这篇文章至今仍不可替代。关于小学历史教育,参见让-诺埃尔·吕克(Jean-Noël Luc)的论文(载《历史学家与地理学家》,第306期,1985年7—10月,第149—207页),以及布里吉特·当塞尔(Brigitte Dancel)的博士论文。

二　19世纪时历史学的社会用途

中等教育中的历史学

历史学进入中学不仅比进入小学早,而且也比进入大学要早,中学里的历史课因此显得尤为引人瞩目。在大学有历史课之前,高中、初中早已开始上历史课。这乍看上去殊为可怪,但要是知道中等教育在法国社会里的中心地位,也就没什么奇怪了。在19世纪80年代之前,大学文科的主要功能不就是负责中学会考么?大学里刚开始上历史课时,这门课面向大众,授课老师同时教授普遍史与世界地理两门课,上课时老师颇像是在演讲。要等到1870年法国在普法战争中失败,共和国成立之后,大学里才开始科学地教授历史,才有了较为专业的历史教师,他们差不多算是"职业"历史学家。[12]

与之相反,中学在精英教育中扮演主角,而历史学很早就进入中等教育。大革命时期的中心学校[13]曾一度有过历史课,在拿破仑统治时期,高中课程在原则上也包含历史课,在1814年时,历史课在中学课程中真正站稳了脚跟,到1818年时,从中学五年级到修辞班[14],历史课都是必修科目,每周上两小时。虽然这以后又经历了许多变动,但中学里从此就一直都设有历史课。在19世纪法国产生过影响的人,其中也

---

[12] 卡博内尔和凯勒(W. R. Keylor)在这方面的研究声名卓著。

[13] 中心学校(école centrale)是法国在1795—1802年间的中等教育机构。——译注

[14] 那时的中学前五年称为语法班(第一年称为中学五年级,第二年为四年级,以此类推),接下来是两年古典班,最后一年称为修辞班。——译注

包括只上过几年中学、没有参加毕业会考拿到文凭的那些人,都上过历史课。

至少理论上如此。这么说是因为课程计划与实际情况之间常有不同,历史课在高中教学中的实际地位与官方的规定也不尽相同。所以我们还应进行更细致的考察。

我们在其中可以清楚地看到有一种趋势逐渐明朗起来(这也是中学历史教育的第二个特征):历史课渐渐从古典文学的控制下解放出来而自立门户,教学内容也涉及当代史,与此同时,对年代、君主的记诵也逐渐被对政治与社会的整体理解所替代。教学内容与方法这两方面的变化在很大程度上是因为历史教师逐渐专业化。教师专业化的原则于1818年提出。1830年创设的历史教师资格考试培养和吸纳了为数不多的优秀历史学家,他们成为中学历史教师里的中坚力量,教师专业化的原则也得以巩固。第二帝国在1853—1860年间取消了历史教师资格考试,但这前后只有几年时间,对培养历史教师并没有什么损害。

中学里的历史课由专业教师讲授,这一点至关重要。要是还像以前那样由文学教师讲授的话,历史课只能要么是希腊拉丁古典研究的附庸(古代史地位显赫的原因正在于此),要么是低人一等的副科,用些诸如普遍史或法国史《大事纪》《纲要》之类的简明教材。

专业教师的出现彻底改变了历史课。不再是历史学服务于古典文献,恰恰相反,古典文献成为史料,为历史学服务。历史学不再满足于按时间顺序罗列史实、人物与君主,而是指向整体上的理解。1849年的教师资格考试大纲中有关于古代史的几个问题,可以很好地说明这种转变:比较古典作家的作品,研究从希波战争结束至亚历山大统治期间,由外因引起的雅典政体与社会的变化;从格拉古兄弟(les Gracques)到奥古斯都去世之间,罗马骑士等级的历史;根据当时的著作,分析高卢地区在大入侵期间的精神风貌与政治状况。[15] 当时通过历史教师资格考试的人数极少(每年4至6人,到1842年共计有33人),尽管如此,无论这些人是高师学生还是自己备考的考生,他们都起到了表率作用。他们在最好的高中教书,他们编写的教材树立了一种更广阔的历史观(例如,在这些获得教师资格的高师青年学生里面有一位维克多·迪律伊[16],在1848年即将到来之际,他就推出了这样一套教材集)。

这场运动也提高了当代史的地位。当然,当代史一直就占有一席之地。例如,1840年的中学毕业会考大纲(考官无权更改)包括如下题目:古代史50题,中世纪史22题,现代史23题,下限截止于1789年。到1852年的时候,大纲越过了法国大革命这条象征性边界,古代史也不再占有主导地位,只有22题,中世纪史有15题,现代史25题,下限截止于第一帝国。

维克多·迪律伊在1863—1869年间担任部长职务,正是在他的努力下,"厚今薄古"才真正得以实现。在1863年,修辞班历史课的下限从17世纪中叶移至1815年,哲学班[17]历史课的下限截止于1863年,关于大革命时期的内容也更加细致,对于国外情况及我们后来名之为经济史、社会史的内容也具有了开阔的视野。

---

[15] 热尔博:《1802—1880年历史课在中等教育中的地位》(La place de l'histoire dans l'enseignement secondaire de 1802 à 1880),第127页。

[16] 维克多·迪律伊(Victor Duruy,1811—1894),法国历史学家、政治家。他与阿歇特出版社的创始人路易·阿歇特(Louis Hachette)合作推出的教材集《普遍史纲》(Abrégés d'histoire universelle)影响甚大。——译注

[17] 那时无望进入大学的中学三年级学生可直接进入哲学班。——译注

维克多·迪律伊大纲中的几个题目

24. 美利坚合众国的迅速崛起及其原因。加利福尼亚和澳大利亚金矿的发现;大量黄金对欧洲市场的影响。南北战争。原西班牙殖民地的状况。远征墨西哥。夺取普埃布拉,占领墨西哥城。……

26. 现代社会的新特征:

(1) 铁路、汽船、电报、银行及新的商业体制在人与人之间建立起紧密的联系……

(2) 政府关注最大多数人的物欲与道德心。

(3) 由于权力平等及工业活动的自由扩张,财富大量增多,并得到更好的分配……现代文明宏伟却也危险,必须促进道德心的发展以平衡大大膨胀的物欲。文明成果当中法国所占的份额。

——皮奥贝塔(J. -B. Piobetta):《中学毕业会考》,第834—835页。

这份历史教学大纲的框架几经修订,一直沿用至1902年。它的特点在于涵盖了各个历史时期。如1880年的大纲规定,从六年级到四年级每周有两小时古代史,四年级之后每周都要上三小时历史课,其中三年级上1270年之前的中世纪部分,二年级上1270—1610年部分,修辞班上1610—1789年部分,哲学班或初等数学班[18]上1789—1875年部分。

---

[18] 当时只想准备精英学校(grande école)入学考试的学生,在结束语法班的学习之后,可以不必再上古典班和修辞班,而直接进入初等数学班。——译注

在 19 世纪的最后几十年中，共和派创建了真正的高等文科教育，上述发展圆满完成。要成为专业教师，一般都要通过中学教师资格考试，这些教师从此都得经过大学文科里职业历史学家的训练。中学教师资格考试也是进行学术研究的入门仪式，因为要参加考试，就得先获得高等研究文凭（1894），它是现在硕士学位（maîtrise）的前身。1902年的改革使初中和高中的历史教学分开，二者各自都涵盖了从古至今的所有历史时期。[19]

上述发展的第三个特点是，历史课越来越独立、当代内容所占分量越来越重以及更具综合性这一过程并不是一帆风顺的，它因为政治环境的变动而波荡起伏。1814—1820 年间在空论派鲁瓦耶-科拉尔（Royer-Collard）等人的力促之下，宪政派使历史课成为必修课，七月王朝时期创建并巩固了中学教师资格考试制度，也设置了更多的专业教授职位。在自由帝国[20]及后来的第三共和国时期，历史课在教学大纲中的分量更重，授课时间更长。与之相反，1820—1828 年间极端派掌权时，以及在专制帝国时期，历史课就失宠了。

这是由于历史教学在政治上并非是中性的。诚然，到处都有人一再重申，历史课上不应做过多的引申，不应下有明显倾向的断语；历史课的捍卫者也坚持认为它能培养对宗教与国王的敬爱之情。然而他们

---

[19] 参见亨利·迪比耶夫（Henri Dubief）:《中学教育中的规章制度》（Les cadres réglementaires dans l'enseignement secondaire），《历史教学百年研讨会》（Colloque Cent Ans d'enseignement de l'histoire），第 9—18 页。初中和高中的二分结构在 1935—1938 年间一度中断。关于历史教学大纲的系统比较，参见 J. 勒迪克（J. Leduc），V. 马科斯-阿尔瓦雷斯（V. Marcos-Alvarez），J. 勒佩莱克（J. Le Pellec）的《构建历史》（Construire l'histoire）。

[20] 第二帝国通常被分为两个阶段，即专制帝国（l'Empire autoritaire，1851—1860）时期和自由帝国（l'Empire libéral，1860—1870）时期。——译注

都是在白费工夫;从其本质来说,历史课就是要告诉学生,体制与制度是变动不居的。这是一项将政治去神圣化的事业。保守派所能接受的历史课,是被缩减为以宗教故事和遥远往事为主的编年史。一旦涉及现代,即便是止步于1789年这道分水岭,历史教学还是有和现代精神合谋的嫌疑。

而与之相反的是,历史课的支持者对其政治功能坦然接受。前文引用的维克多·迪律伊大纲就很能说明问题。共和派说得更加明白:"法国史特别应该阐明制度的发展概况,现代社会正是从此中生发出来;法国史应该激发人们对那些奠定现代社会基础的原则的尊敬与忠诚。"[21] 历史课在中等教育中的地位显然系于其社会政治功能:现代社会脱胎于大革命和第一帝国,而历史课乃是现代社会的预科班。

公共论争中的历史学家

得益于专业教师的出现,经历了赋予其社会政治意义的一次次冲突,历史课在19世纪就这样早早地成为初中和高中的必修课,并且当代性和综合性越来越强。这些是其特征,而不是其缘由:为什么历史课被定为必修课?这种重要性从何而来?

答案不能在历史教学本身中去找,因为从教育学的角度看,它并没有什么值得称道之处。甚至可以说,在19世纪初,历史课那种有失偏颇的教学方式反而暴露出其缺点:罗列日期与朝代对学生来说毫无教益可言。历史课的合法性与必要性另有原因。也正是基于这同样的原因,历史学家在当时的公共论争中占有重要地位。

这里有一处看似矛盾的地方。诚然,在19世纪的前75年,高等教

---

[21] 1880年8月12日决议,参见热尔博:《1802—1880年历史课在中等教育中的地位》,第130页。

育中几乎没有历史学这一科目。然而,这个时期的大历史学家们却引起了公众的关注,他们在论争中大显身手,声名鹊起。这是因为与外省的大学文科不同,巴黎的法兰西学院、高等师范学校、索邦大学等机构设有一些历史学教职。任教者不是给大学生,而是给有教养的公众讲课,那时候公共集会要得到许可,报刊也受到监管,于是去听他们讲课的人就分外多了。在这片保留地里,历史课不可避免地带上了政治色彩,课堂上不时响起的掌声就很能说明问题。有时惊动了政府,课程会被勒令取消,1822年基佐(Guizot)就遇到了这种情况。1828年他重返课堂,在当时被视为一种政治上的胜利。

这群历史学家极为引人瞩目。除了基佐、米什莱(Michelet)、基内(Quinet)以及之后的勒南(Renan)和丹纳(Taine),还有奥古斯丁·梯叶里(Augustin Thierry)、梯也尔(Thiers)和托克维尔等。他们是当时思想论争中的核心人物,其历史著作的学术性没有后来19世纪末职业历史学家的那么强,更多是依靠编年史和资料辑录,而不是以真正博学(érudition)的研究为基础。米什莱声称自己的著作是经常去档案馆的成果,但除了一些插图之外,他在档案馆中好像并没有多少收获。另一方面,这些历史著作有很强的文学性,常常带有演说辞的风格:考虑到这些著作是在何种环境中写成的,个中原因就很容易明白了。1870—1880年间的共和国学界在面对德国学者的博学时会感到自己落于人后,他们因此将会责难前辈更多地是艺术家而不是学者。但话说回来,上述历史学家的作品文采斐然,所以直到今日依然耐读。

更何况这些史学著作并不缺乏力量。当时的读者无法忍受在无关紧要的细微之处纠缠不清。他们喜欢的是几堂课便纵贯好几个世纪的大场面。从中他们可以看出历史演变的大势。同时,这些史学著作不完全是政治史。它们很少描写事件的细节,更喜欢概述其整体意义及影响。它们的目标要更宏大:法国人民史,文明史(基佐),法国史(米什莱)。它们通过社会的演变来解释制度的变化。简而言之,既是政治史,也是社会史。

这些史学著作有时像是在做哲学反思,或者像是在做我们现在所说的政治科学(如托克维尔的那本著作),它们的确围绕着一个中心问题展开:那就是法国大革命给19世纪的法国社会所提出的问题。[22] 保守派对历史学疑虑重重也缘于此:从一开始,历史学就接受了大革命,把它当作可以解释的事实,而不是一个错误、一个过失,或者是上帝的惩罚。既然身为保守派或共和派的历史学家们也在探寻大革命的原因与影响,这就表明他们接受了大革命这一既成事实。

19世纪法国社会的主要问题是由大革命所引发的政治问题,也就是旧制度与那时人们所谓"现代"社会或"公民"社会(即没有国王与神的社会)之间的冲突。这与英国的情况不同,那里主要是贫困问题。法国工人暴动所反映出来的更多是体制,而不是经济发展问题,在对之进行分析时,人们把它看作大革命改头换面之后又重新出现。但这种政治冲突之中蕴涵着社会的真谛:事实上,它关涉到将整个社会组织起来的那些原则。法国社会中的历史学就像英国社会中的经济学。在海峡对岸,庞大的失业和贫困人口引起了经济学上的反思:思想争论中的主角是亚当·斯密、李嘉图和马尔萨斯。而在法国,位于舞台中心的是基佐、梯也尔、梯叶里、托克维尔和米什莱,因为他们努力去解决的是关于现代社会起源及大革命的关键问题。

他们通过这种方式向法国人解释说明法国的纷争,法国人由此可

---

[22] 这方面当然要参见傅勒关于19世纪的历史学家和政治家如何解读大革命的著作(见书目指南)。

以接受这些纷争,并以政治的、文明的论辩模式,而不是暴力的内战模式生活于这些纷争之中。历史学通过自我反思这种迂回的调解方式,消化和整合革命事件,并据之来重新整饬民族过去的历史。[23] 法国社会通过历史学来反观自身,通过历史学来理解自身、思考自身。由此来看,的确是历史学构建了民族认同。

法国历史学 1870 年之后采用德国博学模式时的方式进一步证明了上述分析。譬如,瑟诺博司在赞扬德国学者的博学考辨之后,又批评他们忽略了"历史写作",批评他们缺乏整体观,没有章法。这种不满初看上去会让人觉得意外,因为也正是瑟诺博司这位历史学家曾批评基佐、梯也尔和米什莱的历史写得像文学,但这种不满却反映了历史学与其社会功能紧密联系,法国社会中的历史学尤其如此。瑟诺博司写道,历史学"不是用来叙事,也不是用来证明,它是用来回答处在当前社会的眼光所观照下的关于过去的问题"。[24] 他在这篇文章中还规定了历史学的目标,即对制度进行描述,并用孔德式的观点(稳定与革命交替出现)来解释制度的变迁。而这两个目标其实是一致的。他所说的制度实际上指的是"将人安排在社会体中的所有惯例"。[25] 因此,核心问题就是社会的团结(制度的任务也正在于此),这一点反映出法国社会的脆弱,或者更确切地说,反映了当时被 19 世纪一次又一次的革命所困扰的法国人的感受。另外,这也是为什么在如此构建出来的

---

[23] 儒达尔:《一种法兰西激情:历史》,第 543—546 页。

[24] 《大学中的历史教学 Ⅲ. 表达的方法》(L'enseignement de l'histoire dans les facultés. Ⅲ. Méthodes d'expostition),《国际教学杂志》(Revue internationale de l'enseignement),1884 年 7 月 15 日,第 35—60 页,引文见第 60 页。

[25] 同上书,第 37 页。

记忆中容不下补充性的、带有意识形态的、不同社会的或地区的记忆。[26]

瑟诺博司作为19世纪末大学历史研究的组织者之一（另一位是拉维斯[Lavisse]），就是这样用德国的博学考辨来为从19世纪上半叶继承下来的历史观服务的。他让历史学既享有现代的、科学的荣耀，又同时能延续其原先的社会功能。

在20世纪初，正是拉维斯和瑟诺博司制定的中等教育教学大纲巩固了早就由迪律伊开启的这一方向。瑟诺博司解释说："历史教学是全面培养的一部分，因为它让学生理解将在其中生活的社会，并让学生有能力参与到社会生活中去。"[27] 在这里，历史课是社会的预科班，学生将从中学到社会的多样性，社会的结构及演变。学生会明白，变化乃是常态，不应该畏惧变化；学生还会看到公民应怎样为这变化贡献力量。从进步主义的、改良主义的（既非革命，也非守旧）观点来看，应该将历史学作为"政治教育的工具"。

三 20世纪：爆裂的历史学

初等教育：另一种历史

当政治争论只限于上层人士参与时，上历史课的是有教养的精英，只有在中等教育中才有历史课。但随着民主的施行，政治成为所有人的事情，小学也要有历史课了。

---

[26] 儒达尔在《一种法兰西激情：历史》中对此已经做了很好的说明。
[27] 《作为政治教育工具的历史教学》（L'enseignement de l'histoire comme instrument d'éducation politique），第103—104页。

下面的几个日期很能说明问题。在1867年,也就是第二帝国自由化的时候,历史课在原则上成为小学的必修课。而历史课真正在小学课堂站稳脚跟是在共和派取胜之后:在1880年,它成为小学毕业考试的口试科目,要等到1882年,它在小学教学大纲和课程表(每周两小时)中的地位才最终确立下来。讲授历史课要按一定的标准来进行,要使用教学法方面的一些手段,1890年的时候还规定一定要有教科书,历史教学就这样在小学中安顿下来。第一次世界大战之后,小学历史课达到其鼎盛时期,1917年的一项决议规定,小学毕业考试要进行历史课或科学课的笔试(考哪一门由抽签决定)。

上述情况与中等教育相比,时间方面的差距很明显。同时,二者在教学精神与方法上也有根本差异。中学历史课与19世纪上半叶那些大史学家,或是共和国时期大学里的职业史家的历史课大体保持一致,但小学历史课则完全是另一码事。小学的历史课与中学和大学的都不相同。

首先,小学历史课是给孩子们上的:要简单,让孩子能理解,不能纠缠于理论细节。不仅仅有儿童教学法方面的限制,共和派还希望,通过历史课来培养爱国心,以及对体制的忠诚。小学历史课的目标不单单是灌输准确的知识,它还应该让学生分享情感。拉维斯说:"爱祖国绝不是靠死记硬背学得会的,要用心。""教分词规则的时候教师要冷静沉着,我们上历史课则绝不要如此。这里是与我们血肉相连的孩子。"[28]

定下了这样的目标,就得诉诸形象、故事和传奇。共和派努力要让

---

[28] 转引自诺拉:《拉维斯,民族的小学教师》(Lavisse, instituteur national),第283页。

幼儿园就开始上历史课,没有什么比这更能表明其构建一种既爱国又共和的认同的决心了。[29] 他们给 5 岁以上的孩子预备了"从民族历史中抽取出来的轶闻、故事、传记"。这是一本通用的传说集,其中会反复出现同样的人物,从维钦及托列克斯[30]到圣女贞德。督学们意识到这雄心也太大了,但在 1880 年时他们却不敢反对受到政治如此支持的小学教育。要到 20 世纪初,法国历史课和法国地理课才退出幼儿园。

　　历史教学达到了共和派为之设定的目标么?很难说。当塞尔在他的博士论文中,讲述了当时的小学历史课是怎么上的。孔佩雷[31]指示说:"要在完全理解之后再去记忆。"尽管这是官方教育学的意思,但在小学历史课中记忆还是占有决定性的位置。在实际教学中,历史课是围绕着几个关键词组织起来的,教师将这些词写在黑板上,加以解释、评说,然后围绕这些词提出问题,并概述其答案,下节课学生便记忆、背诵这些答案概述。法国大革命和 19 世纪史,原则上是从小学毕业班的第三学期开始上的,教学大纲并不将之作为教学重点。但实际上,在小学毕业考试中它们却是重点考察内容。然而,在索姆省(Somme)发现的 20 世纪 20 年代的学生试卷表明情况并不妙:那个年级参加小学毕业考试的学生不足一半,其中又只有将近一半的学生能准确复述关于 1789 年攻占巴士底狱或是瓦尔密战役的一点核心知识。四分之一的

---

　　〔29〕 参见吕克:《意味深长的尝试:19 世纪托儿所和幼儿园的历史教学》(Une tentative révélatrice: l'enseignement de l'histoire à la salle d'asile et à l'école maternelle au XIXe siècle),《历史教学百年研讨会》,第 127—138 页。

　　〔30〕 维钦及托列克斯(Vercingétorix,约公元前 80—前 46),率兵抵抗罗马统治的高卢部落首领。——译注

　　〔31〕 加布里埃尔·孔佩雷(Gabriel Compayré,1843—1913),法国教育理论家和政治家。——译注

小学生学了点儿历史,这当然还行,但还可以更好些。

那么应该下结论说,小学没有能够传递共和派想要它传递的信息吗？也不尽然。下面的观点似乎已成为共识:大革命是一个分水岭,此前诚然是国王力图一统江山,但特权横行,没有自由,此后是共和国,自由有了保障,公民之间的平等得以确立,以及小学带来了发展进步的可能性。

历史教学至少成功地立足:法国人再也无法想象初等教育中没有历史课,没有历史课的中等教育就更不用说了。不管有效与否,历史课看来都是不可或缺的了。之后历史教学的变迁也证明了这一点。

20世纪下半叶的波折

1959—1965年,逐渐自主的初中进行了教育改革,义务教育从小学延伸至初中,这也改变了小学的功能。从此之后,平民百姓不再只是上小学,也不再只是由小学来给未来的公民传授今后一生所需要的知识。小学没有教的,普通初中或者二级初中会接着教。[32]

除了教学体系的变革之外,教学法也有变化。在20世纪60年代,人们常常使用社会心理学或心理学的方法。此时在企业里流行的是团体动力(la dynamique de groupe)和罗杰斯式[33]的讨论会。在教育界,人们开始考虑皮亚杰(Piaget)和心理学家的意见。当时主导的观点认为,教学要民主化,教学方法就得进行大刀阔斧的改革。

就这样,人们又一次对初等教育进行深入的探讨,这涉及所有学科的地位。官方的决定是,历史、地理、科学等学科的知识必不可少,但与

---

[32] 1963年法国设立二级中学(les collèges d'enseignement secondaire),1975年与普通初中合并。——译注

[33] 卡尔·罗杰斯(Carl Rogers,1902—1987),美国心理学家。——译注

法文和数学不同,不必将它们教给6—11岁的学生,因为可以到初中再学。1969年的改革将课时分成三部分,每周15小时上法文和数学,6小时体育活动,还有6小时"兴趣活动"。为了"强调智识训练",小学不再要求学生记诵知识,而是"诱发对知识本身的好奇心并使之参与到构造知识的过程中去"。教学大纲的这种规定,要通过教学活动把握"所有直接或间接生活经验所提供的机会",强调个性化的教学、调查和资料研究来实现。[34]

改革的主导思想并不荒谬。但"兴趣活动"原本应该有些配套措施。为了发挥主动性,人们让小学教师自行摸索怎样落实上述原则。而这比遵循明确的教学大纲要复杂困难得多。要求创新,但既不提供支援,又不进行指导,于是小学教师们就有了五花八门的对策:有少数教师(五分之一)不上"兴趣活动",他们用这部分时间来上主课;还有少数教师(略多于五分之一)时不时上几次;其他教师继续正常上历史课,其中大概有一半(即占教师总数的四分之一)使用原来的教学大纲。

将小学历史课变为"兴趣活动"的改革进行了几年之后,又有了一次影响历史课的改革,这回是在初中。教育部长勒内·阿比(René Haby)一方面对改革者的热情怀有敌意,另一方面又着手将历史课、地理课和初级社会经济科学课整合起来,理由是在中学教学中这些学科的方法、对象和目标都比较接近。此中的意图值得关注:能够调动多种方法合力研究一个对象的跨学科研究在当时正走红。在历史学家当中,一股源自1968年的革新潮流也鼓吹打破藩篱。然而他们却怀疑阿比部长想要使历史教学屈服于一种致力于现代化的资本主义。部长于是

---

[34] 这一点参见前引《历史学家与地理学家》第306期中吕克的文章。

两面受敌,右边是保守派批评他改革,左边是改革派批评他变节。

那时真是讨伐声一片。为了历史课,媒体在1980年来了一次空前的动员。质疑的文字汹涌澎湃。抨击的声音不绝于耳。5月初的时候,这场运动达到高潮。5月4日,《历史》杂志趁发行400期之机,组织了一天的辩论,到场的有阿比部长政治家如德勃雷(M. Debré)、富尔(E. Faure)、舍韦内芒(J. P. Chevènement),历史学家如布罗代尔、勒华拉杜里、加洛(M. Gallo)、卡雷尔·当科斯(H. Carrère d'Encausse),以及历史和地理教师协会主席。德科对这场辩论做出了空前的回应(他在5日被授予法兰西学士院学士之剑,13日正式进入学士院)。6日和7日两天,《新文学》(Les Nouvelles littéraires)在FNAC[35]组织了关于历史课的讨论。德科宣称:"我国的历史课不是上得太糟糕,就是根本不上。"他要求阿比部长打个翻身仗。历史和地理教师协会主席敲响了警钟:"小学彻底垮了,初中衰败不堪,高中越来越差。"[36]当时并没有多少调查得来的证据,但这场讨伐运动可不管这些。在《生活》(La Vie,这是一本受天主教影响的大众周刊)的首页上尽显那时的时代精神——波拿巴哀叹道:"法兰西,你的历史课开小差了。"[37]只有极少数人,如历史课总督学热内(L. Genet),试图诉诸事实,以教学大纲为证据,证明并没有弃用年表,并提醒人们,历史教师一直在上课。但人们无礼地打断了他们的话。现在不再是安安静静进行预审的时候:诉讼辩论已经结束,舆论的要求部长只得同意。

---

〔35〕 FNAC,法国销售书籍、音乐等文化产品和电脑、音响等电器的连锁店。——译注

〔36〕 这是《历史学家与地理学家》1980年4—5月第278期第556—561页报告中引用的讲话片段。

〔37〕 见1980年2月7日—13日一期。

实际中,1980年时教学大纲取消"兴趣活动",在小学毕业班重新设置历史课。在初中,阿比的改革被取消。1981年左派掌权巩固了这一变动。勒内·吉罗教授被指定提交一份报告,这份报告在1983年出版。[38] 他做了一个含蓄的小结,指出1925年小学毕业考试试卷中的情况不能再出现(这些试卷从当塞尔以来一直有人研究)。报告建议采用折中的办法,一年之后的一次全国性讨论会也有同样的看法,有众多历史教师、大学教授参加了这次会议,为了让新教育部长舍韦内芒能接受,会议还是过于倾向主动教学法。新教学大纲重新确立了历史课在初等教育中的地位,并且仍采用其传统授课方式。

从1980年和1984年这一前一后的两次讨论会不仅可以看出我们这个社会赋予历史教育以多么大的重要性,而且其中也显示出19世纪时不存在的两种力量:媒体,以及历史学家这份职业。

---

[38] 勒内·吉罗(René Girault):《历史课和地理课探究》(*L'Histoire et la Géographie en question*)。

第二讲　历史学家这份职业

历史不再仅仅是以一门学科、一些著作和某些大人物的形式呈现于我们这个社会当中。1980年的辩论表明，它也表现为自称是历史学家，并且同人与公众也承认其是历史学家的一群人。这个群体中有各种各样的人，主要是教师和研究人员。共同的受教育经历，一个由若干学会和期刊构成的网络，以及对历史学重要性的共识使这些人组成一个整体。对于评判史学作品，对于一本史学著作写得好不好，以及历史学家该做什么、不该做什么，这个群体有着共同的标准。尽管其内部也存在可以想见的分歧，但一些共同的准则维系着这个群体。简而言之，我们面前的是一个行业，甚至差不多可以说是一个行会，在这个群体内部，有那么多与手艺、作坊和工作台相似的东西。

一　一个科学共同体的组织

19世纪80年代是个转折点，那时文科大学真正开始上历史课，历史学家这个职业诞生了。[1] 此前有历史学业余爱好者,这些人往往很有才华,其中有些堪称天才,但却并不存在历史学家这份职业,也就是说不存在一个有组织的集体,这个集体自有其规则,想成为其中一员要经过一定的程序,进入其中之后才开始职业生涯。19世纪80年代之前唯一算得上专业人士的,是巴黎文献学院(École des chartes,1821年创立)用博学方式培养出来的毕业生,这些人一般只在地方上专心编辑档案和清单,与中学和大学没有任何关系。

共和派上台之后想以德国为榜样,在法国创建真正的高等教育,于是就有了一次大改革。改革设立了学士奖学金(1877)和中学教师资格奖学金(1880),文科大学由此真正有了大学生。改革的另一项措施是在公共课之外再开设"讨论课"(conférence)——我们后来称之为研讨课(séminaire)——在讨论课上,学生可以像巴黎文献学院的学生,像13世纪的本笃会修士,或是像德国大学生那样,初步学习严格的博学方法。

年轻一代的历史学家对德国历史学的声誉,以及法国历史学所受到的批评(不专业,太"文学")是十分敏感的,这次改革得到他们的大力支持。在1870年普法战争之前,《历史学与文学批评杂志》(*Revue critique d'histoire et de littérature*)(1866年创刊,效仿《历史杂志》[*Historische Zeitschrift*])就曾经批评《古代城邦》(*La cité antique*)

---

[1] 关于这一点,除了前文提到的卡博内尔和凯勒的著作之外,还可参见克里斯托夫·夏尔(Christophe Charle)《大学教师共和国》(*La République des universitaires*),热拉尔·努瓦列(Gérard Noiriel)的文章《历史学家这个行当的诞生》(*Naissance du métier d'historien*),以及卡博内尔等著《摇篮中的"年鉴"》(*Au berceau des «Annales»*)一书中阿兰·科尔班(Alain Corbin)的文章《〈历史杂志〉的内容及其演变》(*Le contenu de la Revue historique et son évolution*)(见第161—204页)。

一书对事实与细节的考察不够严谨。但要到 1876 年莫诺(G. Monod)和法涅(G. Fagniez)创办《历史杂志》(*Revue historique*),以及拉维斯被任命为索邦大学历史学研究导师[2],新的"科学"历史学才算得到公认。

历史学"科学化"的大业设立了方法论上的标准,共和国时期的大学政策又给予制度保障,历史学家这份职业正是在此契机之下出现的。这次改革在实际中必然要设置一些职位。于是就有了讲师(maîtrise de conféfence),另外,教授职位也更多、更专业化了。以索邦为例,1878 年有 2 个历史学教授职位,到 1914 年已有 12 个。[3] 情况是在变好,但幅度却还是有限,这从学生人数之少就可以看出来。在 19 世纪末,包括索邦在内的所有文科大学每年培养的历史学学士不到 100 名[4],在 1914 年,这些大学总共只有 55 个历史学教授职位。

将职业历史学家组织起来的是一种双重等级制度:大学教职同时含有职称和地理两种等级。极少有外省的讲师能有到索邦做教授的运气。[5] 而这得由同行决定:教育部长是根据各个大学委员会的提名来任命教授的。候选人能否当选要看其学术才华(由其所在学科的同事做出评议)以及他在整个学术界的声誉(因为是所有不同学科的正式教授一起投票)。

因为职业生涯要由同行评议决定,所以大家遵守的职业准则就

---

[2] 参见诺拉:《拉维斯的法国史》(L'histoire de France de Lavisse)。

[3] 这是奥利维耶·迪穆兰《历史学家这份职业》(*Profession historien*)一书中的数据,凯勒给出的数字要略大一些。

[4] 热尔博在《历史学家和地理学家》一文(第 115 页)中指出,1891 年有 40 名历史学学士,1898 年有 70 名。

[5] 夏尔:《大学教师共和国》,第 82 页以下。

在行会内部确立起来,这也有助于行会的统一。博士论文不再是论说文,而变成以文献,首先是档案文献为基础的博学研究。和高等研究文凭(1894)一样,遵循考证法的规则(朗格卢瓦和瑟诺博司稍后即将之整理出来供大学生使用[6],这些学生在参加中学教师资格考试之前第一次做研究的时候就要用到),成为获得同行承认的必备前提。行会的准入标准制定出来了。它还制定了非常务实的工作方法:不再用笔记本,而是用卡片来摘录文献,此外还确定了列出参考书目与页下注明引文出处的做法。

然而,1870—1914年间在大学里渐渐形成的历史学家这份职业也与中等教育紧密联系。大多数大学教授的职业生涯实际上是从通过中学教师资格考试后在高中任教开始。哪还有其他地方能让人一边工作一边准备博士论文呢?在大学任教之后,也无法与中等教育绝缘,因为教授的主要工作之一就是帮助大学生预备中学教师资格考试。[7] 因此,中等教育与高等教育紧密相连。

这种密切关系使法国历史学家具有与众不同的显著特色。英国或德国的大学与中学没有类似的关系,它们并不从文法学校(grammar school)或是高级中学(Gymnasium)的教师中录用大学教师。要通过中学教师资格考试,口头表达能力必须要强,因此在法国这项能力更为重要,而在其他国家,"读读他的论文"就够了。邻国的情况与我们不同,在那里,候选人是靠研究来竞争大学教职的。他们在研讨班上接受训

---

[6] 朗格卢瓦和瑟诺博司:《历史研究导论》,Paris,Hachette,1897年(人们常常误以为是1898年出版)。

[7] 参见安德烈·谢韦尔(André Chervel):《教师资格考试的历史》(*Histoire de l'agrégation*),特别是其中第五章"教师资格考试与学科"(*L'agrégation et les disciplines scolaires*)。

练,研讨班构成一种法国所没有的研究环境。

历史学家这份职业与中等教育之间的联系不仅说明了法国历史学家为何偏好大处着眼,为何看重行文和表达,也说明了历史学与地理学之间为何存在一种极近的亲缘关系。所有法国历史学家都学过地理学,因为要参加中学教师资格考试就必须得学,他们不仅给中学生上历史课,而且也上地理课。因此,和国外不同,地理学在法国大学中被划为文科,而不是理科。除了这种在认识论上的独特之处,法国还有维达尔·德·拉布拉什(Vidal de Lablache)等导师的影响,拉布拉什的《法国地理概貌》(Tableau de la géographie de la France)[8]深深影响了几代历史学家,特别是《年鉴》杂志的创建者,这一点也是他们本人乐于提及的。由此来看,将地理学对布洛赫、费弗尔或布罗代尔的正面和负面影响罗列出来或许值得人们一试。

二 《年鉴》与历史—研究

一份战斗的杂志

在19世纪末的学术界,历史学家这份职业享有双重的优势。一方面,如前所述,历史学具有十分重要的社会功能:法国社会正是通过历史学来思考自身。另一方面,历史学为其他学科建立了方法论模式。于是文学批评变成了文学史,哲学变成了哲学史。除了历史学的方法,当时的人们看不出在处理这两种"文学性"问题时,还有什么学科的方法可以避免言辞的主观性,并以一种能够自称是"科

---

[8] 拉维斯主编:《法国史:从最初至大革命》(Histoire de la France depuis les origines jusqu'à la Révolution, 1903),第一卷。

学"的严谨方式发言。

随着涂尔干崭露头角,以及1898年《社会学年报》(Année Sociologique)创刊,社会学出现了,历史学的双重优势受到威胁。社会学想要通过最严谨的方法,提出一种将整个社会囊括在内的理论。下文我们还会详细讲到当时历史学家和社会学家之间的方法论大论战。挑起争论的是社会学家。1903年西米安首先发难,目标是拉维斯的助手,史学理论家瑟诺博司。然而进攻失败了。实际上,由于诸多复杂原因(社会学没有历史学与中等教育那样的联系就是其中较为重要的原因之一),社会学当时没能在法国大学立足〔9〕。社会学家没能形成一份职业,这使得历史学家能暂时保持其优势地位。

然而,在三种性质和重要程度各不相同的因素影响之下,历史学家这份职业要发生一些变化了。这三种因素分别是:文科大学停滞不前,《年鉴》创刊,国家科研中心(CNRS)建立。20世纪30年代的大环境对大学不怎么有利。大学市场紧缩[10];新设的历史学教授职位很少,有也主要是在外省。据统计,1914年有55个历史学教授职位,到1938年也只有68个,而索邦一直都是12个,进索邦当教授变得越来越难。退休年龄是70岁,如果是法兰西研究院(Institut)成员,75岁才退休,要很长时间才会有一个教授职位空出来。以勒费弗尔为例,他在1926年就是索邦大学教授候选人,要到1937年他才

---

〔9〕 参见特里·N.克拉克(Terry N. Clark)《先知与赞助人》(*Prophets and Patrons*),和维克多·卡拉迪(Victor Karady)《涂尔干,社会科学与大学》(Durkheim, les sciences sociales et l'Université)。

[10] 此处直接引用迪穆兰的《历史学家这份职业》,这是一篇十分重要的博士论文。让人惊讶的是,如此优秀的论文没有出版,而那么多相形见绌的博士论文却得以付梓成书……

当选索邦大革命史教授,那时他已63岁(1935年他在索邦得到的是另一个教授职位)。

大学里历史学的衰退必然引起保守主义。墨守成规损害了方法论的更新以及新问题和新领域的开拓。政治史独占鳌头,这主要得益于其在中等教育和中学教师资格考试中所占的地位。从体制上看,必须要找点办法略作补救。进不了索邦,人们对法国在国外的学校,如雅典学院和罗马学院,以及对巴黎的高等研究院第四部(École des hautes études, IVe section)和法兰西学院更感兴趣了。

同时,后来合并、演变为国家科研中心的几个机构也出现了。1921年创建的科研资助基金会(Caisse des recherches scientifiques)给正在进行的研究提供资助。1929年马克·布洛赫研究耕地结构时即从中受惠。国家资助作家出版基金(Caisse nationale des lettres, 1930)、科研最高委员会(Conseil supérieur de la recherche scientifique, 1933)、国家科研资助基金会(Caisse nationale de la recherche scientifique, 1935)都资助过不少历史学家。它们出资编撰丛书和大型资料汇编。勒费弗尔在1938年时获得资助让人去研究地籍册。第一批临时雇员就这样出现了,甚至职业研究员也有了,这些人领政府的薪水,唯一的职责便是完成研究。在当时的历史学界,常常是在历史学家上了年纪的时候,人们的认可才姗姗来迟,比如现代史协会的秘书莱昂·卡昂(Léon Cahen),就是在62岁时才当上研究员。

布洛赫与费弗尔正是在历史学家这份职业处于危机的体制大环境之下,于1929年创办了《经济史与社会史年鉴》(*Annales d'histoire* économique et sociale）。[11] 对这项事业进行分析时,既应把它当作一项职业上的策略,同时也应将之看作一种历史学范式的创新。这两方面不可分割:新范式的科学性是其职业策略能够成功的条件;反过来,职业策略也给新范式指明方向。此外,这项事业的成功有两方面的表现:一方面,费弗尔和布洛赫双双在巴黎获得了职位,前者是在法兰西学院(1933),后者是在索邦大学(1936);另一方面,他们所倡导的史学类型得到了认可。

---

［11］ 历史书写中很少还有哪一段被人们如此细致地研究过。尤其参见斯特拉斯堡讨论会之后由卡博内尔和利韦(G. Livet)编辑成书的《摇篮中的"年鉴"》。在《年鉴》的继承人兼捍卫者一方,参见勒高夫等著《新史学》(*La Nouvelle Histoire*)中雅克·雷韦尔(Jacques Revel)和罗杰·夏蒂埃(Roger Chartier)的论文《年鉴》(*Annales*),及勒高夫的论文《新史学》(*Histoire Nouvelle*);还可参见《年鉴,经济、社会与文明》50周年刊(1979年,11—12月)中安德烈·布吕吉埃(André Burguière)的论文《一种历史学的历史》(*Histoire d'une histoire*),雷韦尔的论文《年鉴的范式》(*Les paradigmes des Annales*)。诺拉《记忆的场所》(*Les Lieux de mémoire*)中克日什托夫·波米安(Krzysztof Pomian)的论文《年鉴时刻》(*L'heure des Annales*),以及由布罗代尔作序,特拉扬·斯托亚诺维奇(Traïan Stoianovich)的著作《法国史学方法:〈年鉴〉范式》(*French Historical Method The Annales Paradigm*)。我们也不应对反对者视而不见,尤其是埃尔韦·库尔托-贝加里(Hervé Couteau-Bégarie),他的著作《新史学现象》(*Le Phénomène nouvelle histoire*)虽然有时稍嫌极端,但资料十分翔实。赫克斯特(J. H. Hexter)的论文《费尔南·布罗代尔和布罗代尔世界》(Fernand Braudel & the Monde Braudellien[sic])充满机智与洞见,这篇文章收录于其《论历史学家》(*On Historians*),第61—145页。让·格莱尼松(Jean Glénisson)1965年做的小结《当代法国历史书写》(*L'historiographie française contemporaine*)依然有用、深刻。关于后来的演变,除了布尔代(G. Bourdé)和马丁(H. Martin)的那本教材之外,还可参考弗朗索瓦·多斯《碎片化的历史学》。还有卢茨·拉斐尔(Lutz Raphaël)《布洛赫与费弗尔的遗产,1945—1980年间〈年鉴〉的历史书写和法国的新史学》(*Die Erben von Bloch und Febvre. «Annales» Geschichtsschreibung und Nouvelle Histoire in Frankreich 1945-1980*, Stuttgart, Klett -Cotta, 1994),我很晚才知道这本书,因此这里无法加以利用。

《年鉴》之新,不在于方法,而在于其研究对象与提出的问题。费弗尔和布洛赫完全遵循历史学家这份职业的准则;他们研究档案,并在著作中援引原始史料。他们是跟着朗格卢瓦和瑟诺博司学派学过手艺的。[12] 但他们批评视野狭窄、画地为牢、各管一段的研究。他们拒不接受当时在故步自封的索邦大学中占主导地位的政治事件史。甚至为了妖魔化这种"唯历史的"(historisante)——这个词是西米安在1903年的辩论中发明的——历史学,树立起一种与之相对的、大大开放的历史学,一种观照人类活动各个方面的总体史,他们付出了有些极端和过于简单化的代价。[13] 这种"经济史与社会史"(此处借用这份新刊物的名字),希望自己向其他学科(社会学、经济学、地理学)开放。它是关怀当代问题的活生生的历史学。1929—1940年间,《年鉴》杂志最大的原创性就在于它给予19、20世纪史相当大的篇幅:共计有38.5%的文章研究这一时期,而在高等研究文凭中研究19、20世纪的占26%,在博士论文中占15.6%,在《历史杂志》所发表的论文中占13.1%。[14]

从科学的角度看,《年鉴》杂志的范式使历史学具备了卓越的解释力。把某种情况或某个问题涉及的不同因素联系起来,将它们综合起

---

[12] 布洛赫曾提到"一个有着我敬爱的导师夏尔·瑟诺博司那样敏锐智识的人",《为历史学辩护》,第16页。在谈及瑟诺博司和朗格卢瓦时,他还写道:"他们二人给我十分宝贵的关照。在我学习的最初阶段,他们上的课和写的书让我受益良多。"(同前,第109页)。

[13] 参见迪穆兰:《实证主义者是如何被发明出来的》(Comment on inventa les positivistes),《认识论与社会需求之间的历史学》(*L'Histoire entre épistémologie et demande sociale*),第70—90页,以及我的论文《瑟诺博司再探》(Seignobos revisité)。

[14] 迪穆兰:《历史学家这份职业》。前文说过,高等研究文凭相当于我们现在的硕士文凭。

来考虑，这让人们既可以理解整体，也可以理解各个组成部分。这是一种更丰富、更有活力和更具智慧的历史学。

然而，只要"所有科学上的谋划都必然与权力上的谋划分不开"[15]，那《年鉴》杂志的创办也是一种策略。在这种情况下，《年鉴》同时在打两场仗。一方面，它攻击占主导地位的历史观，这场战斗异常激烈，因为这是《年鉴》在与那种历史观的支持者争夺历史学学科内部的统治权。[16] 另一方面，《年鉴》要求历史学要在当时尚在建设之中的社会科学领域里享有特权。它倡导一种向其他社会科学开放的历史学，它声称诸种社会科学之间有着深刻的统一性，它们之间必须要有互相联系，而《年鉴》认为，正是在历史学当中，不同的社会科学互相联系起来。它就这样赋予历史学某种优越性：只有历史学才能将诸种社会科学汇集于一处，将它们各自的成就融合在一起，历史学成为社会科学中的王者，成为慈母与导师（mater et magistra）……更何况当时任何对手都无力对历史学的这一角色提出质疑。《年鉴》批评"唯历史的"历史学，这样就将 1903 年辩论中社会学所持的观点归为己有，《年鉴》巩固了历史学在 20 世纪初拥有的主导地位。要保持历史学的优势，《年

---

〔15〕 布吕吉埃《一种历史学的历史》："历史学家身处一个复杂的大学和科学关系网之中，这个关系网的核心便在于其知识——也就是其劳动成果——的合法化，以及其所在学科的优势地位。从纯粹智识上的统治到这种统治的多重社会'基石'（retombées），科学上的雄心也给自己设定了通俗化程度不一的一系列目标，其程度是高是低，取决于学者的性情及他在社会中的地位。"

〔16〕 吕西安·费弗尔是辩论中可怕的对手，在这场论战中，他任由自己说了些不够公正的话，这些不公正的观点流传至今。我在《瑟诺博司再探》一文中举出了几个例证。关于《年鉴》"妖魔化"其对手，参见迪穆兰：《实证主义者是如何被发明出来的》，《认识论与社会需求之间的历史学》，第 79—103 页。

鉴》是最佳选择,历史学家也因而能更好地重整自己的阵营。《年鉴》在面对其他社会科学时的对外策略就这样巩固了它在面对其他史学形式时的对内策略。

一个学派的体制化

第二次世界大战之后,《年鉴》改名为《年鉴、经济、社会与文明》(Annales, Économies, Sociétés, Civilisations),在不同的环境下,它继续运用上述双重策略并获得成功。1947年时,在几个美国基金会的资助与高等教育界负责人的支持之下,高等研究实践学院(École pratique des hautes études)创设第六部(经济学与社会科学),由费弗尔主持。此后不久,博士论文《菲利浦二世时期的地中海》(La Méditerranée à l'époque de Philippe II, 1949)大功告成的费尔南·布罗代尔在20世纪50年代初接替费弗尔。他的性情决定了他要去缔造一个帝国。同样是在美国基金会和高等教育界负责人的资助、支持,另外还在国家科研中心的帮助之下,布罗代尔在1971年将第六部发展为社会科学高等研究院(EHESS),设立了研究导师和研究员的职位;这个新学派的历史学家,如勒高夫[17]和傅勒,由此可以在高中和大学之外找到一个能让自己全力以赴投入研究的稳定职位。

这一发展也让历史学在20世纪60年代能够回击语言学、社会学和民族学的挑战,这些学科当时质疑历史学的理论缺陷,也质疑它的研究对象:经济和社会。大学因为其本身的膨胀,因为1968年事件及其余波的冲击而动荡不安,要是没有可以致力于研究的场所,历

---

[17] 雅克·勒高夫本人曾说过,他获得这个职位的时候都不知道还有这样一个职位,这对他来说是个惊喜。参见诺拉编:《试写自我——历史》(Essais d'égo-histoire),第126页以下勒高夫的文章。

史学家很可能会挡不住这轮结构主义领头发动的进攻。因此,社会科学高等研究院是革新的中心所在,这场革新借用了其他社会科学的问题和概念,根据从经济史和社会史中搬过来的一套方法去处理原属其他社会科学专有的对象,心态史和文化史就这样先后被推到了前台。[18] 许多大学教师为争取整个行业的最大利益参加了这次革新事业[19],它最后终于成功了——至少历史学家是这样说;历史学就这样通过更新其科学上的合法性,保持了自己的优势地位。

然而,这一成功后来却演变成四分五裂的情形,多斯对此已经做了很好的分析。在20世纪60年代,《年鉴》清楚地指明不应再做哪种历史学,以及应该去做哪种历史学。在前者而言,是拒绝政治史、事件史、短时段的历史和已经划分完毕、各管一段的历史。在后者而言,是问题导向的史学(l'histoire-problème),是长时段的,而且常常是系列史:如古贝尔(P. Goubert)的博韦西[20]和布罗代尔的地中海,这是一种总体史,它关注的是将经济、社会与文化连接成一体的融贯性。

为了回应语言学和民族学的挑战,这些"新"历史学家("新"是其自封的)有幸拥有新对象和新取径(这里借用三卷本《著史》中两卷的题名)。诚然,现在仍有历史学家忠于《年鉴》杂志早年总体理解的意愿,但许多人认为这份雄心大得过头了,他们转而致力于研究

---

[18] 这项事业的代表作品是勒高夫和诺拉合编的三卷本《著史》,第一卷《新问题》,第二卷《新取径》,第三卷《新对象》(*Faire de l'histoire*. I. *Nouveaux Problèmes*. II. *Nouvelles Approches*. III. *Nouveaux Objets*)。

[19] 国家科研中心在这方面扮演了重要角色,它借调一些高中教师工作两到三年,这使他们在进入大学任教之前就能探索新的史学领域。

[20] 此处指古贝尔的著作《1600—1730年间的博韦与博韦西》(*Beauvais et le beauvaisis de 1600 à 1730*)。——译注

有一定限度的对象,揭示其内在机制。勒华拉杜里《蒙塔尤》(1975)的成功证明了兴趣的转移:尽管前后存在着显著的连续性,但从此人们对专题著作比对面面俱到的鸿篇巨制更感兴趣,事件"揭示了事实,无事件,事实便无从知晓"[21],人们从物质结构转向心态,也从注重与当下的联系变为更喜欢一种身处异国他乡般的陌生感。

同时,政治,以及随之而来的事件大举回潮:苏联、东欧发生剧变,对于二战的集体研究给短时段恢复了名誉,人们饶有兴味地观看电视系列片《平行的历史》(*Histoire parallèle*),曾任《年鉴》编辑的马克·费罗(Marc Ferro)每周一次在这档节目中重温二战期间各国的新闻报道。

从此之后,各种历史学皆有可能:历史学家的好奇心无限扩张,这导致了研究对象及分析方式四分五裂,这就是多斯所说的"碎片化的"历史学。界定《年鉴》学派不再是根据一种明确的科学范式,而是根据其社会实体,即围绕在某种体制(社会科学高等研究院与《年鉴》杂志)周围的群体。历史学碎片化并不意味着几种势力对峙的局面不复存在:只不过是在界定这些势力时不再用科学方面的方式而已。

三 历史学家这份职业的分裂

几方势力

前述对外策略至少暂时成功了,它维护了历史学在社会科学领域中的地位;与之相伴的是对历史学科内部策略的成功。创建社会科学

---

[21] 波米安:《时间的秩序》(*L'ordre du temps*),第35页。在本书结论部分我还会谈到这一点。

高等研究院并不仅仅是换了名号而已:它现在与大学一样,是一座能颁发博士学位的新学府。索邦大学因1968年事件被削弱、拆分,在它对面,是这种自治的势力成形、壮大,从这里浮现出来的历史学突破了教学(不管是不是高等教育)的限制。与此同时,历史学家的人数猛增:1945年时有数百人,1967年时大学教师及研究员有千把人,到1991年时人数翻番。[22] 历史学家这份职业就这样渐渐分为两个,或者更确切地说是三个阵营,这并非势均力敌的三方就像是拉丁区的模样——一个三角形。每一方都有各自的出版渠道,有各自的影响网络和支持者。

  大学是最重要的,也必然是最传统的一方,因为大学主导着教师资格考试。大学本身也不是铁板一块,巴黎的十几所大学和外省大城市(如里昂和艾克斯)的大学之间有着显著的差别。大学控制着传统期刊,如《历史杂志》和《现当代史杂志》(*Revue d'histoire moderne et contemporaine*)。它通过各个大学出版社、法国大学出版社(PUF)和一些传统出版社(如阿歇特)来发表研究成果。它控制着博士论文、专家委员会以及大学教师的职业生涯。尽管大学内部的竞争使它不能充分利用自身的丰富资源,但从人数和多样性的角度来看,大学仍是最强的一方。

  得到国家科研中心支持的社会科学高等研究院构成第二方势力。那里的研究更自由,革新更容易一些。对新领域、新方法的探索也不受任何来自教学方面的限制。这一方势力依托于一个强大的国际关系

---

〔22〕 参见夏尔:《在法国当历史学家:一种新职业?》(Être historien en France:une nouvelle profession?),收录于弗朗索瓦·贝达里达(François Bédarida)主编:《1945—1995年间法国的历史学与历史学家这个行当》(*L'Histoire et le Métier d'historien*),第21—44页。以及布捷(J. Boutier)和茱莉亚(D. Julia):《历史学家在想什么?》,收录于《重整过去》(*Passés recomposés*),第13—53页。作者在第29页指出,1963年在大学中拥有教职的历史学家只有302人,而到1991年时有1155人。

网,有这样一个关系网是与《年鉴》杂志享有盛誉分不开的。这一方的力量之一,在于其精心维护与媒体和出版社之间的关系。这所坐落于拉斯帕伊大道(boulevard Raspail)的著名机构的研究导师们常常在《新观察家》(Le nouvelle Observateur)上发表文章,互相评论彼此的最新著作。他们的著作若是博学考辨的路数就交给穆顿(Mouton)出版社,伽里玛出版社则出版不那么艰深专门的著作。一些大型出版计划,如《著史》(1974)、《新史学》辞典(1978),以及诺拉主编的多卷本《记忆的场所》也向这一方势力之外的历史学家全面敞开,这扩大了其影响。

第三方势力没有上述两种那么整齐划一。它由几家重要机构组成,例如研究古希腊罗马和中世纪的罗马法国学院(École française de Rome),而最重要的一家是研究当代政治史的巴黎政治学院(Institut d'études politiques de Paris),它以政治科学基金会(Fondation des sciences politiques)为依托,曾长期由勒努万(P. Renouvin)主持,现在是雷蒙(R. Rémond)领导;其财政独立,必要时国家科研中心还能给予经济支持;它设有研究员职位,也有教员,而且比之大学教师,这些教员的工作方式更灵活。这一方势力能够在某种程度上抗衡《年鉴》杂志和社会科学高等研究院。它有自己的出版物,很长时间以来这些出版物由阿尔芒·科兰(Armand Colin)出版社出版,与瑟伊出版社也有密切关系,出版了一些大型丛书,这些丛书也是向它之外的历史学家开放的,如《法国农村史》(Histoire de la France rural)、《法国城市史》(Histoire de la France urbaine)和《私生活史》(Histoire de la Vie privée)。巴黎政治研究院与当下史研究院(Institut d'histoire du temps présent,由国家科研中心1979年创立)一起推出的一份新期刊《21世纪,历史学杂志》(Vingtième siècle, revue d'histoire)使这一方势力的影响力更大。

不要以为在这三方势力之间有着不可逾越的边界;历史学家还没

46　有愚蠢到对亦友亦敌的同人不理不睬。历史学家受过相同的教育，从20世纪初起对"历史学家"的界定就稳固了下来，历史教师也早早地就全面专业化，这些因素使历史学家这份职业免于完全四分五裂。[23]　整个历史学家共同体都关心三方势力之间的交流，也都关心使整个体制能够得到管理的好办法。但小肚鸡肠也是有的：不喜欢给另一方势力的同人说太多好话，甚至不引用其著作。[24]　涉及真正关键问题的时候，也会发生真正的争斗。例如，维诺克（M. Winock）和瑟伊出版社想要发行一份面向大众的、由最优秀的历史学家撰文的普及性杂志时，《年鉴》杂志和社会科学高等研究院一方觉得自己的领地受到了侵犯：他们不支持这项事业。开始时，他们拒不合作——《历史》杂志前几期的目录就是证明——后来又在阿歇特出版社发行一份《H历史学》（H Histoire）与之竞争，以此来阻挠这项事业。然而，反击失败了，以另一份普及性杂志《探寻》（La Recherche）为依托的瑟伊出版社一方有着更高明的手腕和更强大的网络。《年鉴》杂志的历史学家们放弃抵抗，开始在《历史》上发表文章。[25]

―――――――

〔23〕　这些使历史学家合为一个整体的因素是社会学家那里所没有的，他们对此十分敏感。参见让-克洛德·帕斯龙（Jean-Claude Passeron）:《社会学推理》（Le Raisonnement Sociologique），第66页以下。

〔24〕　如在《新史学》中，勒高夫在关于"新史学"的一篇文章里提到了社交史的倡导者、与《年鉴》杂志走得很近的莫里斯·阿居隆（Maurice Agulhon）。但他没有提及米歇尔·佩罗（Michelle Perrot）、阿兰·科尔班、达尼埃尔·罗什（Daniel Roche）和克洛德·尼科莱（Claude Nicolet）。另一方面，这几位也都不约而同地不提勒高夫的名字，但是，这里的不提并非出于对历史学家水平的评判。

〔25〕　斯特凡娜·格朗-沙万（Stéphane Grand-Chavin）:《〈历史〉杂志的发展：出版业、大学和新闻业的相遇》（Le Développement de «L'Histoire»: rencontre entre l'édition, l'Université et le journalisme），深入研究文凭（DEA）论文，导师勒维兰（Ph. Levillain），巴黎政治学院，1994年。

这件小事既体现了法国历史学界中各方的紧密联系,也反映出某些关键问题。先说紧密联系,法国高等教育界的空间实在是太逼仄了,社会科学高等研究院、法国大学和巴黎政治学院之间无法展开真正的战争;因此,妥协和结盟策略比撕破脸更好,私底下较量比公开决斗要好。检视大型历史丛书的扉页就可以清楚地看到这一点。从 1970 年创办到 1993 年年底,瑟伊出版社《历史天地》(*L'Univers historique*)丛书的作者中来自社会科学高等研究院与来自大学或巴黎政治学院的研究员人数相当。丛书团队中也有不少外国人(四分之一)。与之相应,由皮埃尔·诺拉主编,伽里玛出版社出版的《记忆的场所》大致保持了各方之间的平衡,社会科学高等研究院一方的研究员比大学和巴黎政治学院的略多一些。[26]

　　再说关键问题。在今日,对于一种职业来说,掌控媒体、走近大众

---

[26] 努瓦列:《〈历史天地〉:透过其副文本看这套历史丛书(1970—1993)》("*L'Univers historique*": une collection d'histoire à travers son paratexte [1970—1973]),《起源》,第 18 期,1995 年 1 月,第 110—131 页。努瓦列清楚地看到了这种紧密联系,但还没有对之进行充分讨论。根据他在这篇文章中的描述,我清点了一下,《历史天地》的作者中有 26 位来自社会科学高等研究院,16 位来自大学,9 位来自巴黎政治学院,还有 16 位外国人。在《记忆的场所》中,每一卷卷末的撰稿者列表便于我们分类清点人头,但是,同一撰稿者在撰写不同分卷中的文章时可能属于不同的机构。如果我们分别考察前四卷(63 位撰稿者)和后三卷(65 位撰稿者)的话,来自大学的分别是 21 位和 18 位,来自巴黎政治学院的分别是 1 位和 4 位,来自狭义的社会科学高等研究院的分别是 11 位和 19 位,如果算上国家科研中心的话,分别要各添上 5 位,如果算上法兰西学院的话,也要各加上 5 位,外国人很少,分别是 8 位和 4 位。与众不同的是,撰稿人中还包括博物馆、档案馆的馆长和懂行的业余爱好者,这部分人并非微不足道(分别有 12 位和 10 位)。总的来看,加上法兰西学院和国家科研中心的话,在这项宏大的事业中,社会科学高等研究院一方的撰稿人占 40%,来自大学和巴黎政治学院的撰稿人加起来不到 35%。

是十分重要的。历史学家不再仅仅是在阶梯教室中(哪怕人满为患),也不再仅仅是在博士论文评审会或专业杂志编辑委员会那静谧、博学和婉转的环境中获得声誉。通过介入媒体、电视和杂志,他们也在大众中赢得声名。

管理不善的市场

因此,我们可以说,像其他社会科学一样,历史学也有一个双重市场。[27] 一方面是一个学术市场,在其中学术能力是由博学的研究来证明,认可来自同行,这些同行也是潜在的竞争对手,他们可不大会手下留情。在这个市场里付出才华的报偿首先是象征性和精神性的,然后也有可能是职业上的好处。另一方面是一个大众市场。在这里,最受赏识的品质绝不是新颖(人们可以每隔15年就重写一本《圣女贞德》……),也不是方法论上的创新,尽管这二者可以吊起读者的胃口。要在非专业人士那里获得成功,需要以下因素:主题丰富而有趣,结构工整,文风优雅,不作烦琐考证,有时候还需要作品在意识形态上有所诉求,以及作者个人——或者其所在出版社的公关部门——赢得好评的能力。在这个市场中,数量是终裁:报偿是名声、发行量和版税。

以上说法是不是很新鲜,我不太确定;毕竟这个双重市场一直就存在,米什莱和丹纳在这两个市场中都游刃有余,就像《年鉴》学派一样出色……最近半个世纪的特点可能是夏尔所说的"历史学读者的重

---

[27] 参见雷蒙·布东(Raymond Boudon):《知识分子及其读者:法国人的特性》(L'intellectuel et ses publics: les singularités françaises),收录于《法国人,你们是谁?》(Français, qui êtes-vous?),让-达尼埃尔·雷诺(Jean-Daniel Reynaud)与伊夫·格拉夫梅耶尔(Yves Grafmeyer)主编,Paris, La documentation française, 1981年,第465—480页。也可参见皮埃尔·布迪厄(Pierre Bourdieu):《科学的起源》(La cause de la science),第4页。

组",或是"新的特定读者"的出现。与以往的不同之处在于,"大众读者知识分子化。他们今日所读的,过去只有专业读者和大学中人才读"。[28] 而在实际中,这个双重市场反映了一份职业的双重现实,它既是专业化的,也在社会中负有某种功能。布迪厄将之作为"一种两面派,或者说双重意识"进行分析:

皮埃尔·布迪厄 | 历史学场域的组织

它(历史学)在研究历史事实的科学的现代主义,与学术传统的学院风格和因循守旧(涉及概念和文风时尤为明显)之间摇摆,或者更准确地说,是在一种必然是批判性的研究(因为其所**建构的对象一反惯常**的表象,也完全无视节庆式的历史学),与一种通过参与纪念来管理集体记忆的官方或半官方历史学之间摇摆……于是历史学场域往往围绕着正相对立的两极组织起来,这两极的不同在于面对社会要求时,它们独立自主的程度不同:一方面是科学的历史学,它不受纯粹民族国家的目标(传统意义上的法国史)束缚,至少是用建构这一目标的方式来摆脱其束缚,它是由专业人士为另一部分专业人士所做;另一方面是纪念性的历史学,一些专业人士(通常是最著名的那些)为扩大研究成果的市场,打起了擦边球,他们通过歌功颂德的著作(特别是传记)和纪念性的文学或是发行量很大的大型丛书来获取世俗的名望与利益……通过出版者和电视的影响(这既是推销商品,也是推销个人的工具),市场

---

[28] 参见夏尔:《在法国当历史学家:一种新职业?》,收录于弗朗索瓦·贝达里达主编:《1945—1995 年间法国的历史学与历史学家这个行当》,第36、37 页。

以及世俗成功的分量越来越重,我不禁担心,这使纪念性历史学一方的势力越来越大。

——《论德国、法国的社会学与历史学之间的关系》,第109—110页。

这种张力是历史学场域的一个组成部分,历史学既不应为此欢欣,也不用为此难过。总的来看,专业人士在大众读者中获得成功毕竟是件好事。另外,对此理应进行更细致的分析:这两个市场之间的关系复杂,此处不能详述。[29] 还应考察课堂里的历史学:中学教师所阅读的历史学家很可能既不是成功的通俗类读物的作者,也不是最前沿的专家……我们不必担忧,除非出现有人把在大众读者中获得的承认拿到专业市场来变卖的情况。

然而在这种情况中可能蕴藏着危险。由于体制运作方面的原因,实际在第一个市场里的评估进行得要比第二个市场慢得多。同行的评判登在专业期刊上(常常是季刊),刊发一篇书评要等好几个月的时间。而在大众读者市场中——其实也不是那么"大"——评估立马就出现了。一本著作刚刚面世,褒扬它的书评都还没有出来,新闻记者就把它夸大成一桩重大的科学事件,人们不禁要问,他们哪来的时间读这本书?同行之后也许会撤销这一评判,但那时已不会有什么影响了,再说,同行的评估不也会受先前那快速判决的左右么?对一本已经有那么多著名笔杆子说了那么多好话的著作,怎么再在专业期刊中说它不好呢?科学上的评判真的有被媒体评判所玷污的危险;这会导致在第二个市场获得的成就在第一个市场中也有效的危险:我们会担心看到,

---

[29] 参见克洛德·朗格卢瓦(Claude Langlois):《出版对研究的反作用》(Les effets retour de l'édition sur la recherche),收录于《重整过去》,第112—124页。

历史学家受命领导研究、获得大学教授职位，只不过是由于他出品的电视系列节目，或是新闻记者捧出来的名声，而这些记者却从未跨进档案馆储藏室一步，也没有真正地读过一本专业著作。

　　这对历史学来说也许比对其他社会科学的危险更大一些，原因有两条。首先是读者大众对历史学的兴趣：非专业的读者通常对历史学著作比对乔姆斯基语言学研究更感兴趣。其次是这个科学共同体力量薄弱。历史学家这份职业由于分裂而被削弱，它没有类似于美国诸多大型学科性学会那样的内部调控机构。30 年前，现当代史学会曾扮演这一角色，它每个月都选一个周日开会，这就成了大学中人的碰头会。新手被邀请到会上在这个职业的一众当家人面前做报告，一个来自外省、想进索邦大学的候选教授也能在此展示自己的研究，这很不错。随着历史学家人数越来越多，这个碰头会不再举行，也没有类似组织来接替它。

　　在以推进科学发展为名义所施展的各种权力策略之间，设置一位大家公认的科学上的仲裁是有益的。然而，很少有这样的仲裁。论文答辩会和学术研讨会应该是在科学上进行较量的时刻，却也是（即使不首先是的话）社交场合，在这里，比之严谨和追求真理，礼节占了上风。博士论文答辩会往往成了候选人的庆功会，批评显得不合时宜，指正就更不用说了。博士候选人请来了家人和亲朋好友，为使仪式能顺利进行，这就要求典礼的主持人最好有名，但首先要厚道。答辩会偏离主旨，评审委员会中要是有谁提到论文中的错误——和所有历史著作一样，论文中总是有错误的——就会被认为是没有教养，那人就好似是被请去吃饭，却在席间指出肉烤焦了。

　　至于学术研讨会，实在是过多了，我想说，若是出于科学上的正当理由，就不会有这么多。会议组织者可能的确是在追求科学上的目标；

至少他们对别人这么说,也许他们也真的这么想。但他们也同时志在将自己或自己所属的机构打造成此领域里在科学上具有合法性的决策者;有时候这是有底气的抱负,有时候则是无根据的妄想了。勒高夫曾批评过滥开无用的研讨会,他说这些会议"盗用了太多研究、教学和撰写论著的时间","我们去参加研讨会的次数之多,已经到了有些病态的程度。我们应该注射防止开会病的疫苗"。[30] 诚然,研讨会给讨论提供了场所;有时也很有趣。然而许多研讨会却很无聊,也不能给人带来什么收获。这不是因为会议主题无趣或是与会者无能:只是他们去开会并非为了讨论,而是为了露一下面。最想有所表现的是有话要说的新手;因为他们需要被人认识和认可,这些人在会场里待的时间比较长。而这个行当里的名流有诸多要事缠身,他们只是来走走过场,以示对组织者和会议主题的关心:稍微转一圈,既是对会议的支持,又履行了自己学术掌门人的职责,然后他们就心满意足地走了。有些人有职业素养,他们在出席或是主持会议之前会浏览一下提交的报告,而另有一些更自以为是,或是时间更紧,却未必更年长的人甘冒违反常理的风险而不读报告;他们甚至在大庭广众之下给自己未曾读过的报告作点评……这很好地证明了,参加研讨会不是为了科学的要求,而是职业方面的社交和权力上的策略。[31]

话说回来,通过会场与走廊里的交谈,某种调控还是在缓慢进行。

---

[30] 勒高夫:《一种科学病》(Une maladie scientifique),*La Lettre SHS*,第32期,1993年12月,第35页。

[31] 学术研讨会用于社交甚于用于科学,这种情况并非法国独有,也非历史学家独有。戴维·洛奇(David Lodge)对美国学术会议的用途做了辛辣的讽刺,无数读者为之捧腹。参见《小世界》,翁贝托·埃科(Umberto Eco)作序,由库蒂里耶夫妇(Maurice et Yvonne Couturier)译为法文(Éd. Rivage/poche,1992,1er éd. Anglaise,1984)。

就像是在研讨课上多少搭点边的研究者轮流来展示自己的研究成果一样,在学术研讨会上,信息也在流通,有人成名,有人更有名,有人名声扫地。把论文答辩会和学术研讨会,或者是期刊编辑部里的办公室政治缩减为只是社交往来或是纯粹的权力策略,这会使其存在本身无法得到解释。一种想要具有学术性的职业,其在科学上特有的调控准则是什么,这还有待于澄清。也许正是在此处,在考察一个行会历史的时候,重新体现出对历史学科进行认识论反思的重要性所在。

我们在这里又回到第一讲开头就提出的断言:历史学既是一种科学实践,同时也是一种社会实践,历史学家所著的历史书,以及他们的历史学理论,都离不开他们在社会中和在职业圈子里所处的双重位置。本书也不例外。拒绝接受一种标准的、定于一尊的历史学,认为所有被当作是历史学的历史学都值得认真对待、进行分析,主张谁都不能在写作时完全随心所欲,任何人所作的历史都总是或多或少地牵扯到他在历史学领域所处的位置,这种看待历史学的方式适用于今日历史学科不明朗、破碎化的时期,同时也是对之进行补救的一种尝试。和所有的方法一样,谈论方法的话语也不能不受某种情境的影响。这不是说这些话语就归结于此种情境,而是说这种情境是它们无法置之不理的。如果这些话语是旨在摆脱其情境束缚的话,那就更不用说了。

第三讲　事实与历史考证

舆论中有一种根深蒂固的信念,那就是在历史学当中存在着事实,并且我们应该知道这些事实。

关于1970年和1977年历史教学大纲的争论正是源于这种信念,1980年带有某种天真的辩论也体现了这种信念,虽说有些天真,但却能说明问题。"现在的学生什么都不知道……"这可是严厉的指责。所以说,在历史学中,有些东西是要知道的。说得更明确一些,就是要知道事实与日期。有教养的人们自己都不知道马里尼亚诺(Marignan)战役谁胜谁负、意义何在,但他们对于学生不知道战役发生的时间表示愤慨。在舆论当中,历史往往简化成一连串标明日期的事实:1685年废除《南特敕令》,1871年成立巴黎公社,1492年发现美洲等等。学习历史,就是学习这些事实,并且将之牢牢记住。即使到了深入学习阶段也是如此:"如果记性好,你就能通过中学历史教师资格考试。"我在备考的时候一再听到人们如是说。

这里可能涉及了教学与研究之间,教授历史与构建历史之间的重大区别。在教学中,事实是现成的。在研究中,得创建(faire)事实。

一 考证法

在中小学的课堂中,甚至在大学的阶梯教室里,历史学的讲授分为两步:首先了解事实,然后解释事实,并在一套融贯的话语中将事实连接起来。19世纪末的时候,"方法学派"[1],特别是朗格卢瓦和瑟诺博司,将这种确立事实、解说事实的二分法理论化。《历史研究导论》(1897)及《应用于社会科学的历史学方法》(La Méthode historique appliquée aux sciences sociales,1901)的基本框架就是分为这样两个部分。

作为证据的事实

朗格卢瓦和瑟诺博司并不认为事实就径直是事实:相反,他们花了许多时间来说明建构事实所应遵循的准则。然而在他们以及以他们为代表的整个方法学派看来,事实一旦建构好了,就从此一劳永逸地确定下来。历史学工作的两个阶段以及两个职业群体的分野就在这里:研究者——即大学教师——确立事实,高中教师使用这些事实。事实就像是砖瓦,人们用它来建造名为历史学的大厦。瑟诺博司在他的一本小书《中等教育里的历史学》中,甚至为创制事实这项工作感到自豪:

---

[1] 这一派以往常被称作"实证主义"(positiviste)史学,法国学界近年来渐渐不再使用这个名字,而改称其为"方法学派"(l'école méthodique),因为以孔德为代表的实证主义哲学将历史学置于一种目的论之中,而"方法学派"是绝不接受一切对历史学的哲学解释的。参见《19—20世纪法国历史学思潮》(Les courants historiques en France, 19e-20e siècle, Christian Delacroix, François Dosse Patrick Garcia, Paris, Armand Colin, 1999),第53—54页。——译注

精于考证使我能够挑选出哪些是由教师一代代传承下去的传统历史,哪些是应当剔除的不可靠的轶闻和传说。我能够更新由可靠事实组成的库存,历史教学必须从我这库存里取货[2]。

　　把构建事实看得如此重要,是因为有一大疑虑横亘在人们心头:如何赋予历史学家的话语以一种科学地位？如何确保历史学不是谁都可以随便接受或拒绝的一系列主观意见,而是无论谁都必须承认的客观真相？

　　这个问题并非多余、无用或者过时。在今日,如果不谈这个问题,就必定会有重大牺牲。只要想想希特勒的种族大屠杀,我们就不会怀疑这一点。德国纳粹多年对犹太人施行系统的种族灭绝,这不是任凭人们接受与否的主观意见。这是真相。然而,这个真相要具有客观性,它就必须建立在事实基础上。例如,在某些集中营里,党卫军建造了毒气室,这就是一个事实,而且是人们能够加以证明的事实[3]。

　　因此,在历史学家的话语中,事实是坚实的要素,它不容辩驳。"事实是顽固不化的",说得有理。在历史学中对事实的关心,就是关心对证据的掌控,而这离不开注释。我刚才在谈到毒气室的存在问题时,就给出了脚注,因为这是职业守则。历史学家不要求人们因为他是技艺精

---

〔2〕《中等教育里的历史学》(*L'Histoire dans l'enseignement secondaire*),第31页。

〔3〕参见厄让·科贡(Eugen Kogon)、赫尔曼·朗拜因(Hermann Langbein)、阿达尔贝特·吕克勒(Adalbert Rückerl):《毒气室:国家机密》(*Les Chambres à gaz, secret d'État*, Paris, Éd. De Minuit, 1984, rééd, Points Histoire, 1987),也请参见《奥斯威辛的焚尸炉:大屠杀的机器》(*Les Crématoires d'Auschwitz, la machinerie du meurtre de masse*, Paris, CNRS Éditions, 1993),作者让-克洛德·普雷萨克(Jean-Claude Pressac)曾经是一名修正主义者,为了证明自己的观点,他翻了无数档案……他没有在史料上弄虚作假,但却得出了与前一本书截然相反的结论。

熟的专业人士就相信他的话,虽说人们通常如此。历史学家给读者提供了验证其说法的手段;莫诺要求《历史杂志》要"遵循严格的科学的表达程序","每个说法都要有证据,要注明史料出处,要有引文"。[4]从方法学派到《年鉴》学派(参见下文布洛赫的一段文字),在这一点上是一致的:这正是历史学家这份职业的共同准则。

马克·布洛赫 | 献给页下注的颂歌

然而某些读者抱怨,页下那单独列出的小字让他们头晕,某些出版者也认为,只要是给页下注糟蹋了的那些页面,顾客一看就头疼(实际上读者很可能不像他们说的那样过于敏感),这些敏感的人只不过是在表明,他们对于智力活动中最基本的道德守则一无所知。因为,论断不是随心所欲冒出来的念头,只有在有可能予以证实的情况下才有权下断言;对历史学家来说,在使用某条材料时,用最简明的办法标明其来源,即标明找到这条材料的方式,这只是在服从一条普遍的规则——诚实。我们的观念为教条与迷思所害,即便是最不与智慧相悖的观念甚至也不再喜欢检查核对。如有一天,我们首先小心不使我们的观念在无谓的掉书袋面前气馁,然后成功地说服这一观念,在衡量某种认识的价值的时候,要看其是否事先主动准备好接受反驳,那么,理性的力量将获得它最为辉煌的胜利。我们那些卑微的注释和参考书目正是在为这胜利

---

[4] 莫诺、法涅:《历史杂志》,第 1 期前言,第 518 期第 295—296 页又重新刊发,1976 年 4—6 月。也参见加布里埃尔·莫诺:《16 世纪以来法国历史学研究的进展》(Du progrès des études historiques en France depuis le XVIe siècle),同前,第 297—324 页。

做准备,而在今日,却有如此多的聪明人不了解它们、嘲笑它们。

——《为历史学辩护》,第40页。

我们应该再进一步分析,因为客观真理基于事实之上这一观念还需有更详细的讨论。这个观念是构成历史学的第一要素。历史学家天天都在学生考卷和新闻记者的文章中搜捕没有提供证据的论断。历史学这个行当的根基正在此处(尽管接下来也一定要避免过于简单地看待这个问题):无证据,便无论断,这也就是说,无事实,便无历史学。

考证的技术

此处问题便在于事实的确定:如何确定确凿的事实?要遵循什么程序?答案就是至少可追溯至马比荣(Mabillon)和《论古文献学》(*De Re Diplomatica*,1681)的考证法。朗格卢瓦和瑟诺博司详细地论述了考证法。在实际中,他们只对由文字资料,特别是档案文献资料构建的事实感兴趣。人们尽可以批评他们眼界不够开阔,没有注意其他史料,但这并不能使他们丧失信誉。实际上,大多数历史学家,包括大声疾呼一定要拓展史料类型的费弗尔、布罗代尔和勒高夫等人,也仍旧是以文字资料为起点开始自己的研究的。杜比曾说:"这一大堆文字,历史学家的采石场,他们将从其中获得必不可少的材料,挑选、剪裁、调整,用以建造他们已构思好草图的大厦。"[5] 不管人们怎么说,历史学家可能在将来很长时间里还是会像阿莱托·法尔热那样,坦白承认自己喜爱档案。[6]

---

[5]《历史在继续》(*L'histoire continue*),第25页。

[6] 阿莱托·法尔热(Arlette Farge),法国历史学家,此处借用了她一本著作的名字《喜爱档案》(*Le goût de l'archive*)。——译注

不管考证的对象是什么，它都不是初学者能做得了的，大学生受文本折磨的艰难处境已经很好地说明了这一点。只有已经是历史学家的人才能做考证，因为从本质上来看，这是把有待考证的资料与人们对于这一主题及其相关时代、地区的全部已有知识加以比照。在某种意义上，考证就是历史学本身，随着历史学研究的深入、拓展，考证也愈发精严。

我们在考证的各个阶段都可以明显地看到这一点，考证大师朗格卢瓦和瑟诺博司对这些阶段进行了分析。他们将考证分为外证和内证。外证针对的是资料的物质特性：其纸张、墨水、字迹以及盖在上面的印章；内证针对的是文本是否融贯，例如，资料上带有的时间信息与它所讲的事实是否吻合。

像朗格卢瓦这样的中世纪史专家会碰到许多伪造的皇室文书和教皇通谕，他们常用外证法来辨别真伪。在这里，一些附属于历史学的科学有很大的价值。**古文字学**能让人们知道手抄本中文字的写法是否与手抄本本身所宣称的时代相合。**古文献学**告诉人们资料依照何种惯例写成：如何起笔，开头和主体部分如何写（此为**布局**），如何署名，用哪些头衔，按什么次序排列（此为**称号**）。**印章学**罗列不同的印章及其使用时代。**题铭学**揭示古代铭文，尤其是墓葬铭文通常所遵循的规矩。

用这些科学把自己武装起来的外证法能够将伪作或是遭到篡改的资料与极可能是真品的资料区分开来（此即出处考证）。例如，一份自称是 12 世纪的契约，如果是写在普通的纸而不是羊皮纸上的话，它就显然是假的。有时候，在去除了后来的层层附加，或是补全了阙漏的部分之后，考证能复原原始资料，人们常常这样来处理古希腊和古罗马的铭文（此为复原考证）。这些方法的运用中有一个特殊的例子——校勘本，即将所有的手抄本加以对照，比较异同，确定从一份手抄本誊抄成另一份手抄本的演变过程,最后拿出尽可能接近原稿的版本,德国文献学家尤精于此道。而这种方法并非只适用于古文献。例如,如果我们想确切地知道贝当元帅(Maréchal Pétain)说了些什么,那么将他在广播里讲话的录音与其文字讲稿加以对照,是很有益的。[7]

至此,历史学家的苦工还没有做完。不管资料是真是假,它的意义还有待揭示。墨洛温王朝时期的一件文书在三个世纪之后的抄本当然不是真品。但也未必就是伪作。抄本也可以是忠于原作的。内证就是来检验文本是否融贯,考察它与人们对其他类似资料的认识是否吻合。内证总是要通过比照来实现:如果我们对某个时代,或是某种资料完全一无所知,那么任何内证都是不可能的。看来内证无法从零开始:要做内证,必须先做历史学家。

不要以为以上所说只限于古代文本。我们这里来举两个20世纪史的例子。第一个例子,是一份据称是法国共产党在1940年7月10日发出的号召抵抗的檄文。但是在这份文件中提到了7月13日才任命的部长的名字;此外,我们知道法共在1940年7月的策略是与占领者对话,以期能够使一份日报重新得以发行,这份文件与此不合。所以历史学家普遍认为,它是后出的文本,又因为它没有被收入秘密发行的《人道报》(*L'Humanité*),所以它很有可能是7月底之后才印出来的。骗人的把戏经不起考证。

第二个例子来自最近围绕让·穆兰(Jean Moulin)所进行的一场论战。新闻记者蒂埃里·沃尔顿(Thierry Wolton)在一本写给大众看的著作中言之凿凿地宣称,让·穆兰在担任厄尔—卢瓦省(Eure-et-Loir)

---

[7] 参见让-克洛德·巴尔巴斯(Jean-Claude Barbas)的版本,《菲利普·贝当:向法国人的讲话》(*Philippe Pétain*, *Discours aux Français*, Paris, Albin Michel, 1989)。

省长期间,给一个名叫鲁滨逊(Robinson)的苏联间谍提供情报。为了证明自己的说法,作者引用了一份鲁滨逊发往莫斯科的报告,报告称沙特尔(Chartres)和德勒(Dreux)的机场频频有所动作,跑道加长,达到4.5公里,在沙特尔机场还出现了220架大型轰炸机。作者的结论是,只有省长才有可能提供这么详细的信息。要是做点内证的话,他就不会用这个作论据了。实际上,这里引用的数据是荒唐的:对1940年的飞机来说,4.5公里长的跑道完全对不上号(波音747也只要2公里的跑道),另外,德国空军在1940年10月总共有800架轰炸机。部署在沙特尔的有30架,其中22架可用于作战。给鲁滨逊提供情报的那个人消息可真是不大灵通![8]

所有考证方法都要回答如下一些简单问题。资料是从哪里来的？作者是谁？资料是如何流传和保存下来的？作者是真诚的么？他会不会有意无意地歪曲其证言？他说的是真的么？在他所处的位置上能掌握真实的信息么？会不会有什么偏见？这些问题可分为两类:**真实性考证**针对证人或明说或隐含的意图,**准确性考证**针对其精准程度。前者是要戳破谎言,后者是要指出错误。回忆录的作者总有美化自己的嫌疑,在这里就需要特别严格的真实性考证。如果他所描述的活动或情境他虽然经历却并非当事一方,那么比之他仅仅是复述第三方见闻的情况,准确性考证对他来说就更加重要。

---

[8] 这里的例子借自弗朗索瓦·贝达里达:《抵抗运动史与"让·穆兰事件"》(L'histoire de la Résistance et l'"affaire Jean Moulin"),《当下史研究院院刊》(Les Cahiers de l'IHTP),第27期,1994年6月,《让·穆兰与1943年的抵抗运动》(Jean Moulin et la Résistance en 1943),第260页。关于这本所谓的历史著作还可以举出其他类似的例子,参见皮埃尔·维达尔-纳凯(Pierre Vidal-Naquet):《恶意中伤:反思让·穆兰事件》(Le Trait empoissonné: réflexions sur l'affaire Jean Moulin, Paris, La Découverte, 1993)。

从这点来看，传统上对有意证词和无意证词做出区分是恰当的。前者是有意为之，就是要给现在或者将来的读者看的。包括编年史、回忆录以及所有属于此类的"叙事"史料，也包括地方长官的报告、各地小学教师为 1900 年世界博览会所编写的村志、所有的报刊……而无意证词是无心之举。布洛赫有一个漂亮的说法："时光流逝，不经意间留下了这些遗迹。"[9] 这些证词中有私人通信、真正的私人日记、企业账目、结婚证书、遗产申报，也包括物品、形象、迈锡尼墓葬中发现的圣甲虫护符、扔在 14 世纪水井里的陶瓷残片，以及凡尔登战场上弹坑里的弹片，这些弹片比"刺刀战壕"（制造和伪造）的有意证词更有教益。[10]

对于有意证词要进行更为严格的真实性考证和准确性考证。但是也不应过于拘泥有意、无意之别，因为历史学家常常巧妙地将有意证词作为无意证词来处理，用它们来考察其本身并不想要说的内容。历史学家不想知道 11 月 11 日纪念碑前的讲话[11]说了些什么内容，因为这些讲话没什么意思，都是老一套，他们感兴趣的是讲话中的措辞，是相互对立或者替代的词语所组成的网络，他们会在其中发现某种心态，某种关于战争、社会和民族的表象。布洛赫以他一贯的风趣谈到这个主

---

[9] 《为历史学辩护》，第 25 页。

[10] 在第一次世界大战的凡尔登战场上，法军有两个步兵连所在战壕遭到轰炸，大部分士兵牺牲后被就地掩埋在战壕之中，并按照当时战场的通行做法，将这些士兵的步枪枪尖露出地面以作为墓地的标识，但在随后新闻媒体的报道中这件事逐渐走样，成了一个广为人知的传奇：这些士兵在战壕中准备进攻的时候被轰炸掀起的泥土活埋，直到死的时候他们依然保持站立姿态。"刺刀战壕"由此作为爱国精神和英雄主义的象征进入人们的集体记忆。参见安托万·普罗斯特：《凡尔登》，载《记忆的场所》第二卷（"Verdun" in tome II des *Lieux de Mémoire*, Gallimard Paris, 1986）。——译注

[11] 这一天是一战停战纪念日，参战国家领导人往往要发表讲话。——译注

题,"我们只能通过痕迹(trace)来认识[过去],然而我们对过去的认识,比它本身自以为让我们知道的要多得多"。[12]

无论证词是有意还是无意,作者是不是真诚,他的消息是不是准确,都不应该把文本的意思弄错(此为解释性考证)。这里要关注的是词语的意思,委婉或反讽的说法,讲话的场合(例如,悼词必然是说逝者好话的)。布洛赫早已发现,推荐给大学生的附属于历史学的科学太少,在此处他建议要加上语言学:"人们在半数情况下只能通过词语触及其研究对象,得有多么荒唐的逻辑……才能无视语言学的重要成就?"[13]概念的变化很大,我们眼中明明白白的概念往往是最危险的。同是"Bourgeois"一词,在中世纪文献、浪漫主义宣言和马克思的著作中并不表示同样的社会实在(réalité)。[14]因此,我们也许要在研究其他历史之前先创设概念史。[15]

更普遍的情况是,所有文本都是由一套词汇那联成一体的表象系统编码而成。在复辟时期的乡下,一位外省省长关于政治和社会情况的报告会被农民在他脑海里形成的表象所歪曲,这种歪曲是不自觉的,而且也是他人难以察觉的;这位省长看到了他预计会看到的,他先前的

---

[12] 《为历史学辩护》,第 25 页。

[13] 同上书,第 28 页。

[14] 在这三种情况中,中文里可分别译作"自由民""小市民""资产阶级"。——译注

[15] 参见赖因哈特·科泽勒克:《概念史与社会史》(Histoire des concepts et histoire sociale),《过去的未来》(Le Future Passé),第 99—118 页。科泽勒克以哈登堡的一份文本为例(1807):"无论如何,一个国家(État)真正的、不容忽视的需要之一,是具有对待不同等级(ordres)时不厚此薄彼的合理的分级制度,这种制度根据某些阶级(classe)标准,使所有等级的公民(citoyens)都能各归其位、并存共处。"对这些属于不同时代的概念进行分析能使我们看出个中新意及其矛头所指。

表象使他可以接受这些内容;不在这一范围内的,他就有可能会视而不见。对他的报告进行分析,历史学家就能够对那个时代上层人的表象系统进行考察。[16] 对"集体表象"的考察就这样与对文本的解释密不可分。

关于考证的方法,我们还可以继续写下去。但来谈谈考证方法背后的精神也许更好一些。

历史学家的考证精神

人们有时候会以为,考证不过是平常的推理,历史学家组成的行会要求严守考证纪律是多余的。考证是博学成癖,是卖弄学识,是入行的标识。

没有比这更离谱的错误了。遵守考证和渊博的规则,注明参考书目,这些并不是随意制定出来的标准。职业历史学家和业余爱好者、小说家的区别就在这里。但这些规则的功用首先在于训练历史学家看待史料的目光。这可以说是一种自愿的苦修,无论如何都是一种习得、而不是自发产生的态度,此种态度正是历史学家这个行当的基本情操。

把历史学家和社会学家或经济学家的著作加以比较就可以清楚地看到这一点。前者一般首先关注资料及其所述事实的来源出处。例如,涉及罢工的统计数据,历史学家不会天真地相信官方数字,他会考察这些数据是怎样被统计出来的:是谁统计的?经过怎样的行政程序?

考证态度并不是自然就有的。这一点瑟诺博司说得很好(见下文),他打了个比方,人在落水后自发产生的动作使人溺毙,"学习游泳,就是

---

[16] 参见科尔班:《"多得让人眩晕"》(Le vertige des foisonnements);夏蒂埃:《作为表象的世界》(Le monde comme représentation);努瓦列:《研究社会的主观主义路径发凡》(Pour une approche subjectiviste du social)。

要练成抑制其自发动作的习惯,练成做出与天性相反的动作的习惯"。

夏尔·瑟诺博司 | 考证是与天性相反的

……考证是与人类智识的正常态势相反的;人类自发的倾向是相信别人对他说的话。人们很自然就接受所有的断言,尤其是写下来的,如果是用数字写的,人们更容易相信,如果这个说法出自官方当局,就像人们所说,是权威的,那么人们还要更加容易相信。因此,对自发的思维模式来说,考证就是反其道而行之,是一种与天性相反的精神取向……要做到这一点,不付出努力是不行的。人在落水之后自发的动作只不过是尽力让自己溺毙;学习游泳,就是要练成抑制其自发动作的习惯,练成做出与天性相反的动作的习惯。

在社会科学中,数字给人的印象尤为深刻。数字具有数学的一面,这让人恍惚间以为它就是科学事实。人们天生就倾向于将**精确和准确**混为一谈;一个模糊的观念不可能是完全准确的,人们从模糊和准确之间的对立得出了"准确"和"精确"的同一。人们忘了,一个十分精确的信息往往是假的。如果我说,巴黎有526637人,这是一个精确的数字,比说"两百五十万"精确得多,但却也错误得多。"像数字一样无情","无情的真相",人们常常是差不多在同一个意思说这两句话的,这里隐含的意思是,数字是表现真相的完美形式。人们还说,"数字摆在这儿,就是这样",好像所有的说法一用算术的形式来表达就成了真实不欺的。如果不是单个数字,而是由算术运算连接起来的一系列数字,这种倾向就更厉害了。运算是科学的、确凿的;这让人们的信任一直延伸到运算所针对的数据事实;一定要做出考证的努力来辨伪存真,来认识到在正确的计算中,数据却有可能是假的,而计算结果因此就没有任何价值。

——《应用于社会科学的历史学方法》,第32—35页。

瑟诺博司认为必须要警惕的盲信在今日依然存在。对于官方权威的光环仍要予以抵制。更要永远不受精确数字的暗示,不受数据迷惑。准确与精确是不一样的,一个正确的近似值比虚假的小数更有价值。如果历史学家对于破除数字与计算的神话更用心的话,那么他们与常常是不可或缺的计量方法可以相处得更好。

以上警惕今日仍然需要,除此之外,我们还要警惕新闻报道。这里牵涉到直接证人和形象。我们这个时代喜欢口述历史,习惯于通过电视和收音机直接"亲历"事件——人们在说这个词的时候一本正经,没觉得有什么好笑[17]——我们过于看重证人的话了。有一次,在本科生的课堂上,我用内证法确定一份学生传单的时间是在1940年11月末(这个文本在提到11月11日的游行时将之作为一件发生了没多久的事情),大学生们表示怀疑,他们非常遗憾找不到1940年散发这份传单的学生来回忆一下日期,就好像直接证人在事发半个世纪之后的回忆要比资料本身所提供的实实在在的指示更为可靠似的。

对于形象也是同样的情况。人们对摄影术深信不疑:胶片难道不是将真相固定下来了么?我们有两张签订苏德条约时的照片,一张上只有冯里宾特洛甫[18]和莫洛托夫,另一张上也有这两个人,但背景不

---

[17] 上文"亲历"(vivre)一词直译即"生活"。——译注

[18] 约阿希姆·冯里宾特洛甫(Joachim von Ribbentrop,1893—1946),纳粹德国的外交部部长。——译注

同,在他们身后站着包括斯大林在内的所有苏联领导人,一定要将这两张照片仔细加以比较,然后我们就知道摄影术要花招的可能性有多大了。[19] 当我们知道,在协约国所有关于第一次世界大战的影片中,实际上仅仅只有两组镜头是在前线拍摄的时候,我们就会认识到,在可能用到摄影资料之前,对集体表象进行考证有多么重要。

然而,我们可能已经注意到,无论是对口头证词,还是对照片和影片证据的考证都与传统的历史学考证是一样的。都是一样的方法,只不过运用于不同的资料而已。它有时候会用到一些专业知识——例如,关于在某个特定年代,电影拍摄有些什么条件的具体知识。但是从根本上说,这和中世纪史专家在对契约进行考证时所采取的方法是一样的。考证方法别无二致,我们在下文会看到,它是历史学唯一的方法。

二 考证的基础与局限

历史学,从痕迹得来的认识

所有关于历史学认识论的著作都会提到考证法有多重要,这是一个确凿无误的标识:核心问题就在这里。为什么没有考证,就没有历史学?对于这个问题,从朗格卢瓦、瑟诺博司到布洛赫,再到马罗,回答都

---

[19] 没有斯大林和政治局成员的那张是假的,原因有两个。外证:为了把周围人抹去而修整中间两个人像的轮廓要比把周围的人像添上去容易得多。内证:在德国侵入苏联之后,将斯大林在此事中尽量隐去是对苏联人有利的。关于对摄影资料的考证,参见阿兰·若贝尔(Alain Jaubert):《档案馆里的警察局:伪造历史的照片》(*Le Commissariat aux archives. Les Photos qui falsifient l'histoire*)。

是一样的:因为历史学针对过去,因此,它是通过痕迹得来的认识。

我们不能将历史学定义为关于过去的认识(人们有时候就是这样匆忙下定义的),因为"**过去**"(passé)这一特性不足以表示一个事实,或者一个认识对象。所有**过去**的事实开始时都曾是**现在的**事实:二者之间,没有任何本质上的区别。"过去"是一个形容词,不是名词,人们用这个词来表示那些能够呈现出这种特性、接受这种界定的对象所组成的无限开放的整体,这是一种滥用。

上述说法可引出两条推论,对此人们再怎么重视都不够。首先,无法通过研究对象来界定历史学。严格意义上的各种科学尽管互相依赖,但它们都有自己专有的领域。它们各自独有的名号就将它们探索的领域与不相关的领域隔开。天文学研究天体,不研究燧石,也不研究人口。人口学研究人口,如此等等。但历史学可以既关心燧石,也同样关心人口,甚至关心气候……不存在像**化学**或**人口学**事实那样天然的**历史学**事实。**历史学**一词和**分子生物物理学**、**核物理学**、**气候学**不是一类词,甚至和**民族学**也不是。就像瑟诺博司强调的那样,"没有历史学事实是不带立足点的"。

夏尔·瑟诺博司 | 没有历史学事实是不带立足点的

然而,当我们想要在实际中划定历史学的畛域,试图在研究过去人类事实的历史科学与研究当下人类事实的现实科学之间划出界限的时候,我们马上就会发现,我们无法做到这一点,因为事实上,不存在像生理学或生物学事实那样天然就是历史学的事实。在通俗用法中,"历史的"一词还保留着它古老的含义:值得讲述的;人们说"历史性的一天"(journée historique)、"名言"(mot historique)就是用的它这个意思。但历史学中不再用这个意思,所有过去的事件都是历史的一部分,一个18世纪农民穿的衣服和攻占巴士底狱都是一样;有无数种不同的原因使得某一事实值得提及。历史学研究所有过去的事实,政治的、智识的、经济的,无所不包,其中大部分未引起注意就过去了。由此,历史学看似可以这样界定历史事实:与现在的事实相对立的"过去的事实",前者是人类诸多描述性科学的研究对象。然而在现实中无法保持住的,恰恰是这种对立。"现在的"或"过去的"并不是一种内在的区别,不取决于事实的性质;这只不过是因特定观察者立足点不同而引起的区别。1830年革命对我们来说是过去的事实,对当时人来说却是现在的事实。同理,昨天的议会会议,今天已是过去的事实。

  因此,没有天然是历史学的事实;没有**立足点**,就谈不上历史学事实。所有不复存在、从而人们再也无法直接观察的事实都是历史的。没有内在于事实的历史性特质,只是认识事实的方式是历史的。历史学不是一门科学,它只是一种认识方法。

  因此,进行一切历史研究之前要回答的问题就是,我们如何才能认识一件确实发生,但却不复存在的事实呢?例如1830年的革命:巴黎人(如今都已去世)从士兵(也都已去世)的手里夺过一幢建筑物(也不存在了)。再举一个经济事实的例子:在一位部长(如今已去世)的领导下,工人们(都已去世)建起了戈伯兰(Gobelins)工场。如何触及一件再也观察不到其任何组成部分的事实?再也看不见演员和剧场,人们怎样才能对那戏剧有所认识呢?——以下是这个难题的解决办法。如果那些戏剧未曾留下任何痕迹,那么任何认识都是不可能的。但是,逝去的事实往往留下痕迹,有时候直接就是物品,最常见的情况是,当时看到这些事实的人们留下了间接性的文字。这些痕迹就是**资料**，历史学方法就是要通过考察这些资料，来确定以往的事实，这些资料就是其痕迹。历史学方法的出发点是直接观察记录下的资料；从此处经由一系列复杂的推理，回溯至需要认识的以往的事实。因此它与其他科学的所有方法都有着根本的不同。它不是直接**观察**事实，而是对资料间接地进行**推理**。所有的历史学认识都是间接的，历史学在本质上是一种推理的科学。它的方法是一种**间接**的方法，是推理。

——《应用于社会科学的历史学方法》，第2—5页。

如果没有内在于事实的历史性特质，而只是认识事实的方式是历史性的，那么结论就像瑟诺博司明白说出的那样，"历史学不是一门科学，它只是一种认识方法"（但瑟诺博司却是"科学"历史学的辩护人）。人们经常强调这一点，这种强调也是有道理的。因此，马罗给自己的著作取《论历史认识》这样一个名字是有道理的。

作为认识方法，历史学是通过痕迹得来的认识。[20] 帕斯龙说得好，历史学是"对遗失物品进行研究"。它的起点是过去留下的痕迹，是"不可直接观察到的环境所遗留下来的互相之间有着紧密联系的众多信息"[21]。最常见的是文字资料：档案、期刊、著作，此外还有一些物品；例如，墓葬里的一枚钱币或一件陶器，离我们更近些的比如工会的会旗，某位工人退休时人们送给他的工具、礼物……在所有情况下，历

---

[20] 布洛赫认为是西米安发明了这个"完美的说法"（《为历史学辩护》，第21页）。上文引用的瑟诺博司的话表明，至少这种观念那时就已初露端倪……

[21] 《社会学推理》，第69页。

史学家都是研究痕迹,以重建历史。这种研究乃是构成历史学必不可少的一部分;因此,对这种研究进行控制的考证法的准则是真正的根基。

这样我们可以更好地理解历史学家所说的事实到底是什么。事实只是以痕迹为起点,遵循考证准则推理出来的结果。应该承认,历史学家一视同仁称之为"历史事实"的那些东西,实际上像一份称得上普雷韦尔式清单[22]的大杂拌。例如,以下这些都是事实:圣女贞德在1429年解放奥尔良;在大革命前夕,法国是欧洲人口最多的国家;1936年选举时,法国有将近100万失业人口;七月王朝统治期间,工人往往每天工作超过12个小时;第二帝国末期,政教分离成了政治上的关键问题;19世纪下半叶,越来越多的新娘在婚礼上穿戴白色婚纱是与当时大商场的影响分不开的;维希政府颁布反犹法令并不是德国人授意的……这些五花八门的"事实"之间有什么共同点么?共同点只有一个:这些都是真实的断言,因为它们都是人们经由一定方法得出的,是通过痕迹重建出来的。

我们在这里可以插一句,如果说这是唯一有可能认识"过去"的方法,那么它并不是历史学所独有的方法。分析总统候选者民望的政治学家,估计新产品潜在顾客的"市场销售学"专家,考察经济衰退或复苏的经济学家,关心城郊问题的社会学家,追查毒品或腐败的法官,他们都要对痕迹进行解释。除历史学之外,很多地方都要用到考证法。

没有问题,就没有事实

在法国建立起历史学家这份职业的方法学派不满足于上述说法。

---

[22] 普雷韦尔(Prévert,1900—1977),法国诗人,他有一首著名的诗《清单》(*Inventaire*),其中将各种各样、五花八门的东西罗列在一起,造成一种奇特的效果。——译注

在19世纪末的文化环境中占主导地位的是克洛德·贝尔纳的实验科学，面对其挑战，历史学想要成为一门十足的"科学"。正是在此处，它要与"哲学式"或"文学式"的历史学观念做斗争。

这种看法必然将历史学家与实验室里的化学家或者博物学家的科学形象相提并论，因此论证的中心也必然是观察。朗格卢瓦和瑟诺博司称，历史学也是一门观察的科学。但与化学家或博物学家直接观察其学科中的现象不同，历史学家只能满足于间接的，因此可靠性也较低的观察。历史学家的证人不是实验室里遵循明确的流程，撰写系统的实验报告的技术员。而考证法不仅让历史学成为一种认识，而且是一种科学。瑟诺博司在刚刚说完历史学不能做一门科学之后，又马上用考证填平了历史学与科学之间的沟壑。

那一代历史学家对于先考证资料，然后系统地出版其定本十分看重，他们梦想在经过小心翼翼地考证之后，做出一份穷尽所有资料的索引供历史学家使用，其原因就在于他们想要给历史学赋予科学的地位。通过考证来去除神话和伪史，以获得确定的历史知识的想法也是出于同样的目的。最后，这也是中等教育和历史研究之间存在连续性的根源，历史研究给中等教育提供准备好的事实，而中等教育是拆去了考证这个脚手架的专业历史学。

要将这种对历史学的看法漫画化是很容易的事情。马罗嘲笑那些持实证主义立场的、有如下信念的饱学之士：

> 渐渐地，在我们的卡片上，纯粹的"事实"越积越多：历史学家在这些公认有效的证词面前消失不见了，从此他只不过是准确、忠

实地报告这些事实。一言以蔽之,他不是在建构历史,而是重拾历史。[23]

马罗接下来援引了柯林武德。[24] 对于那种把现成事实用"剪刀加浆糊"进行加工的历史学(历史学家只是把它们在资料中找出来而已,就好像考古学家把瓷器从地下挖出来),柯林武德没少加以讽刺。

这幅漫画过于夸张了,瑟诺博司从来没有过简单到如此地步的想法。而且,我们得坦白地说,大部分历史学家在讲课或者写综合性的著作时,还是在遵循瑟诺博司的方案。历史学家花很长时间来阅读彼此的著作,并将同人的研究成果重新加以运用。某些历史学家的著作对另一些历史学家来说实际上是事实汇编,是他们要在其中寻找石料构建大厦的采石场。历史学这个领域实在是太宽广了,史料也实在是太丰富了,不利用同人和前人的研究是不对的,只要这研究具有方法上所必需的保证。如果一切都从原始史料着手的话,这将是一项徒劳无功、令人绝望的工程。如果方法学派的伟大先驱们是完全错误的,如果从某些方面来看,事实并不是经过考证之后积累起来给其他历史学家使用的材料,那么这些历史学家不会费那么大的力气去阅读同事的著作并做好笔记。他们当然会记下他们想要发挥或者探讨的想法,但他们也会摘录许多他们会用得上的事实。应该说,任何历史学家在实践中

---

[23] 《论历史认识》,第54页。
[24] 我得承认自己特别喜欢罗宾·乔治·柯林武德。他有了不起的才智,据我所知,哲学家中也同时是历史学家的,只此一人。他是牛津的哲学教授,也是古代英国史学家和考古学家。《剑桥英国古代史》(Cambridge Ancient History of England)中有一卷就是他写的,他还著有多篇关于罗马统治时期大不列颠的博学的论文。此外,他如此风趣,读他的著作让人愉快。

对于其他历史学家著作中现成的事实都会毫不犹豫地拿过来,只要这些事实已经被很好地构建出来,而且他在自己的著作中能重新加以利用就行。

将用考证法确定事实与之后对事实进行解释这二者分开的做法,是因为受到教学和写作综合性著作时的实际限制,但这种一分为二在逻辑上却是站不住脚的。将之作为历史研究的原则,就误入歧途了。[25]

直接观察与间接观察的区分对我们没有太大的用处,就不详细说了,因为我们已经知道,这种区分一方面既可以用于对现实的研究,另一方面也涉及可直接观察的物质痕迹。[26]

在实际中,历史学是从考证痕迹开始的说法在逻辑上也是不可能的。这一点我们也只略微提一下。传统的历史方法将考证作为著作的逻辑基础,它要求想考证资料的人一定是具有相当能力的历史学家,以至于不是历史学家看来就做不了这项工作。我们必须重申:考证就要比较,如果我们不知道真实的资料是什么样的,就不可能识别一份假的资料。前文说过,我们必须从隐秘的集体表象来破解文本。只有老练的历史学家才能进行考证。这里有一个例证,大学生在评注文本时虽然不像回答论说题那样有可能交白卷,但批试卷的人都有共同体验,前者要难得多。[27] 历史学家可以说陷在一个互为因果的循环里了:要成为历史学家,就必须要会考证史料,而要具备考证史料的能力,就必须

---

[25] 瑟诺博司的错误就在这里:他认为教学和研究遵循同样的逻辑。参见我的论文《瑟诺博司再探》。

[26] 布洛赫对此有详细的讨论(《为历史学辩护》,第17—20页)。

[27] 文本评注和论说题是法国大学历史学考试的两种主要题型。——译注

已经是一名历史学家。

19世纪末方法学派最天真的地方就在于这根过于简单的资料—考证—事实的链条。布洛赫曾很有分寸地提到这一点,他在这里显然是说朗格卢瓦和瑟诺博司:

> 许多人,甚至一些教科书的作者对我们的研究进程有着一种单纯得惊人的看法。他们常常说,太初有资料。[28] 历史学家搜集、阅读资料,努力衡量资料的权威性和真实性。之后,而且仅仅在此之后,就把这些资料写成著作。只是有一处不幸弄错了:任何历史学家都不曾如此行事。即使他偶尔会自以为是在这样做。[29]

实际上,将考证规则理论化,并以其为中心建立起一套职业操守的莫诺、拉维斯、朗格卢瓦和瑟诺博司等人都不是这样做的。但他们没有意识到这一点,因为他们主要选择关注国家的决策和制度的运行,这使他们更注重公共档案馆里的资料。这种选择对他们来说是自然而然的,他们并不觉得需要证明这种选择,也不觉得需要对它进行解释。然而这种选择让他们对自己的方法缺乏认识。

他们的历史学著作都是对某个时期进行研究,原因也是在这里,因为他们感兴趣的是政治体制的变化,这种变化是一段一段进行的,非常清楚。人们常常用问题史学来反对这种时期史学,在问题史学中,十分鲜明的问题切割出研究对象。二者之间的对立很早就有,可以说是由

---

[28] 这句话的原文为Au commencement sont les documents。布洛赫在此处大概是套用了圣经《约翰福音》第一句话:"太初有道"(Au commencement était le Parole)。——译注

[29] 《为历史学辩护》,第26页。

来已久:19世纪末阿克顿勋爵就已经有"研究问题,不要研究时期"[30]的告诫。事实上,即使是研究时期的历史学家也是从问题出发构建起历史的,只不过这些问题是隐含的,因而也是把握得不好的。

  历史学实际上无法以事实为起点:没有问题,没有预设,也就没有事实。有时候问题是隐含的,但如果没有问题,历史学家不知道什么是问题,也不知道到哪里去找问题,那么他就不知所措了。有时候问题在开始时是模糊的,但如果它不逐渐清晰起来,研究就会夭折。历史学不是用网捕鱼;历史学家不是胡乱撒网去看看能不能捕到鱼以及捕到什么鱼。不提问题,就永远别想找到答案……这一点历史学和其他科学别无二致,拉孔布在1894年就说过:

保罗·拉孔布 | 无假设,则无观察

  历史学……不适合实验。对它来说,观察是唯一可能的手段。一定要好好理解"观察"这个词。人们常常以为,观察就是紧盯着不断流逝的、无尽的现象之流,就是在现象流逝时,等它忽然给人们一个想法,揭示这些现象普遍具有的面相。但是,对于空空如也的脑袋,变化无穷的现象只会使其犹疑不决。观察,恰恰不是用专注、期盼却也模糊的目光注视一切。而是有所取舍,将目光集中于某些区域或者某些问题。在无比多样的现象面前,有所取舍是不可或缺的原则。这条原则划定视野,只对某个特定方面予以关注,

---

[30] 阿克顿勋爵(Lord Acton):《历史研究讲座,剑桥大学1895年6月11日》(*A Lecture on the Study of History, Delivered at Cambridge*, June 11 1895, Londres, Macmillan, 1895, 第142页)。也参见傅勒:《从叙事史到问题史》(*De l'histoire récit à l'histoire problème*)。

对其他则不闻不问,要具备这条原则,只有靠成形的假设和有待于证实的方案。假设显然是需要去证明的,尽管没那么明显,但也同样确凿无疑的是,在观察之前,需要有假设这一观念。

——《论被看作科学的历史学》,第 54 页。

年鉴学派的历史学家像从西米安那里一样从拉孔布那里借力,他们特别强调这一点。他们这样做是有道理的。费弗尔以他一贯泼辣的文笔抨击那些不提出问题的历史学家,他这里打了一个和土地有关的比方:

> ……如果历史学家不提出问题,或者是如果提出问题,却不提供假设来回答问题——这里涉及技艺、技术和科学上的努力,我有理由说,他就比我们的农民还要落后一些:因为农民都知道不要一看到一块地就把牲口胡乱地赶过去,原因在于牲口吃草时随随便便,走哪算哪;而农民要把牲口圈起来,把它们拴在木柱上,让它们在这里而不是在那里吃草。而且农民还知道为什么要这么做。[31]

方法学派的历史学家们(如朗格卢瓦和瑟诺博司)提出的都是比较一致的问题,所以他们没有得出这种事实、资料和问题相互依赖的关系。这是他们在方法论上的弱点,尽管瑟诺博司已经清楚地看到,去查资料就是去提问题的。布洛赫甚至提到那个"惊人的"词,提到他亲爱的导师说过"给自己提出问题是很有用的,但回答问题却是很危险

---

[31] 《为历史学战斗》,第 23 页。

的",这肯定不是"一个爱夸口的人说的话"。[32]

方法学派将确定事实作为职业操守,与提问题相比,这反倒成为历史学家这份职业的准则。现在,不管自称属于哪个学派的历史学家都遵守考证这条原则。1969年居伊-P. 帕尔马德(Guy-P. Palmade)在《法兰西民族信史》(*Histoire sincère de la nation française*)的再版序言中说,我们都是创立了历史学家这份职业的那一代人的继承者,"有时我们没有意识到这一点,或者我们忘恩负义"。我们把他们的贡献说得极小,"是因为我们已经将之完完全全地吸收到自身之中"。他说得在理。

的确,不管使用的资料和提出的问题是什么,在确定事实时重要的是历史学家将拿出来给人看的文本的可靠性,或者说真实性。历史学作为"认识"的价值端赖于此。历史学建立在事实之上,所有历史学家都必须拿出事实来支持自己的言论。历史学文本是否可靠,在科学上是否可以接受,这取决于构建事实时是否小心。因此,这门手艺在学徒期间要同时对考证方法、史料认识和提问能力进行训练。要同时学会正确地记笔记,学会正确地读文本,不误读文本的意思、意图和意义,还要学会向自己提出恰当的问题。历史研究围绕"解释资料",包括文本、形象、统计图表等等组织起来(法国就是如此),其重要性就在这里。也正是出于这个原因,在对研究者作评价时,我们非常看重一手研究、史料出处、参考书目,简而言之,非常看重人们恰如其分地称之为"学术注释"(apparat critique)[33]的那些东西。历史学不能允许只说个

---

[32]《为历史学辩护》,第XVI页。(那个"惊人的"词是指"谨慎","亲爱的导师"即瑟诺博司。——译注)

[33] 此处critique直译即为"考证",所以前文说"恰如其分"。——译注

大概，这是其伟大之处，抑或也是其枷锁。一个日期，一处注释，要么正确，要么错误。这与意见无关。要质疑一种历史解读，就必须另拿出一些事实、日期和注释。

和其他社会群体一样，历史学家内部也有分歧，也许，历史学家这份职业正是因为有这条共同的职业操守而在一定程度上保持着团结？

第四讲　历史学家的问题

如果说不提出问题,就没有事实,没有历史学的话,那么在构建历史的过程中,问题具有决定性的地位。

的确无法通过其研究对象或是资料来界定历史学。我们已经知道,并没有天然的历史学事实,历史学的潜在对象是无限的。人们能够(而且也确实是)以任何东西为对象写作历史——气候史,物质生活史,技术史,经济史,社会阶级史,礼仪史,节日史,艺术史,制度史,政治生活史,政党史,武器史,战争史,宗教史,情感史(爱情),情绪史(恐惧),感觉史,感知史(气味),海洋史,沙漠史,等等。构成历史学对象的是问题,它在一个由事实和可获得资料组成的无限世界里进行前所未有的切割剪裁。从认识论的观点看,问题执行了一种基本的功能,因为正是它建立、构建起历史学的对象。在某种意义上,一部历史著作的价值就在于其问题的价值。我们向问题发问的重要性和必要性也正在于此。

一 什么是历史学问题?

问题与资料

历史学家不提天真幼稚的问题。例如,他不会想去考察克罗-马尼翁人[1]的情感状态,因为他清楚,不存在任何痕迹,这是一个无谓的问题。研究这个问题是在浪费时间。历史学家在提出一个问题的时候,已经想到解决这个问题的史料和资料,也就是说,对于如何着手处理这些史料和资料已经有了一个初步的想法,这也是为什么问题使事实得以构建的原因。柯林武德写道:"每一次历史学家问一个问题,他自己的心灵中对于他将可能使用的证据已经有一个初步的和尝试性的观念了。……要提出你看不出有回答指望的问题,乃是科学上的大罪过,就正像是在政治上下达你认为不会被人服从的命令。"[2]

因此,没有资料,也就没有问题。历史学家即使在提一个简单的问题时,也从来不只是在"简简单单提一个问题"。他的问题不是赤手空拳的;从哪里可能找到资料,可以采用怎样的研究程序,这些想法将问题武装起来。要提出问题,就得具备对各种可能史料最低限度的认识,提问的时候就已想到怎样用其他历史学家尝试过的研究方法来运用这些史料……这里又有一个互为因果的循环:要提得出历史学问题,就必须得已经是一个历史学家。

---

[1] 克罗-马尼翁人(l'homme de Cro-Magnon)是生活在欧洲的史前人类。——译注
[2] 柯林武德:《历史的观念》(*The Idea of History*),第 281 页。除非特别指出,书中所援引的英文都由我译为法文,翻译中的不足亦由我负责。(译文引自中译本《历史的观念》,何兆武、张文杰译,商务印书馆,1997 年,第 387 页。——译注)

罗宾·乔治·柯林武德 | 历史地提问

在所有他可以知觉到的事物之中,没有一种是他不能设想用来作为某个问题的证据的——如果他心中是带着正确的问题接触到它的话。历史知识的扩大,主要就是通过寻求如何使用迄今被历史学家们一直认为是无用的这种或那种可知觉的事实作为证据而实现的。

因此,整个可知觉的世界就都潜在地和在原则上,是历史学家的证据。只要他能利用它,它就变成了实际的证据。而且除非他以正确的那种历史知识去接触它,否则他就不可能利用它。我们占有的历史知识越多,我们从任何一件给定的证据中所能学到的也就越多;如果我们没有历史知识,我们就什么也学不到。只是到了有人历史地思索它时,证据才成为证据。

——《历史的想象》(*The Historical Imagination*),第 19 页。[3]

不提出问题,更不会有资料。正是历史学家提出的问题,使过去留下的痕迹变成史料和资料。在没有提问之前,人们甚至觉察不到这些东西可能是过去什么留下的痕迹。布洛赫举了一个非常形象的例子来说明这一点:"在布歇·德·彼尔德[4]之前,索姆河冲积层里的燧石之多与今日无异。然而那时没有人去查探,因此那时也就没有史

---

[3] 译文引自《历史的观念》中译本第 344 页。——译注
[4] 布歇·德·彼尔德(Boucher de Perthes, 1788—1868),法国考古学家。——译注

前史。"[5]

　　这也就是说,"在没有遇到好奇的历史学家之前,资料本身并不存在"[6],同时也意味着,一旦被历史学家抓住,一切都能做资料,柯林武德一锤定音:"世界上的每一件事物对于无论任何一种主题都是潜在的证据。"[7]然而,有一个条件,那就是历史学家知道怎样利用它。费弗尔说得好:在历史学家的工作中,最激动人心的一部分就在于让缄默不语者开口说话。

吕西安·费弗尔｜一切皆可是资料

　　无疑,历史学要用到文字资料。如果有文字资料的话。但是如果一点儿文字资料都没有的话,也可以,而且也应该著史。为了在没有寻常花朵的情况下造出蜂蜜,历史学家发挥自己的才智,尽其可能地利用一切。言辞和动作。风景和瓦片。农田的外观和野草的样子。月食和套牲口的颈圈。地质学家对石头的专业知识和化学家对金属制成的剑的分析。总之,利用依赖人、服务于人、表现人、显示着人之为人的存在、活动、喜好与风格的东西,这些都属人所有。在我们历史学家的工作中,最激动人心的一部分无疑就是不断努力地让缄默不语者开口说话,让它们就人以及产生人的社会,说出它们本身没有说的东西,并最终在它们之间建起一个互

---

[5]　《为历史学辩护》,第 26 页。

[6]　马罗:《论历史认识》,第 302 页。

[7]　柯林武德:《历史的观念》,第 280 页(译文引自中译本第 387 页)。又如"任何东西都是证据,都是用来作为证据的;而且没有一个人在他有机会使用它之前,就能知道有什么东西作为证据将会是有用的。"(同前)(译文引自中译本第 386 页)

相联系、互为奥援的宽广网络,在没有文字资料时,这个网络可以取而代之。

——《为历史学战斗》,第428页。

问题优先于资料,从中可引出两条结论。首先,它意味着,对于某个特定资料,我们无法做出一劳永逸的解读。历史学家永远无法穷尽其资料的意义,他总是可以用其他问题来重新拷问资料,或者用其他方法让资料开口说话。我们以那些沉睡在税务档案馆里的遗产申报书为例。为了从中获取19世纪法国人财产的信息,已经有数次大型调查对海量的遗产申报书进行了分析。[8] 然而这些调查还蕴涵许多其他信息:夫妻财产制度和嫁妆(如果我们关心婚姻情况的话),或者还有职业的与地理的流动性……实际上遗产申报书必然要提到继承人的姓名、地址和职业,我们甚至可以用它进行有关死亡率的研究,如果我们别无更好的资料的话。

我们知道,在构建历史学对象的过程中,提问题的作用是根本性的。遗产申报书可以用作多种历史学的史料。从同样的资料出发,决定其是财产史还是社会流动史的,是提出的问题,问题不同,就有不同的剪裁和处理办法。显然,这对于档案工作者来说是个大问题,他们常常因为地方不够,想要把那些"没用的"资料清理出去!但是,怎么才

---

[8]《19世纪法国人的财产》(*Les Fortunes françaises au XIXe siècle*, Paris-La Haye, Mouton,1973),调查由阿德兰·多马尔(Adeline Daumard)领导,参与者有科达乔尼(F. Codaccioni)、迪珀(G. Dupeux)、埃尔潘(J. Herpin)、戈德肖(J. Godechot)和桑托(J. Sentou)。皮埃尔·莱昂:《19世纪里昂的财产地理分布与社会结构》(Pierre Léon, *Géographie de la fortune et Structure sociales à Lyon au XIXe siècle*, Lyon Université de Lyon-II,1974)。

能知道现在的档案里哪些将来可以用于解答历史学家现在还不知道,那时才会提出的问题呢?

第二,问题、资料和处理资料的方法三者密不可分,这就是为什么问题的更新涉及方法的史新和(或)资料库的更新。这一点我们不详细论述,勒高夫和诺拉的三卷本《著史》已经是很好的说明,其标题分别是《新问题》《新取径》和《新对象》。随着历史学家提出新的问题,他构建出实在(réalité)的新面相,这个面相现在通过史料、痕迹(也就是资料)是可以为人所了解的。19世纪的历史学家偏好文字痕迹。到了20世纪,人们则通过考古挖掘来解答关于物质生活史的问题;通过礼仪、象征和仪式来了解社会和文化行为。共和国的雕像、村庄里的死者纪念碑和钟都成了资料。对于文字资料则使用语言学和词汇统计等方法,调查它们本来并非想要说出的蕴涵。口头调查让那些原先沉默不语的历史幸存者出来作证。总之,为回应新的调查,资料和方法越来越丰富。我们在下文还会谈到这一点。

问题的更新是历史学科演变的动力,而这显然不是出于历史学家个人一时的心血来潮。此处有两个相互关联、互为因果的问题。一方面,集体好奇心在转移;另一方面,在发展变化的理论内部,证实或者否定某些假设又引发了新的假设。因此,调查会一次又一次地重新展开,没有止境。和事实一样,历史学问题也是无法穷尽的:总是得重写历史。

然而,在每个历史时刻,都有一些历史学问题不再被人提及,而另一些则被提出。前者人们曾一再讨论,已经是老生常谈,而后者正是历史学家这份职业关注的焦点。一个问题能否成为历史学家这个行会当前所讨论的问题,这决定了它是否具有科学的地位。并非所有的问题都具有同等的正当性。

罗宾·乔治·柯林武德 | 一切皆可作史料

一方面是资料,另一方面是解释原则,这是所有历史思维中的两个元素。但这二者并非先是分开,而后又合在一起。它们要么在一起,要么就都不存在。历史学家不可能先去搜集资料,然后再进行解释。只有当他心中已经有一个问题的时候,他才能着手去搜寻与这个问题相关的资料。任何地方的任何东西都可以被他用作资料,只要他能够找到对其做出解释的办法。历史学家的资料乃是整个现在。

因此,历史研究并不是从搜集、思考那些未经解释的粗糙事实开始,而是要先提出问题,这个问题会让历史学家去寻找有助于解答它的事实。所有的历史研究都是以这种方式聚焦于某些特定的问题或难题之上,这些问题或难题就确定了历史研究的主题。此外,应该在只有当我们有理由认为自己会有能力做出解答,而且答案是一个在历史学上真实、合理的说法时,才提出问题,否则提问不会有任何收获,它至多不过是无谓的好奇,而不是历史学工作的中心所在,甚至都不是其中一个组成部分。我们说一个问题"成立"或"不成立",就是这个意思。说一个问题成立,也就是说它与我们之前的想法有逻辑上的联系,我们提出这个问题是有理由的,而不只是一时好奇。

——《历史哲学》(*The Philosophy of History*),第 14 页。

问题的正当性

因此,据历史学家说,对他们而言,最正当的问题便是那些能"推动"其学科发展的问题。但推动历史学科发展指的是什么？

有很多种方式"推动"历史学发展。最简单的就是填补我们认识上的空白。而空白又是什么？我们总会找到一个还没有人写过其历史的村庄，但是写出第 n 个村庄的历史就真的填补了一个空白么？它教给我们哪些以前不知道的东西？真正的空白不是还未有人书写其历史的漏网之鱼，而是历史学家还未做出解答的问题。当问题被更新了，空白有时候不用填就消失了……在得到解答之前，问题有可能就已不复存在。

从这里可以得出两条结论。第一，历史的书写没有止境。19 世纪末的历史学家认为他们的研究已经做到了头。这只是一个梦想。必须不断重新研究历史，处理新问题和新成果。柯林武德说得很贴切：所有的历史学都是对其研究主题直至此刻所取得进步的阶段性报告。他从中得出结论，所有的历史学同时也是史学史。"这就是为什么每个时代都必须重新写历史。"[9]

这也就是说，历史研究的正当性不直接存在于资料之中。直接从资料出发的一手研究如果回应的是不成立的问题，就可能在科学上并无意义。相反，从其他历史学家之前研究成果出发的二手研究如果能提出新问题，那么它在科学上就有很高的价值。在历史学家看来，一个具有充分正当性的问题应该是嵌入在一个由其他相似或相补的问题组成的网络之中，与这个网络相伴随的是诸多可能的答案，对资料进行研究后就能在这些答案中进行选择。历史学问题就这样位于一个理论之中。

要说明这个入驻到科学领域之中的问题，历史传记是一个很好的

---

[9] 柯林武德：《历史哲学》，第 15 页。

例子。人们曾认为传记对于政治史来说是完全正当的。年鉴学派却认为它没什么意义,因为无法通过传记来从整体上把握经济与社会。对一个人进行考察(肯定是一个著名人物,因为其他人绝少留下痕迹)是在浪费时间,这时间要是用来发现价格变动规律,或是勾勒集体性重要角色(如资产阶级)的形象岂不更好。传记自然是以单个人为对象,因此它在20世纪50—70年代就被一种致力于普遍性的科学的历史学驱逐出境。但读者喜欢传记。一些大型丛书大获成功。历史学家受到出名(参加贝尔纳·皮沃[10]的节目)和版税的诱惑,在出版社的请求下接受订单,他们从这项工作中获利。同时,历史学的理论形态也变化了。人们不再寄希望于那种要全面理解社会及其演变的综合、总体的历史学。更让人感兴趣的,是从具体事例出发,理解社会、文化与宗教的运行。在这一新背景之下,传记的地位不同了,它重新寻回了自己的正当性。但它不再完全是以前的样子,不再是只写一些"大"人物:它更多地是通过人物来理解诸多逻辑之间的相互影响以及诸多互补网络之间的衔接,而不是去确定个人对事件的影响。

具有正当性的问题是变化不定的,在历史学家这份职业内部,确定哪些问题具有正当性自然就是争夺权力的关键,因为在这份职业内部,问题恰当与否由什么地方来决定,什么地方就拥有权力。期刊接受或拒绝发表论文,它就是掌权的地方之一,其在历史学科内的重要性也正源于此。关于历史学家这个行会内部为确定正当问题而引发的冲突,年鉴学派与"唯历史的"历史学之间的论战是一个很好的例子。同样,还有在20世纪70年代末,所谓"新"史学与被其称作传统史学之间的

---

〔10〕 贝尔纳·皮沃(Bernard Pivot)在法国以主持诸多电视文化访谈节目闻名。——译注

论战。由各种不同方式组成的或大或小的诸多团体就这样在理论论争中发生冲突，其要旨便在于争夺掌控这一职业的科学霸权，谁夺得霸权，谁就会享有诸多物质的和象征性的好处，如对一干人等职业生涯的影响力或是占据显赫的职位。这些科学上的冲突也是一种特殊的社会冲突。"学派(école)之争"一语很好地表明了这两个方面，因为"学派"这个词既是指一群文人，又指奠定了这群文人的认同的一种理论。

这份职业由好几方势力组成，它也向国外的历史学家开放，这使得上述暗中冲突的结果不会变成一方独大。而这些冲突也有助于使恰当问题的形态不断演变。它们还以同样的问题吸引了不同的历史书写"时尚"和几代历史学家为此付出努力。总之，这是历史学问题本身历史性的一个重要因素。

然而，历史学问题的历史不仅仅是历史学"学派"的科学史与社会史，它不仅仅服从职业内部的一些因素。这份职业实际上完全嵌在社会之中，它为这个社会服务，这个社会养活它。另一方面，它又是由个体组成，每个个人研究历史都有自己的理由。历史学问题不仅是在一份职业内部被提出，它也是在一个社会内部，由个人提出。我们要对这两个方面进行考察。

二　历史学问题的社会根源

社会关切和科学关切

从科学的观点来看，并非提供给我们当代人的所有历史学产品都被一视同仁地接受下来。

有些历史学的功能是娱乐。它们用来给人消遣，让人想入非非。它们是在时间中寻求一种陌生感，一种类似于通俗地理杂志在空间上呈现出来的异国情调。这种历史学尤其在大众传媒中获得成功,它们在车站报亭中进行销售。就像《巴黎竞赛画报》(Paris-Match)对摩洛哥王室的报道或者旅行社里的景点简介手册一样,这种历史学的社会功能并非微不足道,也不单纯。在历史学家眼中,这种关注过去王公的私生活、仍未真相大白的罪行、轰动一时的事件和奇风异俗的八卦历史学没有太大意义。大众传媒中的历史学也能够严格遵循考证的准则,它之所以没有专业价值,不是因为它的方法,而是由于它提出的问题没有意义。

插一句,请注意历史学家这份职业在此处所行使的社会权力。德·蓬巴杜尔夫人(Mme de Pompadour)的风流韵事和达朗(Darlan)上将被人刺杀是没有意义的问题,而卡尔莫(Carmaux)地区的矿工史(特伦贝[R. Trempé]著)、海岸的表象史(科尔班著)或是18世纪的书籍史才值得研究,下如此断言的权力从何而来?决定某种历史学是否可以被接受,确定其评价标准的,正是职业历史学家,这就像是由职业医生来否定或认可某种疫苗或顺势疗法的医疗价值。在此处有实实在在的权力,这是业余史学家们所没有的。

另有一些问题表现出社会关切。例如,通过文章和电视节目来纪念诺曼底登陆或维科尔失败[11]并非没有意义。这些并不是新问题,在职业历史学家看来,大众传媒上的产品也没有"推进"历史学的发展。为什么是在这片海滩上登陆?为什么德军没有进行更加迅速和更大规模的反击?历史学家是知道答案的,但将答案告诉公众或是在50周年时向人们重申一遍,这对于社会有益。

---

[11] 维科尔(Vercors),法国地名,此地曾是二战时法国抵抗运动游击队的重要基地,1944年7月被德军攻陷。——译注

如此这般回应"社会需求"（这个词不是很清楚，但用起来方便，人们现在一般就这么说）的历史学也能够恪守所有职业要求。这种历史学中自然包括在课堂里讲授的历史。它可以是从史料出发，结合最新研究成果的优秀历史学。有时候它即使没有更新资料，但更新了问题，从而同样具有科学关切。对于历史学家这份职业来说，这种历史学由职业人士来做是很重要的：将通俗普及的工作完全扔给专业记者去做，这和取消中学教师培训一样危险。然而一般来说，这种历史学的科学关切（如教科书的科学关切）是含糊的：这里很少处于这门学科的前沿地带。

具有科学关切的问题"推动"了历史学的发展，它也并不缺少直接或间接的社会关切。社会关切并不是科学关切的基础，但社会关切能够恰如其分地伴随科学关切。例如，在今日的法国，人们在社会和科学这两个方面都对职业教育史很感兴趣。在这个国度中，而且只有在这个国度中，是怎样建立起有力的职业教育的？为什么法国选择在学校中培养工人？熟练工人本身、他们的老板、工会，以及政治家都对这些问题感兴趣，因为它们解释了当前的发展情况，也为人们将来如何决策指明方向。而历史学家对此也同样很感兴趣，他们希望对技术发展、企业中的社会关系、职业分类的结构和企业与国家的关系这几方面的联系有新的理解。1968 年 5 月 11 日上午，我把我那本《教育史》(*Histoire de l'enseignement*)的校样送到位于圣米歇尔大街的出版社，街上满是凌晨留下的街垒。我得承认，就在我试图将此前一直是纯粹的制度史安放到与那个时代的科学问题相符合的社会史中去的时候，我感到了自己的某种社会用途……社会关切与科学的结合永远可能存在，虽然也永远无法确保一定会有这种结合。

但社会关切与科学关切结合在一起的情形并非巧合：其之所以会

时不时发生,是因为作为个人和群体的历史学家并非处在社会之外,而是生活于其中;他们提出的问题都难免沾染了所处时代特有难题的色彩,即使那些他们自认为"纯粹的"历史学问题也是如此。在此种情况下,这些问题通常都表现出提问人对所处社会的关注。

历史学问题的历史性

实际上,所有的历史学问题都是由一个置身于社会当中的人在某时某地提出。即使他刻意避免社会的影响,给历史学赋予一种无关利害的纯粹的认识功能,他还是处于其时代之中,对此他无可奈何。一切问题都渊源有自。就像科泽勒克所说,在18世纪末,现代历史学思想的根本特性之一,便是意识到历史学家观点的历史性,以及这种历史性必然使得每隔一段时期就要重写历史。我们在这里引用歌德的一句话就足够了:"处于向前流淌的时间中的同时代人被引至一些观点,从这些观点出发,过去被人们以崭新的方式理解和评判。"[12] 就这样,每个时代都给历史的书写强行赋予了它自己的观点。

譬如,提出关于某个家庭史、家族史和联姻史的问题,研究某个国王及其统治,这在中世纪(当时编年史作者常常依附于王公)和旧制度时期是合乎情理的。伏尔泰的第一部历史著作就是《查理十二世史》(*Histoire de Charles XII*, 1731),之后他又写了《路易十四时代》(*Le Siècle de Louis XIV*, 1751)。然而时代在变,伏尔泰感到,比之国王和宫廷,风俗和法律的变化更值得历史学家关注。这也就是基佐,这位启蒙运动多方面的继承者,后来在复辟时期所说的"文明"。

随着奥古斯丁·梯叶里和米什莱的出现,浪漫主义的鼎盛时期到

---

[12] 转引自科泽勒克:《过去的未来》,第281页。

了。历史学关注人民，将之当作集体性的英雄；生动的细节描写和"特色"（couleur locale）在其中占有一席之地；这种历史学对中世纪的偏好也到了一定程度，那个时代的"新哥特式"风格正是由此而来。法兰西民族源于法兰克人，这是那个时代挥之不去的问题之一。它与贵族的起源问题相交错，其间又交杂着等级社会与大革命的问题。我们已经谈过这一背景对19世纪历史学的重要影响。

方法学派的历史学家想要写出超然于社会偶然性的纯粹科学的历史学，他们提出来的是关于民族和制度的问题，也就是关于时间的重大政治问题。要等到1918年的胜利使得共和国已无可置疑的时候，其他问题才被提出来。提出这些经济和社会方面问题的时代正在为经济危机和阶级斗争操心。拉布鲁斯（Labrousse）当过律师，后来在1920年成为具有共产党员身份的新闻记者，他正是在1930年经济危机削弱法国社会的时候，全力以赴去研究法国大革命的经济起源的。

20世纪70年代，历史学的形势变了。上文已经说过智识环境、诸多新社会科学的出现以及结构主义对这种演变的影响。除此之外，其间也涉及马克思主义的退潮、工人运动的分化瓦解和个人主义的抬头。当妇女解放运动、人工流产和18岁获得投票权成为社会热点的时候，新史学提出了关于性、死亡和节日的问题。

这里的确有一种普遍的呼应，历史学家提出的问题与其所生活的历史时刻之间普遍存在关联，这一点基本没有什么疑问。这种关联有时候是比较直接的，如拉布鲁斯的情况。此前"小拉维斯"作者[13]的情况也是如此；正是在德国的统一威胁到法国，以及俾斯麦取得胜利的

---

[13] "小拉维斯"（petit Lavisse）的作者即恩斯特·拉维斯，"小拉维斯"是他为小学生编写的一套法国史教材。——译注

时刻,这位民族认同的颂扬者在关注腓特烈二世(Frédéric II)治下的普鲁士历史,这是历史学家的问题与其所处环境之间直接关联的又一例证。

然而,这也同时表明了历史学家的问题与提问者之间的直接关联。

三 历史学家所提问题的个人根源

入世的影响

一位政治上暂时失意的前财政部长[14]在赋闲时写了一本《杜尔哥的失宠》(*La disgrâce de Turgot*),没有人会对此感到惊讶:在他的历史研究中,想来会有为刚刚过去的事情所做的辩白。而职业历史学家与埃德加·富尔这样有天赋的业余爱好者没多大不同:只不过他们的入世不这么明显,与政治生活的牵涉不这么直接。然而,并非总是如此。如果更仔细地考察他们关注的问题,那么他们的入世(engagement)或超然态度所产生的影响肯定是惊人的。

这并不是什么新有的特点。让我们以夏尔·瑟诺博司为例。他最好的历史学著作是用作大学教科书的四卷本皇皇巨著《当代法国史》(*Histoire de la France contemporaine*),涵盖了从第二帝国到1918年的历史:一部非常之当代的政治史。瑟诺博司是阿尔代什省(Ardèche)一名共和派众议员的儿子,出身新教家庭的他也是一名非常活跃的德雷福斯派。后来,他参加了反对"三年兵役法"的请愿,并在1917年支持一个"和平主义"委员会。在他的入世态度与他所写的历史之间怎么会没

---

[14] 即下文的埃德加·富尔。——译注

有关联呢?

这种关联对于研究当代的历史学家来说显然比其他历史学家更为直接。我们以一代历史学家为例,其中有维亚尔(C. Willard,研究盖德主义者[15]),勒贝留(Rebérioux,研究饶勒斯[J. Jaurès]),特伦贝(研究卡尔莫地区的矿工),佩罗(研究罢工),朱利亚尔(J. Julliard,研究佩路提埃[F. Pelloutier]),他们赋予了工人史以充分的科学正当性;这也是经历了法国解放、见证了鼎盛时期的法国共产党的一代,他们中有些人加入了共产党,有些人与之保持距离,但他们都支持工人运动。克里格尔(A. Kriegel)和罗布里厄(P. Robrieux)等研究共产主义的历史学家在共产党内长期担任职务;他们是从内部对共产党有所认识,并将对共产党作风的直接了解移到其历史学分析之中。

同样,研究天主教或新教的历史学家通常是天主教或新教信徒。和研究共产主义的历史学家的情况一样,他们中间固然也有变节者或是想要还俗而与教会发生冲突的教士。但还有一些忠实信徒,他们的才干和名声为教会所用。

最后,再举第三个研究当代的历史学家的例子。现在兴起的犹太史、维希反犹史、种族大屠杀史、集中营史常常正是由那些家庭遭受此种迫害的历史学家所著。

但是,如果以为只有当代史专家才入世,那就错了。研究大革命的历史学家十有八九也是如此。索邦大学首任大革命史教授奥拉尔(Aulard)曾获得中学文学教师资格,比之他所接受的教育,他的信念与这一大学教职更相称。又如,离我们更近些的索布尔(Soboul)也不对自己的共

---

[15] 盖德(Jules Guesde, 1845—1922),法国工人运动马克思主义派早期领导人。——译注

产党员身份遮遮掩掩。

诚然,并非所有的历史学家都入世,但历史学家对集合体的演变有着职业上的兴趣,这是在相同文化水平的人群中,历史学家这个行会的入世比例大抵要更高些的一个原因。然而以何种角度入世却不可一概而论——各个阵营中都有历史学家,而且历史学家也不必然入世;有些大历史学家为了全身心投入历史学,恰恰选择不入世。《年鉴》杂志就曾做出这样的选择。布洛赫在《蹊跷的战败》中自问:"我们中的大多数人只有权利说自己是个好工人。我们以前一直是足够好的公民么?"[16]布洛赫言行如一,虽然已 55 岁,他还是参加了抵抗运动,他的死也是我们都知道的。与布洛赫意见不合的费弗尔继续办《年鉴》杂志,拉布鲁斯则接受了索邦的临时教职,而身为犹太人的布洛赫是不能讲课的。在布洛赫、费弗尔和布罗代尔的著作中(此处只谈逝者),我们看不到有什么研究是入世态度的产物。入世在某些方面是不可替代的社会体验(这一点下文还会说到),但它远非作为个人的历史学家卷入他所处理问题的唯一方式。

个性的影响

在所有"用脑力的"行当中,个人本身都在起着作用。如果一项研究对个人毫无意义的话,人们是不会经年累月地研究哲学、文学或是历史学的。激情意味着有某种东西对于个人来说十分重要,我相信,一点激情都没有是做不了优秀的历史学家的。对于历史的好奇心深深植根于存在本身之中,这是历史学家锲而不舍地研究,为此付出心血,有时也从这个行当中获得乐趣(这一点应该承认)的原因。

---

[16] 布洛赫:《蹊跷的战败》(*L'Étrange Défaite*,Paris,Albin Michel,1957),第 217—218 页。

这里，精神分析学家有话要说。对历史学家著作中的无意识进行分析的确自成一格。这一点我们还没怎么研究。请读者参看罗兰·巴特（Roland Barthes）的《米什莱》（Michelet）一书；米什莱这位大历史学家显然迷恋于鲜血，这是某种极深层的东西的反映。即使不深到如此程度，历史学家与其研究对象之间还是有内在的联系，他自身的认同就在这种联系之中逐渐显现出来。他关注过往人物的生与死，他也由此来塑造其自身的生与死。随着年岁渐长，他的好奇心也在转移，这本身也是一部个人认同的历史。最近对自我—历史[17]那种带点自恋的兴趣正出于此。

所以，必须要有自觉，要头脑清醒。如果介入政治、宗教或社会的话，这显然是必不可少的。对研究对象有内在的认识，这是不可替代的制胜法宝：从内部来了解所研究群体的内在机制，这样提出来的假设，指向的资料和事实都是外部观察者几乎无法想见的。然而同样显而易见的是，如此一来，研究者就会党同伐异，从而有可能去为某一方写辩护词或是起诉书。激情让人盲目。它让人想要分辨对错，想要惩恶扬善。历史学家不想被认为有要报仇雪恨或是矫正错误的意愿，他们有可能没有仔细构建就过快地接受了那些他们赋予过多重要性的事实。和一切机遇一样，入世者的内在认识同时也是一场冒险。它让历史学家可以更迅速、更深入地理解其对象，但也能使之在心潮澎湃之际丧失头脑的清明。

在涉及这一困境时，公众常常说这些历史学家没有保持"距离"（recul）。也就是说，应该等历史冷却下来之后再去研究它。这种看法是粗浅的。大革命两百周年纪念已经向我们表明，要使激情冷却，两个

---

[17] 指以《试写自我—历史》一书为代表的历史学家自传。——译注

世纪都不够。连专攻古代的历史学家有时候都在其研究中贯注了非常当代的问题。如果我们没有在这位傲慢的国王身后看出俾斯麦,没有在法兰西共和国背后看出那个希腊城邦的话,我们不会理解第三共和国时的人们为何花了那么多精力去研究狄摩西尼(Démosthène)以及雅典对马其顿王腓力(Philippe de Macédoine)的抵抗。

历史学当然需要"距离"。但是距离并非自动地来自时间的流逝,要有距离,光等待是不够的。为了与现时(le temps présent)拉开适当距离,应该从资料而不是回忆来对现时史(l'histoire du temps présent)进行专业的研究。在这种意义上,就像罗伯特·弗朗克所说的那样,现时史不能是一种即时史(une histoire immédiate)[18];应该打破现实的即时性,为此,历史学家要在现时与他给现时所写的历史之间建立中介。这就尤其要求历史学家必须澄清牵扯到的个人因素。20世纪初的共和派历史学家对待刚刚过去的历史不像今日有些人那样畏首畏尾。[19]距离并不是使历史学成为可能所必须先要有的时间差。是历史学创造了距离。

然而,澄清历史学家的个人因素并非仅仅对"热门"历史或者现时史来说是必不可少的:在任何情况中都必须如此。就像马罗援引克罗

---

[18] 罗伯特·弗朗克(Robert Frank):《现时史教学在认识论上的重要性》(Enjeux épistémologiques de l'enseignement de l'histoire du temps présent),《认识论与社会需求之间的历史学》,第164页。

[19] 譬如,乔治·魏尔(Georges Weill)1909年在阿尔康(Alcan)出版社出版的《1828—1908年间法国自由主义天主教史》(Histoire du catholicisme libéral en France 1828-1908)至今仍是一本好书。1922年问世的瑟诺博《当代法国史》的最后一卷一直讲到《凡尔赛条约》为止。今天,如果有人在1994年出版了一本截止于1993年选举的著作,就会被认为太鲁莽了……

齐(Croce)所说,"一切历史都是当代的",

> 所有真正的历史学问题(克罗齐将之与纯粹出自无益好奇心的"轶事"相对立),即使其所涉及的是最遥远的往昔,也都是在今日某个人意识中所上演的戏剧:它是处于其生活、环境和时代"情境之中"的历史学家这个人所提出的问题。[20]

历史学问题嵌在身处某时某地的历史学家的意识之中,如果对这一点视而不见的话,就容易被自己所欺骗。这不是什么新颖的意见,布莱德雷在1874年就说过了:

> 根本就不存在没有任何预先判决的历史这样一种东西;真正的区别只在于有的作者有着他的各种预先判断而并不知道它们是什么,并且他们的预先判断可能是错误的,又有的作者则是有意识地根据自己所认为是真理的已知基础而在有意识地发号施令并且在创造。唯有当历史学警觉到了它的前提假设的时候,它才开始成其为批判性的,并且尽可能地保护它自己远离种种虚构的异想天开。[21]

不入世的历史学家自认为从事的是纯粹科学,在此处,他们对自身所持的立场可能更缺乏自知之明,因为他们没有认识到同样有必要对推动其进行研究的动力进行反思。俗话说:"人有权做任何事,只要他知道是在做什么。"但历史学家恰恰从来不仅仅是在研究历史。马罗

---

[20] 《论历史认识》,第205页。
[21] 弗朗西斯·H. 布莱德雷(Francis H. Bradley):《批判历史学的前提假设》(Les Présupposés de l'histoire critique),第154页。(译文引自中译本,何兆武、张丽艳译,北京大学出版社,2007年,第28—29页。——译注)

是研究古代天主教的大历史学家、圣奥古斯丁专家,同时也是天主教信徒和左派斗士,他十分清楚地说明了对历史学家的要求。

亨利-伊雷内·马罗 | 澄清历史学家好奇心的缘由

> 在我看来,要做到在科学上诚实不欺,历史学家就必须(尽可能)努力自觉地界定其思想的方向,对自己的公设做出解释;他必须现身,必须让我们知道其著作的缘起:他为何以及如何选择、确定主题;他在这个主题中寻找什么,他又找到了什么;他必须描述自己的内心轨迹,因为一切真正丰沛的历史研究,其作者心灵本身之中也必定有某种发展;"与他者相遇"时的发现是令人震惊的,作者的心灵也因此发生转化,并由此更加充实。总之,审慎的反省能给我建议称之为"存在主义精神分析学"(借用萨特的术语)所提供的一切素材,历史学家都必须拿出来给我们。
>
> ——《论历史认识》,第 240 页。

马罗所说的澄清历史学家动机的"存在主义精神分析学"实际上是净心(catharsis),是净化,是返朴。从这个意义上说,历史学不是消遣或生计。从某些角度看,它是一种个人的苦修,是在争取内在的自由。历史学所创造的距离也就是与自身以及自身问题之间的距离。在此处,我们见到了历史学的庄严。它当然是一种知识,但同时也是自我塑造。仅仅说历史学是一所涵养智慧的学校,这远远不够。历史学家在著史的时候也在自我创造。米什莱在其《法国史》将近结束之际,有这样一页感人至深的文字谈到了这一点:

朱尔·米什莱 | 我的书创造了我……

我的生命就在此书之中,它在此书中消磨过去。此书是我唯一的事情。可是,著作与作者如此同一难道不危险么?著作难道不就此沾染上了作者的情感与所处时代的气息么?

这就是我们常常看到的情况。没有哪幅肖像画能准确到、能与模特儿吻合到艺术家不在其中掺进一丁点自身的程度……

如果这是一个缺陷,我们应该承认,这个缺陷对我们很有用。没有此种缺陷的历史学家,想要在写作中消隐、不存在、亦步亦趋于当时编年史的历史学家……根本就不是历史学家……

随着越来越深地进入研究对象之中,我们爱上了它,从此,我们看它的目光也就越来越关切。感动的心有第二种视觉,看到了无动于衷的人所看不到的万千风光。历史学和历史学家就在这目光中融为一体。这样是好?还是坏?此中有人们从未说过,而我们应该揭示出来的东西:

时间流逝,历史做出了历史学家,远甚于它被历史学家所做。我的著作创造了我。我才是它的作品。是儿子创造了父亲。如果说开始时是它出自我、出自我年轻时狂暴的感情(至今仍然混浊不清),那么它还给我的更多,那是力,是光,甚至是丰沛的热,是复活过去的实实在在的力量。如果我们相像,那很好。它来自于我的特征在很大程度上是我欠它的,是我从它那里得来的。

——《法国史》1869 年序言,收录于埃拉尔(J. Ehrard)和帕尔马德编:《历史》(*L'Histoire*),第 264—265 页。

然而，不应该滑向另一个极端。如果说所有历史学家，即使是那些想要最"科学的"历史学家都卷入了其所书写的历史当中，那么也不能得出结论说，应该把他的话语当作只是主观的意见、心声和一种饱满的无意识的反映。历史学家要澄清其个人因素，恰恰是为了达到更佳的合理性。如果我们还是想提出一种以理性为基础因而具有社会关切的话语的话，那么对历史学家主体的强调就不应该抹杀历史学的客体，菲利普·布特里指出了"历史学家主体过度膨胀"的危险：

> ……在历史学家的**自我**以绝对主宰的姿态占据了从前科学主义时代那原始、纯朴的**事实**所占的位置时，人类理性在认识过去时达到某种真理的能力遭到了多少有些激进的质疑，这就在整体上抛弃了宏大的解释模式，而游戏般地喜好对不断经过"修正"的假设和解释进行系统地试验。成为游戏主宰的历史学家好像有时候不再意识到其学科的关键所在——这关键不是别的，只能在于让后来的每一代人都能理解人类所保存的记忆以及那些不再存在的东西与言语。[22]

因此历史学家的问题应该位于最主观与最客观这两极之间。它深深地植根于提问者的个性之中，如果不与能够在其中得到回答的资料相结合，它也无法成形。它嵌在诸种理论之中，有时候只是嵌在历史学家这份职业内部流行的诸种时尚之中，它同时具有职业上的、社会中的以及更为隐秘的个人方面的功能。

历史学之庄严正是由此而来，上述对这一问题的分析只是对历史

---

[22] 菲利普·布特里（Philippe Boutry）：《历史学家理性的确凿与游移》（Assurances et errances de la raison historienne），收录于《重整过去》，第67页。

学中一再出现的客观性问题的初步阐释。客观性不可能来自历史学家所采取的视角,因为它必然有所本,必然是主观的。超然于一切之上的视角在历史学中是不存在的。想要拥有这种视角的历史学家是疯子:他只不过在此处显示出其无可挽回的幼稚。或许说公正性或忠实性比真实性要更合适一些。而公正性与忠实性只能是由历史学家通过一定方法辛苦得来的。它们位于历史学家工作的终点,而不是起点。因此历史学家工作方法中的准则就显得更为重要了。

第五讲　历史学的时间

如果我们是讨论社会学的话,前文大概不用做多少改动:只需把**历史学**换成**社会学**,**历史学家**换成**社会学家**,**历史学的**换成**社会学的**就行了。事实上,所有对身处社会当中的人有着或贴近或遥远兴趣的学科,都会在职业群体和特定社会内部对原始资料提出许多问题,这些问题对于提问者来说也同样具有个人意义。让历史学家的问题与众不同,将之与社会学家或民族学家的问题区分开来的,是其**历时性**,这一点我们还没有谈及。

就算是个外行,也能通过文本中的日期看出它是一个历史文本,他不会弄错。列维-斯特劳斯不无戏谑地提到这一点。

克洛德·列维-斯特劳斯｜没有日期,就没有历史学

没有日期,就没有历史学;要相信这一点,只需想想小学生是怎样学习历史的就够了:他把历史的血肉去掉,留下由日期串成的骨架。有人反对这种干瘪的方法,这不无道理,但却常常又滑向另一个过于繁复的极端。如果说日期不是历史学的全部,也不是历史学中最有趣的部分,那么没有日期的话,历史学本身也就要消失了,这是因为,历史学的所有原创性和特殊性便在于理解前后之间的联系,假如不能至少是潜在地确定各部分日期的话,那么这种联系也就必定要解除了。

不过,要是人们以为历史学的日期只是简单的线性序列,那他就没有看到,在时间顺序的编码中藏有一种比他所能想象的还要复杂得多的性质。

——《野性的思维》(La Pensée sauvage),第 342 页。[1]

历史学家站在现在向过去提问,问题针对的是起源、发展和轨迹,这些都处于时间之中,要由日期来标记。历史学是致力于时间的工作。但这时间是复杂的、建构的、有多种面相的。那么,历史学边建构、边利用的这种时间是什么呢? 其根本特性又是什么呢?

一 时间的历史

社会时间

历史学时间的第一个特点不会出人意料:它是诸多公共集合体、社会、国家和文明的时间。这时间被用作某一群体中所有成员共同的参照系。

上述说法实在是太稀松平常了,要真正理解它,我们还是来看看它排除掉了些什么。历史学的时间既不是物理时间,也不是心理时间。它不是可以无限等分的星体或石英表的时间。它因为其线性的延续性,以及可以等分为若干时期(世纪、年、月、日)而与这种时间相似。

---

[1] 译文参考中译本《野性的思维》,李幼蒸译,商务印书馆,1997 年,第 295—296 页。——译注

但二者是不同的，因为历史学的时间不是一个适用于所有经验的外在框架。"几何学中的直线是无穷的点，历史学的时间则不一样，它不是无穷的事实。"[2]历史学的时间不是一种度量单位：历史学家不用时间来度量、比较朝代的长短，这没有任何意义。历史学的时间可以说是糅合在问题、资料和事实之中的；它就是历史的本质。

同样，历史学的时间也不是无法度量、不同部分强度与深度各异的心理持续时间。在某些方面，因为历史学时间的体验性，二者有相似的地方。1914—1918年间52个月的战争与医院里生死线上徘徊的几个礼拜并非不可比拟。战争的时间很长很长……而大革命和五月风暴又过得非常之快。历史学家时而用日，甚至用小时，时而用月、用年，或者更长的时间单位。但历史学时间进程中的这些波动是集体性的。它不取决于每个人的心理；我们可以将这些波动客观化。

另外，历史学的时间理应与这门学科的研究对象保持一致。历史学研究者是身处社会之中的人（这一点下文还会谈到），它所使用的是一种社会时间，是处于同一个社会中的成员所共有的时间标识。然而，并非所有社会都拥有同样的时间。今日历史学家的时间是我们当代西方社会的时间。它经历了漫长的演变，是用千百年时间才得到的结果。此处篇幅有限，再加之它本身还有待进一步研究，所以我们无法对这种时间的历史进行面面俱到的考察。但我们至少必须在这千百年的演变中标记出最重要的几个里程碑，勾画出其大致轮廓。[3]

---

[2] 阿里耶斯：《历史学的时间》，第219页。

[3] 主要参见贝尔纳·盖内(Bernard Guénée)：《西方中世纪的历史学与历史文化》(Histoire et Culture historique dans l'Occident médiéval)；波米安：《时间的秩序》；科泽勒克：《过去的未来》；以及米洛(D.-S. Milo)：《背叛时间》(Trahir le temps)，别忘了还有前文已引用过的阿里耶斯的著作。

统一时间：基督纪元

我们的历史学的时间是规整的，也就是说它有一个起点和一个方向。由此，它的第一个功能，也是其最重要的功能，就是整饬秩序：它让人们可以将事实与事件融洽地、统一地排列起来。时间的统一是由基督纪元来完成的：我们的时间由一件开创性的事件组织、统一起来，那就是基督的诞生。而这件事本身的时间却不明确，根据不同的考证，基督可能生于公元元年之前几年或者之后几年：这一不可或缺的标志的抽象性与象征性因此更为彰明显著，它就像代数中的原点，日期是正负数（公元前、公元后）。

要等到11世纪，以基督诞生为起始的基督纪元才在基督教世界中占了上风，并传播到西班牙、尼德兰、不列颠和法兰西等帝国的殖民地，之后它还将作为通用的参照系在全世界使用。但是这一过程是缓慢的，至今也没有全部完成。

基督纪元的推广意味着不再使用此前已经广为接受的循环时间观。这曾是中国和日本的时间观，在那里，人们用皇帝的统治时期纪年：统治时期的开端即是起始日期。各个朝代都沿着同样的轨迹前行，都是从最初某位神奇的君王立国开始，然后衰落，直至灭亡。每个王朝都对应着五季、五德、五色和五方中的一个。就这样，时间成了事物秩序本身的一部分。[4]

拜占庭帝国的时间也是一种典型的循环时间。拜占庭人从罗马帝国那里学来了15年一个循环的财政年度（indiction），他们就用这财政

---

〔4〕 热罗姆·布尔容（Jérôme Bourgon）：《中国历史中的分期问题》（Problèmes de périodisation en histoire chinoise），《时期：构建历史学时间》（Périodes），第71—80页。五方比我们的方位多一个"中"。

年度来纪年,起始点是君士坦丁皈依基督教的312年。财政年度一个紧接着一个,用数字编号,日期便用某个财政年度的某一年表示,例如,第23财政年度第3年。可是,当时的人自然知道自己是在哪个财政年度,他们在某个资料中签上时间的时候,并非总是不怕麻烦地详细标明,就像我们自己在信件中也不是每次都写上年份。可以说,这是一种转圈的时间。

在西方,罗马人先是以执政官,后来又用皇帝统治时期的开端来纪年(这更方便)。《路加福音》给我们提供了一个好例证,它是这样记录基督公共生活开始的时间的:"该撒提庇留在位第十五年,本丢彼拉多作犹太巡抚,希律作加利利分封的王,他兄弟腓力作以土利亚……分封的王,……亚那和该亚法作大祭司。"[5]历史学家曾将一段段统治时期相加,列出执政官的名单,这样就推算出了自罗马建城(ab urbe condita)以来的年表。这种算法的学术性很强,同时却也很不可靠,它并没有被人们普遍接受。罗马帝国覆亡之后,人们根据各不相同的权力机关来确定日期。君王以其统治时期的开端为起点纪年,僧侣则以所在修道院的创建或是修道院院长的上任为起点纪年。编年史家在其著作中承袭了各不相同的纪年方式,这样一来不同的纪年各自都可以是连续的序列,但是每个王国、每个修道院却好像都自成一个区域,有着自己的地图、比例尺和地图符号。尽管如此,根据君主统治时期或地方行政长官任期来纪年的方式还是存在了很久。直至今日,我们仍可以看到其遗留下来的痕迹,例如在圣艾蒂安教堂的门口墙上有一块牌子,它告诉过往行人,教堂始建于弗朗索瓦一世,完工于路易十三。对于老百姓来说,他们的时间由田间劳动与礼拜仪式组织起来:典型的循环时

---

[5]《路加福音》3:1。(译文引自《圣经》和合本。——译注)

间,不进也不退。差别就在于不同时刻在循环中所处的位置不同:圣灵降临节(Pentecôte)与基督降临节(Avent)不一样,但同样的序列年年重复。

这些循环的时间最终被基督历收编、统一,主要原因有两个。首先,人们想要协调五花八门的时间,将已知世界中不同地区的统治者的统治时期规整好。意识到人类一体,出现写作普遍史的想法是一个缓慢的过程。阿里耶斯将其定在公元3世纪:

> 古希腊和古拉丁文化都没有普遍史的观念,这种观念把所有时代、所有地方看成一个整体。经过与犹太传统的接触,已经基督教化的罗马世界发现,人类有着联成一体的、普遍的历史:这是一个关键时刻,我们必须认识到,在那一刻,大写历史学的现代意义诞生了;这是公元3世纪时的事情。[6]

请注意,历史学在此中起了决定性的作用:这种整个人类是一共同体的观念要得以出现,就必须要有历史学家,至少也必须有编年史家。这种观念不是谁自然而然就有的,它出自一种想要进行概述的愿望,对照表(le tableau de concordances)就是其最初的形式。

基督纪元的降临还有第二个原因:必须使来自罗马人的阳历与来自犹太人的、组织宗教礼拜仪式的阴历协调一致。在实际中,基督教的主要节日复活节(Pâques)不是定于每年的同一天。以基督受难为起点来纪年(基督徒已经顺理成章地这样做了)所面临的巨大困难就在这里:每年都开始于不同的时刻,怎么把它们一个个接续起来呢? 在这里,必须要有一种关于纪年、宗教节日推算以及历法的真正的科学才

---

[6]《历史学的时间》,第100页。

行。这得归功于英国修道士可敬者比德(Bède le Vénérable),在8世纪初的时候,他选择以基督诞生为基础来推算宗教节日。我们得向他的勇敢致敬,他甚至创造发明了反向的推算:"盖乌斯·尤利乌斯·恺撒(Caius Julius Caesar)是第一个与不列颠人开战的罗马人,那时是主耶稣道成肉身之前的第六十年。"[7]在欧洲大陆上,第一份以基督诞生来纪年的资料于公元742年出现,但普遍使用基督纪元则得等到11世纪。[8]

将宗教礼拜仪式的历法与世俗的历法整合进基督纪元之中是一次重大变化。基督教世界曾为历法问题操心,因为它必须按照礼拜节日的时间来对年度进行划分。而历法是循环的;它不涉及纪元。纪元是线性、连续、规则和定向的。当人们用君主统治时期或是教皇任期来标注时间,历史叙述就会依照一种做加法的逻辑展开,这就是年鉴和编年史的逻辑。年鉴和编年史以自然事件(洪灾、严冬)与政治事件(战争、王族的婚丧嫁娶)为参照,满足于排列被各归各位的事实,而不必将之分出等级层次,年鉴与编年史的逻辑就是这样的。历史学必须要有一种叙事的、因果的逻辑,它将各种事实连接起来;纪元为之提供了不可或缺的框架。但这还不完全是人类的时间,它仍是上帝的时间。

定向的时间

提出一种导向于我们的时间,这真是惊人的抱负。时间的世俗化也正在于此。当大革命时的革命者试图用共和国建立来取代耶稣诞生作为新纪元的奠基性事件时,他们所改变的不仅仅是时间的起点,而且

---

[7] 《英吉利教会史》(*Historia ecclesiastica gentis anglorum*),第726节。参见米洛:《背叛时间》,第五章,"基督纪元简史"(*Esquisse d'une histoire de l'Ére chrétienne*)。

[8] 盖内:《西方中世纪的历史学与历史文化》,第156页。

也改变了时间的终点。他们用一种导向于他们的时间取代了导向于世界末日的时间。这是一次最重要的变化,其之所以可能,是因为那个时代所经历的"现代"社会与"现代"文化的变动。

对于基督教世界来说,世界末日乃是时间唯一的真正结局,至少到文艺复兴的时候基督徒仍这样以为。在基督与末日审判之间,人类就处于等待上帝复临的时间之中;这是一种没有其自身厚度与浓度的时间。"那日子、那时辰,你们不知道。"[9]上帝是时间唯一的主宰。日子一天天过去,没有任何真正重要的事情发生,对于个人和社会来说,也没有任何真正的新东西出现。基督纪元中仍是循环的时间。青年与老年不同,但是,当青年自己也变成老年之时,两者别无二致。时间流逝,除了时间的终结、基督的复临,就没有什么可等待的了。时间可以说是停滞的、静止的。**日光之下并无新事**……大卫的后裔在《传道书》中如是说。德国的宗教改革家梅兰希通(Melanchton)在16世纪初的时候仍身处这种静止时间之中,他说:"世界一直是这个世界,这就是为什么人死去,而世上之事还是一样的原因。"[10]

就这样,在这种后来被带有历史特性的时间性(temporalité)所取代的前现代的时间组织之中,所有时代的人可以说都是同代人。中世纪彩绘玻璃的大师以及意大利15世纪的画家在表现耶稣诞生这个题材时,把一些身着自己时代服装的捐赠者也画到东方三博士与牧羊人之中,他们并不觉得这样做有什么为难;这些人属于同一个世界、同一个时代。科泽勒克曾在这种意义上评论过阿尔特多费尔(Altdorfer)的名画《亚历山大之战》(*La Bataille d'Alexandre*),这幅画是1529年为巴

---

[9] 译文引自《圣经》和合本《马太福音》25:13。——译注
[10] 科泽勒克:《过去的未来》,第19页。

伐利亚大公所作,现藏于慕尼黑美术馆。[11] 画家把波斯人画得好像当时正在围攻维也纳的土耳其人,把马其顿人画得好像帕维亚(Pavie)战役里法军当中的德国雇佣兵。亚历山大与马克西米连(Maximilien)重叠在了一起。阿尔特多费尔在画上标明了士兵、死者和战俘的人数,但却没有注明日期。因为日期不重要。古今一辙。

与之相反,现代的时间带有不可逆转的差别;它产生出不可化约为"以前"的"以后"。这是一种丰富多产的时间,它富含新生事物,从不自我重复,因此所有的时刻都是独一无二的。这种时间产生之前,必有一场观念上的革命,而这革命不是朝夕之间就完成的。

人文主义与文艺复兴构成了其第一阶段。15 世纪下半叶的人文主义者在文学(紧随彼特拉克之后)与艺术上重新发现了古希腊罗马及其大师,他们将历史分成三个时代:在古代与他们所处时代之间横亘着一个中间时期(media aetas),即中世纪,它像是一个黑洞,古代的所有灿烂都在其中丢得一干二净。宗教改革家持有同样的看法,他们也试图追溯至那曾经纯朴,后来被腐化的本源。

然而,人文主义者和宗教改革家,以及从更大的范围来看,文艺复兴时期的人们还是只感觉到一种静止的时间:现代人希望重新达到古代人的水平,但却没想要更上一层楼。可能会有所进步的观念要等到 16 世纪中叶的时候才会出现。例如,对于瓦萨里(Vasari)来说(他在 1550 年出版了一部关于众多画家、建筑家和雕刻家的历史),古代的信息曾被人遗忘,现代人与其重新接上了头,但现代人有能力做得更好。追根溯源是一种超越;循环变为螺旋上升。

这种观念是构成我们对于时间性的现代感知的要素之一,我们来

---

[11] 科泽勒克:《过去的未来》,第 271 页。

追踪一下它在17、18世纪的一次次发展。例如,1688年丰丹内勒(Fontenelle)称:"人类将永远不会堕落,彼此承继的所有清明头脑的健全见识将累积起来,永无止境。"[12]启蒙时代的发展尤为显著,如杜尔哥(Turgot)著有《人类精神持续进步的哲学概述》(*Tableau philosophique des progrès successifs de l'esprit humain*,1750)。最后,大革命给这种观念带来了一次巨大的加速;时间的现代表象就这样拥有了不证自明的地位。例如,哲学家康德就反对万事万物永不消逝的论题;未来将是别样的,也就是更好的。在当时取得胜利的历史的时间、我们的时间乃是进步的时间。

自从经历了悲惨的20世纪,我们知道,未来可能更糟,至少暂时如此。我们因此无法持有19世纪的乐观主义态度。然而,我们无法想象进步可能会停止,生活水平也不再提高,还有许多政府无视人权——乐观主义仍潜藏于我们的表象之中。我们的社会在一种上升的时间之中运行;有人请小学生们用线条来表现时间,没有一个小学生画出的是水平的或下降的线条……[13]虽然事实一次次证明其错误,虽然也没有什么逻辑上的必然性,但我们还是忠于必定朝向更好的进步的时间。要相信这一点,我们只需注意"倒退"(régression)和"退后"(retour en arrière)的用法就够了,我们用这两个词来形容所有与上述规则不符的现象。

这种上升的时间创造了所有的新奇,我们的社会便在其中运行。

---

[12] 转引自波米安:《时间的秩序》,第119页。

[13] 参见妮科尔·萨顿-洛捷(Nicole Sadoun-Lautier):《熟记的历史学,归为己有的历史学》(*Histoire apprise*, *Histoire appropriée*),第三章。小学生们将时间表现成上升的箭头,或是弯弯曲曲的线条,有时也带有几处水平的部分,但是总体上都是上升的,从未有人画出一条水平的或是下降的直线。

然而,要使用这种时间,历史学家还得对之进行一些改造。

二 对时间进行历史学建构

时间、历史与记忆

要确定历史学家的时间的特性,可以将我们当代人的时间与之对照比较,这样能给人启迪,而民族学家能帮助我们理解这种当代人的时间。例如,他们曾对勃艮第一个名叫米诺(Minot)的村子进行过深入的调查。[14] 民族学家在那里找到了现代的时间性:现在与过去不同,现代是别样的,而且是更好的。但与它相对的过去则是模糊不清的,没有日期,没有标记,也不分阶段。"以前"与"以后"之间的分别十分清楚,但"以前"是一种无法追溯的静止的时间。

历史学的时间与现代的时间性本身也都是历史的产物。柯林武德曾设想过一个渔民组成的社会由于技术进步,每天捕到的鱼从10条增多到20条。对于此种变化,这个共同体内部的年轻人和老年人的评价并不一致。老年人会怀旧地提到过去受原有技术所限时,人与人之间的紧密联系。年轻人则强调多出来的闲暇时光。评价离不开评价者所依恋的生活模式。要比较这两种生活模式及两种技术,就必须着手研究其历史。柯林武德接着写道,这就是为什么只有当革命者同时也是历史学家,即只有当革命者理解其所弃绝的生活模式时,才能认为自己的革命是一种进步。[15]

---

[14] 弗朗索瓦·索纳本德(Françoise Zonabend):《长久的记忆:村庄里的时间与历史》(*La Mémoire longue. Temps et histoire au village*, Paris, PUF, 1980)。

[15] 《历史的观念》,第325—326页。

要在过去与现在之间进行如此比较的话,历史学的时间必须是已被客观化的(objectivé)。站在现在的角度来看,这是已经逝去,因此也就具备了某种稳定性的时间,人们可以根据自己研究的需要,在其中随意游走。历史学家在时间中逆流而上,又顺流而下,他在心灵中沿着两个方向追踪时间,尽管他很清楚,现实中自己行进的方向只有一个。阿里耶斯用带有感情的笔锋提到过18世纪下半叶,在那时,有一位研究圣女贞德的历史学家对其神乎其神的事迹持保留态度,却丝毫没有防备地这样写道:

> 让我们置身于15世纪的某个时候(请注意,大写历史学在这句话中显示出崭新的现代意义)。我们对圣女贞德作何感想并不重要,重要的是我们的先辈怎么看;因为,正是他们的看法引起了我们将要讨论的那样惊人的革命。[16]

历史学这一活动本身,就是在过去与现在之间,以及在过去的不同时刻之间无尽的来回往复。它造就出一种特有的,也是我们所熟悉的时间性,有点儿像森林里不断有人踏过的一条路线,沿路设有标记,有的路段难走,有的好走。自己也处于时间之中的历史学家让他的研究与时间保持一定距离,为了研究,他划出时间的轨迹,刻上标记,他赋予时间一种结构。

这种被客观化的时间表现出两种互为补充的特征。首先,它排斥目的论,这种观点是要在"后来"当中寻找"以前"的原因。后来的事情不可能是以前已发生事情的因。目的论的思维模式不像相信它的人以为的那样自然而然、不证自明。至今仍有人这样想,目的论的解释依然

---

[16]《历史学的时间》,第155页。

存在。例如,有位社会学家写了一本著作,此书的主题与巴黎公社无关,但在其中提到,为了镇压巴黎公社,法国资产阶级将阿尔萨斯—洛林地区拱手交给了德国。历史学家看到这一论断会感到震惊:两国和约的预备性条文在1871年3月1日就已经签署了,而要到18日才有巴黎公社的起义……

不采纳目的论观点,就意味着历史学家绝不能接受像其同时代人所设想的那样被明确定向的时间。时间的方向不再是"按照一种理想状态来设定,这种理想状态位于时间之外,或是在时间终止之处,时间趋向于它,即便不是为了达到它,也是为了不断接近它。人们是从某些指标的演变看出时间的。……随着研究进程的展开,它强加给时间一种确定的拓扑结构"。[17] 但是无论如何,不管是在社会的表象,还是在历史学家的建构当中,时间都带来了新颖,创造了惊奇。它有运动,有方向。

它的第二个特征也正由此而来:它是可以预测的。不是可以预言,预言宣告时间的终结,超乎其上或者超乎其外的,一切都是过眼云烟。而预测是在现在依据对过去的判断来推测未来诸多演变可能,并逐个评估其可能性大小。

赖因哈特·科泽勒克 | 预言和预测

预言超出了可算计的经验领域,而我们知道,预测则犬牙交错于政治形势之中。其与政治形势纠葛之深,到了一做出预测就已经改变这种形势的地步。因此预测是构成政治行为的一种有意识

---

[17] 波米安:《时间的秩序》,第93—94页。

的因素，它与它从中得出新颖之处的那些事件相关。所以，时间总是以不可预见的预见这种方式被搁置在预测之外。

预测产生时间，时间又生出预测，预测从时间之中探出身来，而末世预言则毁灭时间，之所以有预言，正是因为时间有终结。从预言的角度来看，种种事件只不过是已知结局的象征。预言者不会因为自己的预言落空而不知所措。预言特有一种灵活性，这使其在任何时候都可以向后延宕。不仅如此，一次次落空的期待叠加起来还让人更加确信，将来预言会成为现实。与之相反，不成功的预测即使作为错误也不会再重复出现，因为它永远受制于其已然确定的前提。

——《过去的未来》，第28—29页。

被客观化，保持距离，朝向一个无法反向操控、但人们却能够看出可能的演变路径的未来，这些都是历史学家的时间的特征，也是个人传记特征：人人都可以重建自己个人的历史，用讲述回忆（从现在追溯至童年，或是从童年渐次讲到开始工作等等）之类的方式，将这一段历史客观化至某种程度。记忆与历史一样，都致力于已经逝去的时间。

区别在于保持距离和客观化这两方面。记忆的时间，即回忆的时间，永远无法被完全地客观化，永远无法绝对地与之保持距离，这正是它的力量所在：它随着不可避免的情感冲击而重现（revivre）。它必然会根据赋予它崭新意义的后来的体验而更改、改动与改变。

历史学时间的建构与记忆的时间相反。与人们通常的说法相反，历史学不是一种记忆。昔日的士兵参观当时登陆的海滩时，对地点、日期和事情有一种记忆："就是在那儿、那一天"，50年后，他沉浸在回忆之中。他想到了死伤的战友。随后去参观纪念馆时，他从记忆转到了历史学,他理解了登陆战的规模,他对人员、物资、战略及政治意义做出评估。冰冷的记录与平静的理性取代了更为炙热、激荡的感情。不再是重现,而是理解。

这并不意味着研究历史就不该有记忆,或者历史学的时间应是回忆逝去之后才有的时间,而是说二者记录不同的内容。研究历史从不是讲述回忆,也不是试图用想象填充缺少回忆的地方。它是构建一个科学的对象,是如我们的德国同行所说的,将之**历史化**(historiser),历史化首先就要构建既拉开一定距离,又可操控的时间结构,因为在整个人文科学领域里,历时性是历史学的特性。

这即是说,时间不是由谁交付给历史学家的,就好像在他动手研究之前就已经现成存在似的。时间是历史学家亲手打造出来的。

加工时间:分期

历史学家的第一项工作是制作年表。首先是要按时间顺序排列事件。这个活儿看上去简单容易,却常常碰到出乎意料的情况,因为事件是互相重叠、交错在一起的。要想不粗暴地对待数据,就必须使编年顺序不那么僵硬、笼统,并对之进行解释。这是第一步粗加工。

第二项工作是分期(只是在逻辑上排在第二,因为实际中这两项操作常常混在一起)。首先,实际中非分期不可:不切分就无法把握整体。就像地理学将空间分割为不同区域才能对之进行分析,历史学则将时间分割为不同时期。[18] 但并非所有分割方式都具有同等价值:一定要找到有意义的、使整体相对融贯起来的分割方式。柏拉图将哲学家比作能从关节处(kat' arthra)切鸡块的好厨师。这个比方对历史学

---

[18] 克里斯蒂安·格拉特卢(Christian Grataloup):《时间的区域》(Les régions du temps),《时期:构建历史学时间》,第157—173页。

家也同样有效:他必须找出恰当的关节点以便将历史分期,即用一种有意义的结构取代时间那无法把握的连续。

在编年本身之中,分期所处理的是现代时间性这一中心问题,这便是其最根本的重要性所在。既然时间带来了新奇,那么问题便在于将改变的与留存的铰接在一起。人们一而再,再而三地探讨连续与/或断裂的问题,只是因为这与我们的时间观密不可分。分期让人能同时思考延续和断裂,它首先把延续和断裂划给不同的时刻:在各时期内部是延续,在各时期之间是断裂。时期一个接着一个,一个与一个不同;进行分期,也就是确定断裂之处,对于改变的内容亮明态度,定下改变发生的日期,并对其进行初步界定。而在一个时期内部,同质性占上风。我们还可以进一步分析。时期的划分总是要带一点儿武断。在某种意义上,一切时期都是"过渡时期"。强调变化,划分出两个不同时期的历史学家必须说明,这两个时期在哪些方面有所不同,而且常常要清楚明确地,或者至少是间接隐含地指出二者又在哪些方面相似。分期鉴别了连续与断裂,它开辟了通向解释的道路,即便没有让人就此理解了历史,至少也使历史变得可以为人所思考。

世纪的历史证实了这一点。实际上,是大革命"创造了"世纪[19];此前,"世纪"(siècle)这个词的含义比较模糊。在伏尔泰笔下,路易十四的"世纪"是一段稍有点儿长的统治时期,而不是明确指百年时间。然而随着大革命的爆发,人们普遍感到发生了重大改变,感到了前后反差,在度过世纪之交的时候,人们也第一次真的觉得是经历了一次交替。"世纪"是在已经结束和行将展开的两个世纪之间做出比较的产

---

[19] 米洛:《背叛时间》,第二章,"……大革命'创造了'世纪"(…et la Révolution "créa" le siècle)。

物,它让人能对比较进行思考,即同时思考延续与断裂。这也是为何历史学家所使用的世纪有一定的灵活性:19 世纪结束于 1914 年,不同的 16 世纪也有长有短。

所以,历史学不能没有分期。然而,在历史学家这份职业内部,时期的名声很坏。前文说过,一个世纪之前,阿克顿勋爵就告诫说:"要研究问题,不要研究时期。"现在又有韦纳(P. Veyne)和傅勒的猛烈批评[20],时期成了问题。

确实,这里涉及的时期是已经分好的、冷却的,是历史学家承袭下来的,而不是充满生气的时期。进行分期对所有人来说都是理所应当的行为,没有一个历史学家可以跳过这一步。但是,至少分期的结果令人怀疑。时期就好像是武断、强制的框架,是歪曲实际情况的枷锁。一旦历史"时期"这个对象被建构起来,它就不可避免地自行其是。"创新变成了守成。"[21] 教学助长了历史分期的僵化、死板:讲课要清楚简明,这就使分好的时期显得理所当然,而实际却并非如此。想要对此进行考察,只要来教一段还未分好的时期就够了。我曾经教过 1945 年至今的法国史,那时还没有关于这一段的教材。分期对我来说自然就成了问题:怎么分才好呢?是定在 1958 年第四共和国结束,还是 1962 年阿尔及利亚战争结束及共和国总统普选?两种分法我都试过,结果是各有利弊。在这些利弊之间,教学将做出决断,某种分法会被认为是理所当然而接受下来,就像我们觉得以德雷福斯事件为界分出"进步的

---

[20] 保罗·韦纳:《盘点差异》(*L'Inventaire des différences*);傅勒:《历史学作坊》(*L'Atelier de l'histoire*)。

[21] 迪穆兰:《两个时期之间的战争》(La guerre des deux périodes),收录于《时期:构建历史学时间》,第 145—153 页,第 148 页。

共和国"与"激进的共和国"是理所当然一样。

历史学家不是在每次研究时都整个重构时间:他接受已经由其他历史学家加工过的、分好期的时间。因为历史学家所提问题在科学上的正当性取决于其在这个场域中所处的位置,所以他不能无视此前的分期;这些分期已是职业语言本身的一部分。"20世纪前期"、"中世纪""盛期"、"中世纪""衰落期"、"文艺复兴"、"启蒙运动"常挂在我们嘴边。这些历史分期—对象也有自己的历史。我们已经看到文艺复兴(必须使用这个对象—时期)是怎样"发明"中世纪的。

分期不仅仅是经由教学和语言而制度化的。它也因大学结构而长期稳定不变。按不同时期授予教授职位和文凭巩固了这种分期。传统上我们将历史分为四个时期,古代、中世纪、现代和当代,这些名称有些武断,有些不合常理,"当代人"不是现代的,我们也不再一定是当代的。分期的制度化并不止步于这四大时期,我们还有16世纪专家、18世纪专家、19世纪专家和20世纪专家,等等。

历史学家的时间就这样显得好像是已经构造好、链接好的。利与弊同样显著。我们先来看利的一面。除了已提到的语言表达上的便利(这也有危险)之外,这也便于史料的获得,因为文字书写、档案的类型、保存场所常常因时期不同而有所区别。而时期显示了一种真正的科学意义:它表明,时间中的同时性不是偶然的并列,而是那些处于不同秩序中的事实之间的关系。某个时期的不同元素相互依存,或紧密些或松弛些而已,它们"糅合在一起",这就是德国人所说的内在联系(Zusammenhang)。它们互相解释,整体解释各部分。

弊恰好是利的反面。弊有两种。首先,时期自身的封闭使人们无法把握其原创性。要理解罗马宗教,就必须像韦纳所要求的那样,跳出罗马时期,从整体上考察宗教现象。这并不是说在罗马宗教、罗马法、家庭结构和社会等等之间就没有联系。谁都没有被禁锢在"其"时期之内。历史学时间的特性恰恰在于能往任何方向游走,既能够回溯向上,又能够顺流而下,而且可以从任何一点出发。

第二,人们批评时期人为地将异质的元素凑成一个整体。现代的时间性也就是在同时性之中发现非同时性,或者是在非同时代事物之中发现同时代性(科泽勒克)。[22] 让-马里·马耶尔(Jean-Marie Mayeur)喜欢说,不同时代的多个法国并存于同一时刻。我们无法不同意他的说法。自18世纪末起,人们就看出来,时间并非在每个部分都以同样的节奏生产新鲜事物。历史学家使用"超前"或"落后"这样的字眼:社会演变"落后于"经济演变,或者观念的变动"超前了"……1848年革命在德国来得"太早了",等等。这样的言说方式意味着,在同一时刻,并非人们观察到的所有元素都处于同一演变阶段,或者换一种看上去有些矛盾,而且是用多义词玩些语言游戏的说法:并非所有同时代的元素都是同时代的。[23]

多样的时间

历史学的每个对象都确实自有其独特的分期,这一点马克·布洛赫说得既幽默又贴切。

---

[22] 《不同时代的同时代性》(Die Gleichzeitigkeit des Ungleichzeitigen)。科泽勒克:《过去的未来》,第114、121页。

[23] 此处"contemporain"兼有"同时代"和"当代"两重含义,因此这句话也可有如下意思:并非所有当代的元素都是当代的;或者,并非所有当代的元素都是同时代的。——译注

马克·布洛赫 | 每种现象的分期

只要我们的研究仅限于在时间之中互相关联的现象所构成的链条,那么问题总的来说就很简单。应针对这些现象本身来对之进行特有的分期。奥古斯都·腓力二世(Philippe Auguste)时期的宗教史?路易十五时期的经济史?怎么没有路易·巴斯德(Louis Pasteur)的"格雷维(Grévy)连任总统期间我的实验室的日志"?或者倒过来,"从牛顿到爱因斯坦时期的欧洲外交史"?

毫无疑问,按照不同的帝国、国王或是政治体制来进行整齐划一的切分很是诱人,我们当然知道其吸引力来自何处。这种切分所拥有的不仅仅是因为其长久以来都与权力运作紧密相关而产生的威望……在时间延绵之中,一次登基、一次革命都有其固定的位置,在某一年,甚至精确到某一天。而博学者又正如人们所说,喜欢"精细地确定日期"……

但是,我们要警惕,不要迁就于对虚假精确的崇拜。最精确的分割未必使用最小的时间单位……而是与事物本性最相宜。每种现象都自有其独特的测量尺度,也可以说,自有其特殊的小数。

——《为历史学辩护》,第93—94页。

因此,历史学的每个对象都有其特殊的分期。用政治分期来研究经济或宗教的演变是不恰当的,反之亦然。但我们不能将这种观点推至极端,不能将时间分解为毫不融洽的多种时间。完全否定时期是一时之内有生机的整体,就等于是在智识上拒绝综合。我们在这里面对的是我们必须接受的一个矛盾——我们还会遇到其他矛盾——因为，我们不能牺牲二者中的任何一个，否则便会失去某些最本质的东西。

大多数历史学家都体会到这个矛盾，但却无法解决。兰克（Ranke）反对将历史分为三个时期，但他还是使用这些范畴并赋予其内涵。[24] 瑟诺博司非常清楚，时期是历史学家人为造出来的，是"想象出来的分割"。[25] 费弗尔强调"某个特定时代中相互之间极端紧密的联系"，同时谴责打破连续性的武断。[26] 布罗代尔自问："在人类生活中所有各式各样的时间之间，到底有没有例外的、短暂的偶合？"15 页之后，他写道："社会时间并不是单一地流动的，而是有快有慢，千差万别。"[27]

因此，我们必须找到能控制这一矛盾并使之有益的方法。给时间分出等级能让我们将不同的时间一个个链接起来，这就有点像导演用景深来表现多个人物，这些人物与镜头的距离有远有近，各不相同，但每个都清晰可见。

布罗代尔在其《地中海》一书中正是致力于此并获得了成功。他将时间三分，这已经成了经典，以至于后来模仿者甚多，就像我们前文所说的那样，创新变成了守成。即使这篇名文是一部遵守法国学术语

---

[24] 科泽勒克：《过去的未来》，第 267 页。

[25] 瑟诺博司：《大学中的历史教学》，《国际教学杂志》II，1884 年 7 月 15 日："我知道，这一方法看起来是人为的。分期不是现实，是历史学家在一个连续的变化系列中引入这些想象出来的分割。"

[26] 迪穆兰：《历史学家这份职业》，第 148 页。

[27] 同上书，第 149、150 页。参见《论历史》（*Écrits sur l'histoire*），第 31 页（法兰西学院就职演讲，1950）和第 48 页（关于长时段，1958）。

言传统规则,分为三部分[28]的博士论文的序言,即使它和所有序言一样,首要目的是证实论文计划之正当,它还是确实因为其既贴切又同样优雅而依然吸引着我们。布罗代尔由泛全微。第一部分搭建地理和物质框架,第二部分写经济,第三部分写政治事件。这相对关联又相对独立的三个部分分别对应着三个层次的时间性:地理和物质结构的长时间,经济循环、局势的中时间,以及政治、事件的短时间。布罗代尔没有被蒙蔽,他比任何人都清楚,历史时间是无限多样的。

费尔南·布罗代尔 | 三种时间

本书分为三个部分,每个部分都各自试图做出解说。

第一部分探讨一种几乎静止的历史,是处在周遭环境包围这样一种关系之中的人类的历史;这种历史缓缓流逝,缓缓演变,经常反复,经常重新开始没有尽头的循环。我不想忽视这种几乎置身于时间之外的、与无生命物打交道的历史,也不想仅仅满足于像传统做法那样,根据其主题,给历史学著作写一个地理学性质的导言……

在这静止的历史之上,有一种节奏缓慢的历史,可称之为"社会史"(即不同群体、不同团体的历史),如果这个词没有脱离其完整含义的话。这些深海暗流怎样掀动了整个地中海生活?这是我在本书第二部分考虑的问题,我首先依次研究不同的经济体、国家、社会和文明,最后为了更好地阐明我的历史观,我试图展

---

[28] 我们来打个赌,如果布罗代尔是中国人,他会把论文分成五个部分,分出五种时间,而相反,我们的文化则是三元的(古代、中世纪、现代),这对他的三分法不构成障碍。

示所有这些深厚的力量是如何在战争这个复杂的领域内起着作用的。因为我们知道,战争不是一个纯粹由个体负责的领域。

最后是第三部分,这部分是传统历史学,如果愿意的话,可以说它不是人类规模,而是个人规模上的历史,是弗朗索瓦·西米安的事件史:这是表面的骚动,是潮汐在其强有力的运动中激起的波涛。是一种小幅、急速和紧张摆动的历史。这种历史本质上是极端敏感的,最轻微的脚步也会使它所有的测量仪器警觉起来。然而它是最激动人心、最富有人情味,也最为危险的历史。对这种仍在燃烧的、这种当时人们在其和我们同样短暂的一生中感受、描述和亲历过的历史,我们应持怀疑的态度。这种历史反映了当时人们的愤怒、梦想与幻念……

——《地中海》序言,第 11—12 页。[29]

如果不想让布罗代尔的方法变得干瘪僵硬,那就要更多地考察其意图和方法而不是其成果。在研究铰接在一起的不同现象时,要考察每个现象所特有的时间性,这才是关键。不同系列的现象在演变时并非齐步走。每个都有自己特有的步伐、独特的节奏,这是使其与众不同的特性之一。要理解这些不同系列现象结合而成的整体,分出不同等级的时间性是最重要的。

但是,要当心这种方法的逻辑前提。布罗代尔分出从静止历史到急速历史的不同等级,这实际上是在对其所研究的实在的各个不同面

---

[29] 译文引自中译本《菲利普二世时代的地中海与地中海世界》,唐家龙、曾培耿等译,吴模信校,商务印书馆,1996 年,第一卷,第 8—9 页。译文略作改动。另外,布罗代尔此书题名译为《地中海与菲利普二世时代的地中海世界》可能更为妥当。——译注

相的重要性，以及因果关系中孰为因孰为果表明态度。布罗代尔的弟子继承了他的"静止时间"，我们不应被这个自相矛盾的概念引入歧途。这里的"时间"比"静止"更为重要，静止时间也是一种时间，它是记录缓缓变化，甚至是极慢变化的一段时间，但它不是绝对停滞不动。静止时间[30]也有波动，有起伏，简言之，它不是真正的静止。我们仍在历史的时间性之中。但是使用这个概念意味着偏好长时段。[31] 缓慢变化的由此成为主要的决定因素，而急速变化的则被认为是历史中第二位的，甚至是辅助性的。在时间方面所持的这种立场也就是持从总体上进行解释的立场，对这一点最好要说清楚。

我们知道，在历史学的构建中，对时间的加工至关重要。这不仅仅是排序、按年代排列，或者构造几个时期。这也是根据不同现象变化的节奏来将之分出等级层次。历史学的时间既不是一条直线，也不是被一连串时期打断的一根线条，甚至不是一张平面图：多根线条交织在一起，构成一件浮雕。它有厚度，有深度。

历史学不仅仅是加工时间。它也是对时间及其独特的丰富多产进行反思。时间进行创造，所有的造物都离不开时间。政治在时间中奔走，我们知道，拖延了三周才做出的决策可能就不被采纳，不做决策有时使问题得不到解决，有时则相反，想要问题自行解决只要让时间过去即可，正如议会主席克耶（Queuille）说出的格言："如果不做任何决定，

---

[30] 这是埃马纽埃尔·勒华拉杜里1973年在法兰西学院就职演讲的题目。参见勒华拉杜里《历史学家的领地》(*Le Territoire de l'historien*, Paris: Gallimard, 1978)，第二卷，第7—34页。

[31] 布罗代尔：《历史学与社会科学：长时段》(Histoire et sciences sociales. La longue durée)，《年鉴：经济、社会和文明》，1958年10、11月刊，第725—752页，收录于《论历史》，第71—83页。

什么问题最终都会得以解决。"在经济和地理方面那更长的时间里,历史学家度量着时间的惯性,他知道不可能迅速治好(假设这是一种疾病……)人口老龄化。

就这样,历史学促使人们回头对时间特有的丰富多产,对其已做的和未做的进行思考。时间,历史学的主角。

第六讲 概 念

"我们不能说,某样东西就是其所是。思考事实时,我们将之托付给概念。知道托付给哪些概念,这并不是无所谓的事情。"[1]在这一点上,历史学与其他所有学科并无二致。但它运用的概念有没有什么特别之处呢?

乍看上去,好像是有的。因为不仅仅是那些与过去相关,其中含有日期的才被认作是历史学的言语(énoncé)。"大革命前夕,法国社会经历了一场旧制度的经济危机。"像这样一句话显然是历史学的言语。它确实运用了一些不属于其他任何学科的词汇,我们可以称之为"概念",如"大革命",或者"旧制度的经济危机"。它们有何特殊之处呢?

一 由经验而来的概念

两类概念

在刚才所举的例子当中,我们可以看出,有一个以事件—时期为参照,表示年代的称呼——"大革命前夕",还有两个本身就很复杂的概

---

[1] 威廉·冯·施莱格尔(W. von Schlegel),转引自科泽勒克:《过去的未来》,第307页。

念——"法国社会"和"旧制度的经济危机"。"大革命"是那个时代的字眼:我们还记得有这样一段著名的对话:"——这是叛乱。——不,陛下,这是革命……"而"旧制度"是在1789年下半年开始使用,用来指过去那刚刚被颠覆的东西。在这里,"前夕"用来确定日期,"大革命"是与众不同的特性,这两个显然都是概念,但它们不是历史学家造出来的:其本身就是历史遗产的一部分……另外两个概念"法国社会"和"经济危机"也是继承来的遗产,因为它们不是历史学家出于今日的需要创造出来,而是不同年代的前人留下来的,前者可追溯至19世纪,后者可追溯至20世纪上半叶,特别是拉布鲁斯。因此,我们只能像科泽勒克那样,区分出两个层面的概念。

赖因哈特·科泽勒克 | 两个层面的概念

一切历史编撰学都在两个层面上运作:它或者分析此前已被表达出来的事实,或者借助于某些可以说是"已预备好"的方法和指标来重构此前还未用语言表达过的事实。在前一种情况中,从过去承袭下来的概念被用作探索、把握已过去的实在的元素。在后一种情况中,历史学使用的是事后才形成、确定的范畴,它们并不蕴含于史料之中。例如,我们借助经济学理论的资料来分析刚刚诞生的资本主义,而那时的人们对这些经济学范畴完全一无所知。又如,人们发挥政治学原理来分析古希腊的宪政状态,却不觉得有必要写一写关于古希腊语中动词祈愿式的历史。

——《过去的未来》,第115页。

所有当时产生的名称都属于第一个层面,它们对于外行来说常常是晦涩难解的：在说"tenure"（采地）、"manse"（份地）、"fief"（封地）、"ban"（宗主召集附庸出战的动员令；宗主的战争动员令所召集的贵族）、"alleu"（自由地）、"fermier général"（包税人）和"officier"（侍臣、官员等）的时候，就是在用专有名词来指称那些今日已无对等之物的实在。它们是不是概念，这让人有些犹豫，因为这些词有无可争议的具体含义。而另外一个词"bourgeois"（自由民、资产阶级）和所有表示社会实在或制度的名称一样，也有具体的含义，但我们可以毫不犹豫地说，它是一个概念。

这些词之间的差别在于其概括性有大有小。Officier 这个概念的概括性就没有 bourgeois 大，因为 bourgeois 不仅仅包括国王的侍臣和城市中的官员，还包括其他许多人。但这二者都表现出一定的概括性。一个词要成为概念，就必须有多样的蕴义和经验汇入**这单个**词之中。

人们通常在当时的语言中找到适合的概念来指称已过去的实在。但历史学家有时也借助于对当时来说是陌生的、在他看来却更适合的概念。我们知道，关于旧制度的社会有过一场争论：是称之为"等级"（ordres）社会还是"阶级"（classes）社会？在对这个社会进行思考的时候，是沿用它本身所使用的、与 18 世纪的实在不再完全符合的概念，还是运用在其后的那个世纪，即在法国大革命期间或者之后所创造的概念？

用当代的概念思考过去，这里面有时代错乱（l'anachronisme）的危险。在观念史或心态史领域尤其如此。费弗尔在其《拉伯雷》[2]一书中已经很好地表明，将"无神论"（athéisme）和"不信神"（incroyance）

---

[2] 费弗尔：《16 世纪不信神的问题：拉伯雷的宗教》（*Le Problème de l'incroyance au XVIe siècle : la religion de Rabelais*, Paris : Albin Michel, 1942）。

这两个概念用于 16 世纪会造成多么严重的时代错乱。然而,这种诱惑还是不可避免地重又出现,其原因就在于,既然历史学家是从他所生活的社会中提问,那他一开始就是用他自己那个时代的概念来提问的。我们已经说过,与历史学家所提问题的时代和个人根源拉开距离是必不可少的制衡手段,而这恰恰是从验证思考问题时所依赖的概念的历史有效性开始。我们现在知道,1980 年卷入"教导或教育"(instruction ou éducation)这场(虚假的?)争论之中的教育家在研究费里[3]改革的时候一开始就用这个概念的框框,但是如果他没有迅速觉察到由此产生的偏见,就会有时代错乱和曲解误会的危险。人们会禁不住说他脱了历史,如果这并不意味着他曾进入过历史的话……

相反,对于时期和进程这样的实体,历史学家在当时的概念与事后的概念之间没有选择。

绝少有某个时代的人们对其所生活时期之原创性的意识,到了当时就给这个时期命名的地步。要经历过 1914 年的战争,要生活在一个通货膨胀的时代,才会有"美好时代"[4]这个名称。"20 世纪前期"(premier XXe siècle)这个词人们用得很顺手,它指的是 1900 至 1940 年代,而在 70 年代之前,几乎未曾有过这种表达方式。"古典"(classique)时代的希腊人并不知道自己身处古典时代,"希腊化"(hellénistique)时代的希腊人也是如此。差不多只有一些大规模群众运动和战争才会让当时人觉得要指定一个特别的、有名字的时期:"大革命"(Révolution)时,人们当场就予以命名,1940 年的法国人也清楚地意识到自己正在经历着一场"溃败"(débâcle)。

---

[3] 费里(J. Ferry,1832—1893),法国政治家,推行反教会的教育政策。——译注
[4] 美好时代(Belle Époque)指 20 世纪初。——译注

同样，一般来说，人们很少当时就感觉到历史进程，感觉到那些多少较为深层的经济、社会，甚至是政治的演变，将之概念化的情况就更少见了。当前社会的特征之一，便在于当下即时产生反馈，由于有社会学和新闻报道中的分析，当下即能对正在发生、有时还未完成的事情做出诊断，如此一来，也产生了帮助其预测得以实现的危险。"静悄悄的革命"（révolution silencieuse）使农民受到剧烈冲击，它整合农场，使之机械化，使之融入国际市场，过去自给自足的农民由此绝迹，提出这个词的是国家青年农民中心（Centre national des jeunes agriculteurs）的一名秘书长，而那时候这场革命尚未完成。"新工人阶级"（nouvelle classe ouvrière）这个概念产生于1964年，30年过后，它依然可以用来描述一种继续进行中的演变。

两个层面概念之间的区别对概念史来说是根本性的，但不一定就涉及逻辑上的差异。实际上，在这两种情况中，概念都是通过同样的思维运作而得出来的：概括，或者说概要。

从概要描述到理想型

真正的概念可以演绎。通过界定其相关属性，我们可以从中推出一系列结论。将人定义为理性的动物，这就将"动物"和"理性"这两个概念结合在一起。从第一个概念我们可以推导出，人是终有一死的，等等。从第二个概念我们可以推导出，人能够具有知识和道德。

历史学中的概念不在此列。它们由一系列连续的概括建构而成，通过枚举一定数量的相关属性来进行界定，这属于经验概括，而不是逻辑推理。

我们以"旧制度的经济危机"(crise économique d'Ancien Régime)[5]这个概念为例。细分起来它包括三个层次,我们用同类词替换、比较的方式(la comparaison paradigmatique)来作说明。首先,它是危机:这个词表示的是一种相对暴烈、遽然的现象,是骤然的转变,关键的却也总是令人难受或痛苦的时刻。这种原义在日常用语中就有,例如,当一个团队无力应付所有工作,手忙脚乱的时候,其中有人会说:"这是危机"(c'est la crise)……医学用语中说到这个词的时候会加上定语,如"阑尾炎发作"(crise d'appendicite)或"肾绞痛发作"(crise de coliques néphrétiques)。它与"慢性"(chronique)病相对立,因此这个词蕴涵的短促、剧烈的意味更浓。

第二,"经济危机"(crise économique)有别于"社会""政治""人口"等其他危机,就像"洗衣机"(machine à laver le linge)有别于"洗碗机"(machine à laver la vaisselle)一样。而在"洗碗机"(lave-vaisselle)一词发明之前,"洗涤机器"(machine à laver)专指"洗衣机"。实际上,"经济危机"是在诸多社会科学中最常用的字眼,它的使用已超出经济学领域。在讨论失业问题的时候,当有人说"这是危机",大家都会明

---

[5] 构造这一概念的是著有《旧制度末期和大革命初期法国的经济危机》(La Crise de l'économie française à la fin de l'Ancien Régime et au début de la Révolution, Paris, PUF, 1994)的拉布鲁斯,以及同时代的让·默弗莱(Jean Meuvret),后者有几篇著名的论文,《1661—1715年的价格变动及其余响》(Les mouvements des prix de 1661 à 1715 et leurs répercussions),载《巴黎统计学学会会刊》(Journal de la Société de statistique de Paris), 1994;《旧制度的生活必需品危机和人口危机》(Les crises de subsistances et de la démographie de l'Ancien Régime),载《人口》(Population) 1946年第4期。参见皮埃尔·维拉尔在《一种构建中的历史》(Une histoire en construction)中的讨论,《反思旧型的危机》(Réflexions sur la crise de l'ancien type),第191—216页。

白他指的是经济危机。同样,当仅仅说"旧制度的危机"(crise d'Ancien Régime)的时候,历史学家也会明白说的是什么。然而,这里或隐或显的"经济的"(économique)这一定语是至关重要的。它实际上意味着将现实分割为不同的领域:经济的、社会的、政治的、文化的,这种分割绝不是中性的。它是对历史进行思考的一种方式。

我们用"旧制度的"(d'Ancien Régime)一词来进一步明确这个概念,概述1788年这场危机通常所应表现出的特点。这场危机源于农业而非工业;它的根源在于歉收;因此价格猛涨,城市里的面包价格昂贵,与此同时,农村没有多少小麦可卖,也就没有什么钱,这又使得工业产品在农村销路滞涩。危机就这样蔓延到城市和工业之中。随之而来的是死亡率增高,出生率不同程度的降低。这场旧制度的危机与工业型的危机完全不同,后者是源于生产过剩,由此引发产品价格降低、减薪、失业等。

通过这个例子,我们清楚地看到历史概念是如何运作的。它达到某种形式的概括,因为它对多种观察进行了概述,这些观察记录了相似的事物,得到了反复出现的现象。致力于概念史的科泽勒克说得很对:"繁多的历史经验以及集于单个整体之中的理论与实际关系总和被归入一个概念之下,这个整体只有通过这个概念才能如此这般地成为经验的材料与对象。"[6]"旧制度的经济危机"很好地概括了一个由收成、工业产品、人口等之间的理论及实际关系组成的整体,而的确只有通过使用这个概念,这个整体才如此这般地存在。

我们还可以用其他概念为例,如"古代城邦"(cité antique)、"封建

---

〔6〕《过去的未来》,第109页。这句话同时也是对动词"归入"(subsumer)的定义,即将具体经验的材料放在一个概念的统一体之下。

社会"(société féodale)、"领主制"(régime seigneurial)或"工业革命"(révolution industrielle)等。"古代城邦"将一些相关的特征聚合到一个整体之中,人们在古代希腊—拉丁世界中经验地发现了这些特征(虽然有着细微的差别),而且它们之间有着稳定的联系。即使是实在的名称(如现代的 officier)也是将一种描述与一组关系结合在一起:国王的侍臣及城市中的官员,他们获取官职及官职变迁的方式,报酬的模式。不诉诸这种概念就不可能对历史进行思考。这是不可或缺的思维工具。

首先,概念在语言上提供了便利,它能让我们在描述与分析时更为简洁。看到"旧制度的经济危机"时,人们会对过去发生的事情有一个大概的观念,但它没有告诉我们这场危机持续的时间是长是短,是否非常猛烈。此处不可能用演绎法进行推断,因为每一场危机都与众不同,而且会有其他因素(如战争)使情况更为复杂。简言之,这种康德称之为经验论的概念是一种概要的描述,是一种精简的说话方式,而不是"真正的"概念。其抽象仍是不完全的,它无法完全摆脱对于有着一定地点和日期的语境的参照。历史学的统称概念(concept générique)是一种"半专有名词"或"不完全普通名词",原因就在于此(社会学也是一样)。这些概念仍受制于它们所归纳的一个个独特的语境。[7] 因此无法用公式来界定它们;而是必须描述它们,揭示它们所概述的错综复杂的具体实在和关系,就像我们刚刚对"旧制度的经济危机"所做的那样;解释这些概念,一定就是阐明它们,发挥它们,展示它们。科泽勒克引用尼采的话说,这些概念是"繁复意义的浓缩,所有在语义上概述了一个进程整体的概念都是定义所把握不住的。只有那些没有历史的才

---

[7] 以上内容参见帕斯龙:《社会学推理》,第60页以下。

能被定义"。[8]

历史学的概念无法定义,这涉及其必然具有的**多义**特点及灵活性:

> 一个概念一旦被"锻造"出来,仅仅是由于语言的原因,它就有可能被推而广之地使用,有可能构成多种类型中的一个元素或是开启比较的视角。谈论某种政党、某种国家或某种军队的概念,从语言学的角度来看,就位于一个预设了多种政党、多种国家或多种军队的层次上。[9]

这些概念是进行比较的工具,能带来帕斯龙所说的"因为比较而具有的可理解性",由此,它们比概要描述还要多出一些东西。我们刚才描绘的建构概念的过程没有充分考虑到这一点。建构概念的过程更多地是基于相似而不是相异;然而,如果说建构概念是通过将共同的特征集中于同一个现象之中,那么差异就在于人们所研究的那个现象中缺少某些特征或又有其他一些特征,这种差异并没有太大意义。实际上,历史学的那些概念还有甚于此:它们包括了推理,也与某种理论相关。它们正是马克斯·韦伯所说的理想型。

我们还是以"旧制度的危机"为例。我们已经讲到,这一概念蕴涵着气候现象、农产品、价格和人口形势之间的因果联系。它不仅仅是并置的具体特征的集合,也是,而且首先是这些特征之间的联系,是比简单的气候决定论复杂得多的推理。此外,这也是表明,对于将现实分割为不同领域方面持有什么样的立场。它不仅仅基于经验的评定,也基于推理和理论。这正是马克斯·韦伯用"理想型"一词所描述的东西。

---

[8]《过去的未来》,第109页。
[9] 同上书,第115页。

另外,韦伯在谈到理想型时所举的例子是历史学家耳熟能详的:

马克斯·韦伯 | 理想型是一种思想表格

……构造"城市经济"这一概念,并不是在确定事实上既存于所考察的所有城市中的经济原则的平均值,而恰恰是在构建城市经济的**理想型**。人们获得这种理想型,是通过单方面**强调一种**或**几种**观点,并把众多**孤立**、分散、散落的现象链接起来,这些现象时而多时而少,有些情况中则压根没有,人们根据此前单方面选择好的观点将它们规整好,由此构造出一种同质的**思想表格**。由于其概念上的纯粹性,这种思想表格在任何地方都不可能经验地存在:它是一个**乌托邦**。历史学的工作就将是在每一个个别情况中确定实在在多大程度上接近或远离这种理想的表格,例如,应在多大程度上将概念意义上的"城市经济"这一性质赋予某个城市的经济境况。……

[马克斯·韦伯接下来分析了资本主义文明这个概念]即一种只受私人资本投资利益控制的文明。它强调现代物质和精神的文明生活中某些分散的特性,我们为了研究,将这些特性集合于一个不矛盾的理想的表格之中。这个表格因此描绘了资本主义文明这一"理念",而能否以及怎样制作这个表格的问题我们在这里则不考虑。有可能……画出多个,甚至肯定是许多个这类乌托邦,而人们在经验实在中永远**不会**观察到其中**任何一个**在社会中真实地存在,但是其中**每一个**都能够声称自己表现了资本主义文明这一"观念",而且其中**每一个**实际上都在实在中挑选某些有意义的特征(通过这些特征在我们文明中的特殊性来进行),并甚至都想要

将这些特征合并到一个同质的理想表格之中。

……历史学家一旦试图超越仅仅指出具体关系而想要确定单个事件的具体**意义**时,……他就,而且**必定**就在使用概念,一般来说,要将这些概念严格、单一地明确下来,只能使用理想型的形式。

……理想型是一种思想表格,它**不是**历史实在,也尤其不是"真正的"实在,更不是用来在其中将实在当作**样品**来进行整理的图表。它没有其他意义,只是纯粹理想的**限制概念**,人们用它来**衡量**实在,以便澄清实在中某些重要元素的经验内涵,用它来进行**比较**。这些概念是我们在其中构建关系的意象,我们这样做的时候是在运用客观可能性这一范畴,我们根据实在、指向实在所形成的**想象判定**这一范畴是合适的。

——《论科学的理论》,第 180—185 页。

因此,概念是历史学家拿实在与之进行比较的抽象物,但历史学家对此并不总是予以说明。而他们确实是在对概念模型与具体实际之间的差距进行思考。这就是为什么概念通过将不同的研究案例诉诸同一个理想型模型,由此将(或隐或显的)比较的维度引入所有的历史学之中的原因所在。经过理想型的抽象,经验中的多样性转变为可被理解的差异与相似;它同时突显了特殊与普遍。

概念形成网络

因为概念是抽象的且与某种理论相关,所以它们形成了网络。"旧制度的危机"一例已经表明了这一点。用完全属于另一个领域的法西斯主义为例或许还会更清楚一些。

"法西斯主义"(fascisme)这一概念显然是因历史学家的使用而产生的理想型。[10] 历史学家或是给它加上定语,说"希特勒"法西斯主义或"意大利"法西斯主义,这意味着并不存在不带任何修饰的法西斯主义(否则的话,如果人们非常清楚其所指的国家和时代,只单单说"法西斯主义"就够了),或是用它来提问和思考,例如:"维希是法西斯主义的么?"此处,问题所呼唤的答案并非简单的是或否,再用韦纳的话来说,而是要对差异进行盘点,说得更确切些,是在法西斯主义的理想型与维希体制那具体的历史实在之间进行一系列比较。

在将历史实在与理想型进行比照的过程中,历史学家必然会碰到其他相对立或相关联的概念。"法西斯主义"首先就与"民主""公共自由"或"人权"相对立,而与"独裁"相近:具体说来,独裁意味着警察为所欲为,缺少基本的新闻和集会自由,司法权受行政权控制。但法西斯主义不只是独裁,它还以某种形式的集体动员和领导,以及想要对社会进行全面控制为特征。它必定有一个卡里斯玛型的领导者以及成为其拥护者的强烈的形式,同时必然通过行会主义、独此一家的青年组织、独此一家的工会以及独此一家的政党等制度来全面掌控国民生活。这些特征将希特勒或墨索里尼的体制与南美的独裁区分开来。但要与苏

---

[10] 参见帕斯卡尔·奥里(Pascal Ory)编:《新政治观念史》(*Nouvelle Histoire des idées politiques*, Paris, Hachette, 1987), 4.2 部分:"法西斯主义的解决"(La solution fasciste), 特别是菲利普·布兰(Philippe Burrin)的文章《权》(Autorité), 第 410—415 页。另外还有数以千计的文章,其中可参见罗伯特·帕克斯顿(Robert Paxton):《诸种法西斯主义,论比较史》(*Les fascismes, essai d'histoire comparée*), 载《20 世纪, 历史杂志》(*Vingtième siècle, revue d'histoire*), 第 45 期, 1995 年 1 月—3 月刊, 第 3—13 页, 以及塞尔日·贝尔斯坦(Serge Berstein)和皮埃尔·米尔扎(Pierre Milza)《法西斯主义和纳粹主义历史词典》(*Dictionnaire historique des fascismes et du nazisme*, Bruxelles, complexe, 1992)的前言部分。

维埃体制相区别的话，就得引入意识形态秩序的一些特征，就得将阶级的意识形态与民族国家的意识形态相对，也一定会遇到"极权主义"（totalitarisme）这一概念。经过推理，人们得出使维希与法西斯主义相近或有别的那些特征，也会由此引出1940年的维希与1944年受保安队（Milice）掌控的维希之间的区别。

我们看到，法西斯主义这一概念只有在处于包含了诸如"民主""自由""人权""极权主义""独裁""阶级""民族国家""种族主义"等概念的概念网络之中时，它才具有意义。这正是语言学家所说的语义场（champ sémantique）：相互之间有着稳定关系，或者相对立，或者相联系、相替代的一些语词所组成的整体。因相对立而相关的概念表现出一对对相反的特征。相联系的概念则表现出相同的特征（但又不全然相同）。如果两个概念可以用完全相同的特征来描述，那么它们就是等价的，可以在任何情况中相互替换。

法国历史学家并不总是严格地使用概念，因为其历史书写的传统对此没有做出要求。在这一点上，更为哲学化的德国传统与法国不同。在德国，历史学著作中整个第一章都用来论证作者所要使用概念的情况并不罕见。[11] 而法国历史学家遵守学校里作文时的规矩，为了避免重复，他们有时用几个词来表示同一个实在。他们在说"国家"（État）、"政府"（gouvernement）甚至"权力"（pouvoir）的时候，所指都是一样，而实际上这些词是不同的概念。他们时而说"社会阶级"（classe sociale），

---

[11] 例如，彼得·舍特勒尔（Peter Schöttler）：《劳工联合会的诞生：19世纪末的一个国家意识形态机器》（*Naissance des bourses du travail. Un appareil idéologique d'État à la fin du XIXe siècle*, Paris, PUF, 1985），以及于尔根·科卡（Jürgen Kocka）：《面对总体战：1914—1918年间的德国社会》（*Facing the Total War. German Society 1914-1918*, Cambridge, Mass：Harvard University Press, 1984）。

时而说"社会群体"(groupes sociaux),时而又说"阶层"(milieux)。此种便利真让人遗憾,但只要这惯常的做法没有改变概念网络的结构与融贯性,它就没有什么损害。

历史学概念的一部分意义实际上来自其受到的限定。历史学家的话语中很少用到这些概念的绝对形式。人们几乎不会只说"革命"(révolution),而是说"法国大"革命(la Révolution),即1789年革命。要能够为人所理解,其他所有的革命都得加上修饰它的形容词或定语。如时间(1830年革命,1848年革命),如定语("工业"革命、"第一次"或"第二次"工业革命、"铁路"革命、"技术"革命、"农民"革命、"农业"革命、"中国"革命、"苏维埃"革命、"政治与社会"革命),等等。概念的确切意义就在其受到的限定上,前文中的粗略比较等于是在对相关限定进行研究。

所以我们不能说,概念赋予了历史学严格的逻辑秩序。较之已建构好的概念,说历史的"概念化"(conceptualisation[作为方法与研究的过程]、mise en concepts)或许更好些。概念化是将历史现实规整到一种秩序之中,但这秩序是相对的、永远不完备的,因为现实永远不会化约为理性,它总是含有部分偶然性,而且具体的特性必然扰乱概念的整齐秩序。历史实在永远不会与人们借之来思考的概念完全吻合,生活总是不停地溢出逻辑之外,将由理性组织起来的、构成某个概念的相关特征列出一份名单,我们就会发现,总会有些特征没有露面,或是虽然出现,却处于未曾意料到的型构(configuration)之中。这结果并非可以忽略不计:概念化给实际加上了某种秩序,但这秩序是不完美、不完整和不均匀的。

思考至此,我们认识到,历史学在对概念的操作、使用上有某种特殊性。但历史学用独特手法加以运用的这些概念是否具有其学科上的独特性？抑或概念和已不存在的历史事实是一样的？

二 历史的概念化

借用的概念

历史学不断从邻近学科借用概念：它花时间孵别人家的蛋。我不打算将这些概念一一罗列；这份名单是无限开放的。

政治史最为自然地使用宪法学和政治科学，甚至直接就是政治中的概念："议会制"（régime parlementaire）或"总统制"（régime présidentiel），"干部党"（parti cadres）或"群众党"（parti de masse），等等。前文对法西斯主义的简要分析就完全基于从这一领域借用来的概念，如"卡里斯玛型的领导者"（leader charismatique）。经济史从经济学和人口学那里借用武器。后者一发明某个新概念，例如罗斯托（Rostow）一发明"起飞"（take off），历史学家马上就拿来研究18世纪的加泰罗尼亚地区是否有过"起飞"，或者"起飞"在法国是什么时候发生的。历史学家还试图测定20世纪初企业的"现金流"（cash flow），尽管他们由于当时企业账目中还未记载这一变量而遇到了困难。社会史也是一样：例如，它将"社会控制"（contrôle social）这一概念拿来研究19世纪甚至古希腊罗马。最后，新史学的形成就是从借用民族学概念开始的。

如果止步于此，历史学看起来就没有自己独特的概念，而是在挪用其他社会科学的。它着实消费了大量的进口概念。

历史学特有的限定使这些五花八门的概念可能为其所用。这些概念从原产地来到历史学，变得灵活了许多。它们丢掉了原先的严苛，人们不再绝对地使用这些概念，而是立即对它们进行规定。借用立马就带来了第一次扭曲(以后还有几次)。

在这种情况下,我们可以更好地理解历史学与其他社会科学的暧昧关系:借入概念并在使用时加以限定和语境化,这使历史学能将所有其他学科的问题据为己有,对这些问题进行带有历时性的考察,而历时性是历史学的唯一特性,是它唯一特有的维度。正因为这样,在学术世界的某些社会及科学的型构中,历史学在诸多社会科学里扮演着十字路口的角色。也同样是因为这样,历史学有时会冒出在这些学科中称霸的抱负:概念的交换只是单向的,历史学只进口不出口,它可以占领别人的领地同时自己还是自己,但反过来却不行。

社会体

然而,并非为历史学所特有的某些概念享有着既重要又优越的地位。正是它们表示着集合体。本讲开头所举的例子就含有这样的概念:大革命前夕,"法国社会"经历了一场旧制度的经济危机。

"社会""法国""资产阶级""工人阶级""知识分子""舆论""国家""人民":这么多概念的特点就在于将诸多具体的个体归入一个整体,在历史学家的话语中,它们就仿佛是复数的单数,是集体行动者。它们被当作动作动词或意愿动词的主语来使用,有时甚至还有代词形式:资产阶级"想要什么什么""认为什么什么""觉得高枕无忧"或"受到威胁",等等,"工人阶级"不满,它"起来反抗"。舆论"担心""一致",如果它不"顺从",它就"抵制"……

但我们有权将个体心理的特征借用到集合体那里去么?这种迁移是正当的么?下文还会谈到这个问题。自由主义的社会学家支持从个体行动者的理性行为出发重建集体行为,他们指出上述将集体当作个人来对待的做法中存在着一种天真的唯实论。对此人们可以反对说,个体行动者或清楚或模糊地意识到自己构成了一个群体。历史学家之所以能够说在1914年时"法国"对德国是这样或那样的态度,是因为在那个时候被动员入伍的人们会说:"'我们'在打仗。德国人对'我们'开战了。"同样,如果历史学家说"工人",那是因为这些工人在罢工的时候首次说出:"'我们'要'我们的'要求得到满足。"历史学家使用集合体时隐含的基础,就是行动者的这个"我们"。为了使这种将个体心理移入集体中的做法能够成立,利科提出了参与性归属(appartenance participative)这一想法:相关群体由归属于它们并或清楚或模糊地意识到这种参与性归属的个体组成。正是这种迂回、隐含的依据使人们可以将群体当作一个集体行动者来对待。

于是,这里不是简单的类比,也不是个体融入群体或个体缩减为集体。历史学家会反对说,归属感有时是模糊的。由于上述原因,反对无效。1914年8月12日,战争动员的钟声响起,听成是火灾警报的农民赶忙回家去拿水桶,但此处这却不重要了:这并不妨碍我们说,"法国"坚决地开战,因为被动员入伍的人们说的是"我们"。集合体以构成它的个体为参照,其依据就在于,从行动者的"我们"到历史学家的集体性的单数,这一过程是可逆的;这使民族体或社会体本身就像是一个人似的。

毕竟,在这一点上,历史学家的语言与日常语言没有什么区别。人们在思考历史著作时和讲述事情经过时所使用的概念是一样的。这让我们又面临着时代错乱的危险。怎么才能避免呢?

将历史学的概念历史化

历史学家有权使用语言中一切能用的概念。但他无权懵懵懂懂地使用这些概念。绝不要把概念当作事物,这就是他应该谨记的格言。皮埃尔·布迪厄的警惕并非多余:

皮埃尔·布迪厄｜用历史学的钳子夹取概念

……当涉及对历史学家思考历史时所使用的工具进行反思时，历史学家就显得不够历史学家了，这真是不合情理。夹取历史学（或社会学）的概念时，永远只能用历史学的钳子……只描绘单个词语的历史谱系是不够的：要真正地将概念历史化，就必须做出（历史地形成的）各不相同的语义场和社会场的社会—历史谱系，在这些语义场之中，任何词语在任何时刻都被占用，在这些社会场之中产生出概念，其流通和使用也是在社会场之中。

——《论德国、法国的社会学与历史学之间的关系》，第116页。

必须将历史学概念"历史化"，必须将它们放在本身也是历史学的视角之下，这一断言包含了几层意思：首先，这涉及概念与被纳入概念中的实在之间的差异。概念不是事物，而是人们用来称呼事物的名称，是事物的表象。衡量可能存在的差距，即核查事物中是否有概念里所包含的特征，再进行反向的核查，这就是考证法的准则，就是瑟诺博司所说的解释性考证。

其次，这是构建历史学时间的一个因素。词语过去的含义得翻译成我们今日所理解的语言，反之，如果我们想要用现在的概念表达过去，也必须对现在概念的含义重新定义。因此，历史学家承负着概念的历时性深度，承负着概念的历史。一个词经久不变并不意味着它的含义也是如此，而这个词含义的变化也不与其所指示的实在的变化相吻合。"词语沿用下来不足以表明实在也稳定不变。"[12]但反过来，术语的变化并不表明实质上的变化，因为通常要在实质上的变化发生了一段时间之后，同一时代的人们才会感到必须得有新术语了。

历史学概念的历史化界定了概念与实在之间的关系，使人们能够同时围绕着问题和作为结构及演变过程的时期，对特定情境进行既是同时性也是历时性的思考。

概念的语义学对被命名的实在的依赖性最大，也就最不形式性，因此它是语言学中的次要部分，但对历史学家来说却恰恰相反，它是最根本的。界定任何概念都意味着考察相反、相关或可能可以互相替换的概念，这使我们能够衡量层层叠加起来的多种时间性所组成的整体，以及社会实在的厚度。同样的实在通常可以经由多种概念来思考和言说，这些概念具有不一样的界域，也不在同一条时间轨迹上。将概念历史化，就是确定这些概念各属于哪种时间性。这是把握非同时代的同时代性的一种方式。

最后，将概念历史化能让历史学家明白关于某些概念的论战的意义所在。自皮埃尔·布迪厄及其学派以来，社会学家十分关注言语表述行为(performative)的意义：在某种意义上，言，也就是行。行动者通过斗争来试图确定某种社会划分，社会群体的分野便是这斗争的结果：

> 就这样，科学想要在实在中提出最有根据的准则，它应提醒自己不要忘记，它只是在记录一种分类之争，即与这种或那种分类模式相联系的人之间实质或象征性力量方面的关系，这些人与科学一样，常常援引科学的权威，以便在实际和理性中按自己的意思来

---

[12] 科泽勒克:《过去的未来》,第106页。

进行划分。[13]

143   所以,历史学的概念来自绝少是摆在明面上的斗争,行动者通过这些斗争力图让他们自己特有的社会表象获胜:社会群体的确定和界定、声望与权利的等级,等等。例如,博尔当斯基向我们展示了"干部"(cadre)一词是如何出现的,这是别具法国特色的对社会进行划分的方式,它在人民阵线(Front Populaire)的背景中实现,与"中间阶层"(classes moyennes)这一概念相竞争,既与雇主也与工人阶级相对立。[14] 19 世纪初,普鲁士首相哈登堡经常使用诸如"居民"(habitants)或"业主"(propriétaires)之类的描述性词语,以及像"公民"(citoyens)之类的新法律词语,科泽勒克在此中看出了一种想要改变旧秩序结构,改变"等级"(Stände)的意愿。[15] 概念插入从过去承继下来的一种型构之中,它们具有预示未来的表述行为的价值和对于当下争论的影响,概念由此获得意义。

我们知道,概念不是事物,在某些方面,它们是武器。无论如何,它们是工具,同一时代的人们(当然历史学家也是如此)用它们来让某种安排现实的秩序占上风,用它们来说出过去的特殊之处与意义所在。它们既不处于现实之外,也不像符号完全附着于事物那样附着于现实,

---

[13]　皮埃尔·布迪厄:《说有何意》(*Ce que parler veut dire*, Paris, fayard, 1982),第139页。在这里,布迪厄举地方主义的划分为例。他接着写道:"地方主义(régionaliste)话语是**一种表述行为的话语**,它旨在重新强行确定边界,确定其合法性,并让如此界定的**地方**为人们所认识和承认……"

[14]　吕克·博尔当斯基(Luc Boltanski):《干部,一个社会群体的形成》(*Les Cadres, la formation d'un groupe social*, Paris, Éd. De Minuit, 1982)。

[15]　《概念史与社会史》,《过去的未来》,第99—118页。

它们与其所命名的实在之间保持着一种距离,一种张力,历史学便在这距离与张力中运作。它们反映现实,同时它们也给现实命名,由此也就给现实赋予某种形式。概念史的意义与必要性就在于这夹杂着依存与塑性的关系之中。就像历史学既是在加工时间,本身也是时间的产品一样,历史学既是在加工概念,本身也是概念的产品。

第七讲　作为理解的历史学

前文所写的全部文字都没有让历史学在我们脑海中变得清楚明白起来。历史学好像总是在忙于调和矛盾。历史学必须要有事实,事实是从史料而来,但不提问题的话,遗迹就保持沉默,甚至都算不上"史料"。必须得已经身为历史学家,才会知道向史料提出哪些问题,以及通过哪些程序让史料开口说话。考证方法确保事实成立,而它本身自认为是一种确定的历史知识。简而言之,要著史,就必须已经身为历史学家。而时间,这一构成历史学问题所必需的历时性维度并不是人们往里填塞事实的空框架,而是一种被社会、被已写成的历史所塑造出来的结构。像加工原料那样加工时间的历史学家也应将之视为其剧本中的一名独立演员。他应该进行分期,也应该警惕现成的分好的时期(这些现成的时期却表现出本质上的同时性)。最后,历史学家使用概念对历史进行思考,这些概念或是历史学给他的,或是他从其他社会科学那里借鉴的。上述一切都没涉及能予以形式化的真正方法。历史学看起来更像是经验的实践,像是一种修修补补,每次都有所不同的调整修补将材质各异的原料聚合在一起,同时或多或少地满足这些原料之间互相冲突的需求。历史学家们对此怎么说?

一 历史学家的自画像:手艺人

作为行当的历史学

在阅读历史学家们关于历史学的文字时,我们注意到,与手工业相关的词汇一再出现。历史学家说话的时候好像是个细木工。历史学是一个**行当**(métier):费弗尔选这个词用在布洛赫遗著的题名中,而布洛赫本人也大量运用这个词,并使之成为一种集体性的实在:我们的行当,历史学家这个行当。从导言部分一开始,布洛赫就把自己比作"手艺人,在这个行当中老去",在结尾处这个词重又出现,他希望人们把他的这本书看作是"一个手工艺人的记事本……一个手工业行会成员的小册子,他长年累月地摆弄量高器和水平仪,但却不因此就自以为是数学家"。此外,他还提到作坊,并称赞博学"让历史学家回到了工作台边"。

布洛赫并非特立独行。所有历史学家都谈到过他们的作坊(例如傅勒),都提到其技艺中的规矩。他们没有将自己的行当说成是某种可以言传的东西,而是认为它来自学徒期间的实践。德国历史学家维尔纳·孔策(Werner Conze)在提到行会(Zunft)的时候,甚至区分出师傅、帮工以及学徒三种人。[1] 贝尔纳·贝林使用手艺(craft)这个词:历史学可能远远不止是手艺,但它至少是一门手艺,这门手艺所需要的技能(skills)来自实践,需要时间。这就是为什么像在行会中那样进行

---

[1] 在1983年的一个文本中。参见卡萝拉·利普(Carola Lipp):《社会史与日常史》(Histoire sociale et Alltagsgeschichte),《社会科学研究学报》(Actes de la recherche en sciences sociales),第106—107期,1995年3月,第54页。

训练（*guildlike training*）具有意义的原因。[2] 学习历史学，就像是学做细木工：要经过帮工的这个阶段。通过做历史，成为历史学家。

然而紧挨着肯定的是否定。布洛赫也谈到，历史学是一门科学，诚然它是"尚处童年"的科学，但正像培尔（Bayle）和菲斯代勒·德·库朗日（Fustel de Coulanges）所说，是"所有科学中最难的一门"。要对历史学进行考察，如果只是"一一罗列长期磨炼出来的那些手法"，好像历史学是"实用技术"似的，这是不够的。"历史学不是钟表制造业，不是高级细木工。"[3]

然而，应当合乎逻辑地进行选择。细木工不是科学，作坊不是实验室，工作台也不是试验台。科学可以传授，其规则可以说明。而人们断定，历史学虽然有规则，却算不上真正的规则。在谈论历史学的话语中，属于诸多思想与实践领域的字眼之间迥然不同，我们对此不能不进行一番考察。与手工业有关的隐喻多得不可能只是在博取好感（*captatio benevolentiae*）或是假装谦虚。诚然，在和手工业有关的这些语汇中，历史学家表达了其经验中极为重要的一面，即他强烈地感受到，并没有什么可以自动、系统施行的规则，一切都事关调配、手法与理解。尽管如此，却挡不住历史学家依然想要严谨，也依然严谨，并一再用科学语汇来表现历史。

实际上，作为实践的历史学的复杂性来自其对象本身的复杂性。

人们，历史学的对象

关于历史学这门学科的对象，历史学家们的看法相对一致，尽管他

---

[2]　贝尔纳·贝林（Bernard Bailyn）：《论历史教学与历史写作》（*On the Teaching and Writing of History*），第49—50页。

[3]　布洛赫：《为历史学辩护》，第XIV页。

们费了许多心思的表述方式各不相同。菲斯代勒·德·库朗日说,历史学是对人类社会的研究。[4] 瑟诺博司响应说:"历史学的目标是通过研究资料来描述过去的社会及其变迁。"[5] 费弗尔和布洛赫不用**社会**这个词,在他们看来,这个词太抽象了,但库朗日和瑟诺博司也强调历史学有一种必定是具体的特征。瑟诺博司在1901年写道:"现代意义上的历史学缩减为研究社会中活生生的人。"[6] 这表明,在这一点上他与偏好"社会当中人们的历史"而不是"人类社会的历史"的年鉴学派创始人并没有真正的分歧。[7] 此处,我禁不住想要引用费弗尔的这段名文:

吕西安·费弗尔 | 人们,历史学唯一的对象

人们,历史学唯一的对象……这种历史学对于什么抽象、永恒、在底里上静止,并永远与自身一致的人不感兴趣,而是关心永远身在社会框架之中的人类,他们是这些社会的成员;而是关心某个时代的这些社会中的人类成员,这时代也正取决于他们的发展演变;而是关心被赋予多种功能、各色活动和不同挂念与禀赋的人类,所有这些功能、活动、挂念与禀赋互相混杂、碰撞、冲突,最终互相妥协,达成和解,这是一种互相妥协的生之道(modus vivendi),

---

[4] 菲斯代勒·德·库朗日,转引自布洛赫:《为历史学辩护》,第110页,注4。

[5] 瑟诺博司:《德国大学中的历史教学》(L'enseignement de l'histoire dans les universités allemandes),第586页。

[6] 瑟诺博司:《历史学方法》(La Méthode historique),第2页。

[7] 参见弗朗索瓦·阿尔托格:《19世纪与历史学:以菲斯代勒·德·库朗日为例》(Le XIXe Siècle et l'Histoire. Le cas Fustel de Coulanges),第212—213页。

它的名字就叫**生**(la Vie)。

——《为历史学战斗》,第 20—21 页。

历史学的对象有三重特性。历史学的对象是人,这意味着即使那些表面上对人类漠不关心的历史学也是在拐弯抹角地关注人:物质生活史或气候史也是为了人类群体的缘故才对其所分析的演变结果感兴趣。历史学的对象是集体性的:"不是单个人,再说一遍,从不是单个人。而是人类社会,是有组织的群体",费弗尔如是说。[8] 要使历史学对某个人感兴趣的话,这个人必须像人们所说的那样,**有代表性**,也就是说,他代表了许多其他人,或者他必须对其他人的生活与命运真正产生了影响,抑或他必须因其自身的独特性而突显出某个特定时代的一个群体的常态与习惯。最后,历史学的对象是具体的:历史学家不信任抽象的字眼,他们想要去看、去听、去感受。历史学中有血有肉。布洛赫在此段名文中谈到了这一点:

马克·布洛赫 | 历史学家,像是传说中的吃人妖魔……

……历史学的对象自然就是人。更好的说法:是人们。比之有利于抽象的单数,复数是唯一表现相对性的语法形式,它适用于研究变化的科学。在景观那微妙的轮廓、在工具与机器的背后,在表面看来最冰冷的文字背后,在表面看来与其创建者最不相干的制度背后,历史学想要把握的正是人们。做不到这一点的话,最多

---

[8] 转引自布洛赫:《为历史学辩护》,第110页,注5。

永远只能是专事博学这一工种的工人。好的历史学家就像传说中的吃人妖魔。他知道能嗅到人肉味的地方就有他的猎物。

——《为历史学辩护》，第 4 页。

说历史学的目标是具体的，这也就是说这目标坐落于时间与空间之中。它表现出历时性的维度。布洛赫觉得"人文科学"太模糊了，他又加上"时间中的人文"。与此同时，费弗尔在前文引用过的给巴黎高师学生的讲座中下了同样的定义：历史学"以科学的手法研究过去人类的各种行动与创造，这些人受其时代所拘，身处迥然不同却又可以互相比较（这正是社会学的公设）的诸种社会的框架之中，社会中的他们占据了大地表面与一个个时代"。[9] 具体的社会必定坐落于时间与空间之中。

历史学与生活

年鉴学派创始人所著文字中的文学性（我们就不说是抒情性了）赢得了读者的青睐。历史学家在此中找到了表达其日常工作与经验的方式，这种经验是历史学这门学科对他的奖赏。然而，定义还是很模糊，对外行人来说也没什么教益。指派历史学这门学科来研究社会中的人类，历史学家面前所敞开的就是一个几乎无限的领域。从历史学之外的观点来看，这种扩张让人困惑。

当生活这一主题出现时，当像费弗尔在巴黎高师的那场讲座中宣布生活是"我们唯一的学校"时（讲座的名字是费弗尔亲自取的，"亲历

---

[9] 费弗尔：《亲历历史》（Vivre l'histoire），1941 年对巴黎高师学生的讲座，收录于《为历史学战斗》，第 18 页。

历史")，人们就更感到困惑了。

吕西安·费弗尔 | "亲历历史"

既然我有幸知道这间屋子里的年轻人立志投身于历史研究，那我要坚定地对他们说：要研究历史，请果断地转身背对过去，请先去生活吧。参与生活。参与形形色色的智识生活，这是当然。……但也请过一种实践生活。不要在岸边懒洋洋地看波涛汹涌的大海上发生了什么。……卷起袖子……去助正在驾船的水手一臂之力。

这样就够了？不。如果您继续将行动与思想、将您作为历史学家的生活与作为人的生活分开，这就甚至什么都不是。行动与思想之间没有藩篱，没有障壁。对您来说，历史学不应该再是沉睡的墓地，那里只有已无实体的幽灵经过。

——《为历史学战斗》，第32页。

此处提到生活是什么意思？当我们听到像费弗尔这样的历史学家断言，为了研究历史必须要去生活的时候，我们很难认为他只是随口说说而已。但他到底要说什么？历史学家的生活与他所书写的历史之间是什么关系？

二 理解与类比推理

解释与理解

确切地说，将具体的人类及其生活作为对象，这对历史学来说，涉及一种特殊的可理解性(intelligibilité)模式。

狄尔泰曾将人类的可理解性模式与事物的可理解性模式二者之间的对立予以理论化,后来在法国,阿隆在其博士论文中又讨论过这一问题。[10] 这一方法论上的讨论尽管已经过时,但却仍然重要。它指出了精神科学或者说人文科学(Geisteswissenschaften)与自然科学(Naturwissenschaften,在19世纪末即物理学和化学)之间截然不同的地方。自然科学解释事物,解释物质实在;精神科学使人类及其行为能被理解。解释是严格意义上的科学的唯一方法;它探究原因,确定规律。它信奉决定论:同样的原因总是引起同样的结果,这正是规律的含义所在。酸遇到氧化物总是会产生盐、水和热量。

显然,人文科学不能以这种可理解性为鹄的。人类行为可以被理解,是因为这些行为是理性的,或者至少是有意的。人类行为是根据目的对方式进行的选择。无法用原因和规律来解释它,但是却可以理解它。这正是历史的可理解性模式。阿隆在这种意义上分析了修昔底德《伯罗奔尼撒战争史》中所记录的话语:是否真的有人说过这话,或者修昔底德是否忠实地记录下来,这些都不重要。重要的是,修昔底德在解释激发书中主角政治行为的动机时所采用的写作方法,即让他们自己亲口说出来。[11]

将解释和理解加以区分非常有用,这个问题在不止一张会考试卷中已初现端倪。我们应当对这一区分同时从正反两面加以考察。不管

---

[10] 雷蒙·阿隆:《历史哲学导论》(*Introduction à la philosophie de l'histoire*,Paris,Gallimard,1938)。

[11] 阿隆:《修昔底德和历史叙事》(*Thucydide et le récit historique*),《历史意识的诸种维度》(*Dimensions de la conscience historique*),第124—167页。

历史学是不是"尚处童年"或者"很难",它确实不是一门科学。科学肯定是普遍的,其事件是重复发生的,而历史学处理的是新颖的事件、独特的情景,它们永远都不会完全同样地出现两次。从这一观点来看,拉孔布在一个多世纪之前就已经说到了点子上:"事件,即由某一视角赋予其独特性的历史事实,它是拒斥科学的,因为科学首先就是确定类似的事物……历史哲学的尝试失败了,因为它不理解事件的反科学的特性,却想要像解释制度那样解释事件。"[12] 拉孔布还提到了想要穷尽事实是行不通的:"随着历史实在的总量不断增多,每个博学者所能消化的那部分都成了整体中更加微小的一鳞半爪。博学者的知识总是离总体观念越来越远,它的价值也就越来越小。由此得到的见解纯属虚妄,丝毫也不能促进对世界和对人的认识。"[13]

关于与理解相对立的科学及科学解释,其实还有许多可说。让我们就此打住,下面要指出这场讨论在何种意义上已经过时。

科学确定规律,确立此类严格的可预见性,即"如果事件 A 发生了,那么事件 B 也将必然发生",这种科学观属于 19 世纪末的科学主义,现代科学不这样看。一方面,从 19 世纪以来,一些聪颖之士(如库尔诺)就警惕这种滥用的简单化。[14] 库尔诺以生物与其环境之间的

---

[12] 保罗·拉孔布:《论被看作科学的历史学》,第 10—11 页。

[13] 同上书,第 X—XI 页。

[14] "我们想不出来有哪种科学的构造是不带有规则、定律、分类,因此也就不带有对事实与观念的某种概括的,尽管如此,看到这句古人的箴言时也不应死于句下:个别与特别绝不在科学管辖范围之内。对事实的概括程度有大有小,千差万别,诸多科学就是致力于这些事实,然而它们都在同等程度上属于构成科学之完美的那个等级与类别。"库尔诺:《论我们认识的基础以及哲学批判的特性》(A. Cournot, *Essai sur les fondements de nos connaissances et sur les caractères de critique philosophique*),第 363 页。

"和谐",以及自然现象所形成的"网络"为例[15],现代生态学进一步肯定了他的看法:对生态系统的分析当然是一门科学,湖泊中藻类的生长情况可以由温度和水中含氧量来解释,但我们却无法从中得到笃定的预见。用规律来界定科学并不完全合适。而且,科学规律已经不再具有在19世纪使其成之为科学规律的那种纯粹决定论的特性了,连现代物理学也讲起了概率。然而话说回来,现代物理学继续以严格的证实/反驳[16]程序界定自身,而这是历史学以及其他社会科学所无能为力的。显然,历史学无法成为一门像化学那样的科学。

历史学也绝不想这样,"理解"的意义正在于此。它旨在拈出一种认识模式,这种模式与自然科学的客观认识不同,但在正当性、严格性和真实性上却并不逊色。

理解与意义的领域

从这个观点来看,历史学对象的特征实际上既不在于其独一无二,也不在于它铺展于时间之中。诚然,我们已经看到历史学家对于具体性、独特性的注重到了何种程度。本讲开头引用的布洛赫与费弗尔的话就很好地表明了,他们拒绝将自己的研究对象弄成没有血肉的抽象物。在这层意义上,他们确实对物理学家或经济学家的方法掉头不顾。物理学家为了提出一条定律,要对现象产生于其中的所有具体条件进行抽象,这样才能只抓取抽象地缩减为某些参数的一种实验性的情景。

---

[15] 库尔诺:《论我们认识的基础以及哲学批判的特性》,第81页。
[16] 波普尔的说法是"证伪",在他看来,是不是科学命题,要看其能否"证伪";不可能"证伪"(即不可能证明其为虚假)的命题不能自称是科学命题。当,而且只有当言语(énoncé)在逻辑上是有可能被反驳的,它才是科学的。参见卡尔·波普尔:《科学发现的逻辑》(Karl Popper, *La Logique de la découverte scientifique*)。

但是，在实验室人为的空间之外，只存在那些独一无二的事实。促使牛顿提出万有引力理论的那只苹果只掉落过一次，重力定律并不解释它为什么恰恰在牛顿于那棵苹果树荫下休息时掉了下来。而所有参数也不可能总是尽在掌握之中，技术的风险就来源于此：阿丽亚娜火箭在下次发射时很可能一帆风顺，但是我们并不能排除有块破布塞在某个管道里的可能性……[17] 阿丽亚娜火箭的一次次发射就是一部历史。

历史现象处于时间性之中，而这更不是将之与其他现象绝对区分开来的特征。库尔诺注意到，国家博彩记录的汇编能够提供一连串独特的赌局，但却不构成一部历史，"因为前后相继的赌局并不互相链接，前面的赌局对后面的没有任何影响"。[18] 但对国际象棋来说却不是这样。

安托万·库尔诺 | 一局国际象棋象征着历史

……在国际象棋中，棋手经过思索之后做出的决定取代了掷骰子的偶然，结果却是，一名棋手的想法与其对手的想法相交错，产生出大量意料之外的回合，历史链接的条件显露了出来。一局的叙事……和另一局一样，都是一部历史，其中有危机，有终局：因为每步棋不仅前后相继，而且互相链接；之所以说互相链接，是由于每步棋都或多或少地影响着之后一系列走子，也受之前走子的影响。比赛的条件愈加复杂，一局比赛的历史从哲学的角度来看

---

[17] 1990 年 2 月 23 日，阿丽亚娜火箭在发射不久之后坠毁，后经调查，事故原因是有条供水管被破布堵塞。——译注

[18]《论我们认识的基础以及哲学批判的特性》，第 369 页。

除了其结果的重要性之外,堪与一场战役的历史相比拟……我们甚至可以不开玩笑地说,有许多场战役……的历史在今日与一场国际象棋比赛的历史相比,几乎并不更值得研究。

——《论我们认识的基础以及哲学批判的特性》,第370页。

对库尔诺来说,要紧的是互相链接,而不是前后相继。要有历史,仅仅是事实按时间先后顺序排列是不够的,还必须是一些事实对另一些有所影响。而这种影响之中有行动者的意识贯穿其间,行动者根据自己的目标、文化和表象看出一种情景,并使自己适应于它。因此没有哪种历史可以说是纯粹"自然的";所有历史之中都蕴涵着意味、意图、意志、恐惧、想象和信念。历史学家们小心维护的独特性就是意义的独特性。这就是人们在说精神科学或人文科学时所想要说的意思。

此处,"理解"具有了一种备受争议的价值;"理解"旨在赋予人文科学一种"科学的体面"[19],一种与严格意义上的科学所具备的正当性平起平坐的正当性。历史学不是一门科学,这并不意味着历史学只与意见有关,不意味着历史学家们可以想说什么就说什么。在科学与简单的意见之间,在知识与"念头"之间,存在着追求真相的严格的认识模式;"理解"试图对真相进行考察,它提出了这一类现象所特有的可理解性模式。

将"理解"的有效范围缩减至寻求控制行为的动机和决定人类行为的意图与动力,这样做虽然使"理解"与严格意义上的科学之间、缘由(causes)与理由(raisons)之间形成了鲜明的对比,但也使"理解"受

---

[19] 这是利科的说法,《解释与理解》(Expliquer et comprendre),第127页。

到了损害。"理解"在更广阔的范围上指明了历史学的可理解性模式（如帕斯龙所说，也指明了社会学和人类学的可理解性模式），因为它致力于被贯注了意义与价值的行为，即使在人类放任自流，满足于适应周遭情形的时候也是如此。我们可以随马克斯·韦伯一起，进一步细细分析，区分出两种行为，一种是由个人意图或信念主观指引的行为，这些人不顾现实地追逐其目的——或梦想（由目的决定的主观合理性），另一种是由理智指引，自我调节以适应周围情形的行为（由是否恰当决定的客观合理性）。[20] 正是在完全属于人文的领域中，人类意图所占的分量极小，因为人力所能做的实在有限，例如小麦危机就是这样：小麦歉收，于是引起价格上涨，结果是饥馑和人口大量死亡，这些都属于缘由，而不是动机或理由所管辖的领域，但当时的人们进行适应并赋予意义的，正是这些情形。

亲身经验与类比推理

如果说理解的目的在于重新寻回那些情景，或者被人赋予意义的事实的真相，那么有待澄清的是，理解想要以何种方式达到这一目的。然而，其过程的精确性与严格性看起来赶不上它的雄心壮志。摆在我们面前的不是能够描述的方法，而是一种基于历史学家此前经验的直觉。深深扎根于主体的亲身体验，这就是理解的特性。历史学家对人类与生活那些乍看上去令人吃惊的说法到这里就清楚明白了。布洛赫和费弗尔都没有援引狄尔泰，但他们的直觉与狄尔泰的分析接上了头。

---

[20] 马克斯·韦伯：《论广义社会学的几个范畴》（Essais sur quelques categories de la sociologie compréhensive），《论科学的理论》，第334页。

威廉·狄尔泰｜亲身经验与实在

[精神科学的]建立来自亲身经验,它从实在来,到实在去;它总是更深入历史实在之中,总是在历史实在中进一步寻找并获得对历史实在更开阔的眼光。我们在其中引入的假设没有一条是基于直接经验之外的东西。因为,理解是从个人充沛的经验出发,通过一种位置的调换,渗透进他人的生命表现之中。……

这种理解不仅仅意味着在面对如此对象时我们所采用的特殊的方法论手法;这不仅仅涉及精神科学与自然科学之间,在主体相对于客体的位置这一问题上的差别,也不仅仅涉及方式、方法,而且还关涉到,理解的手法客观地基于以下区别:构成精神科学对象与构成自然科学对象的外在元素绝对不同。在这外在实在中,精神被客观化,目的得以形成,价值得到实现,理解所把握的,正是这种内含于外在实在之中的精神维度。在自我与这实在之间,有一种生命的联系。实在的特性被确定了目的,这是基于我有指定目的的能力,这是因为在实在之中,有许多东西都取决于我创建价值的能力,它们的可理解性乃是奠基于我的理智之上。……

在外在自然中,通过抽象概念的联系,现象被赋予了一种融贯性;与之相反,在精神世界中,融贯性是直接经验的,并且是根据这直接经验来被理解的。自然的融贯性是抽象的,而心理和历史的融贯性是生机勃勃的,是被生命所浸润的。

——《精神科学中历史世界的创建》,第72—73页。

自然科学通过客观、抽象的认识来进行,而精神科学以之为对象的人则只能从每个人的亲身经验中显现出来:"我们理解自己以及理解其他存在,只能通过我们将自己的生命内涵迁移到一种生命的整个表现形式之中,不管这表现形式是属于我们还是异于我们的。这样,由亲身经验、表现和理解所组成的整体就是一种无处不在的特殊方法,通过它,人对我们来说是作为精神科学的对象而存在着。"[21]

那么,想要理解或者解释(这里在其通常意义而不是科学意义上用这个词)历史现象的历史学家具体是怎样来做的呢?一般来说,他会将一种现象归入那些具普遍性的现象,或是在其中找出深层或偶然的缘由。法国大革命的原因在于经济形势、观念变迁、资产阶级兴起、君主制的财政危机、1787年歉收,等等。

与这种以学术自居的"解释"相反,我们还可以提出一些下里巴人的解释。例如,交通事故的目击者对赶到现场的警察说:"我来给您解释……老太太过人行横道,那辆车开过来,速度太快……司机刹车,但是路上滑,车没及时刹住。就是这样……"或者人们在侃大山聊到选举结果时的解释:"他们输掉选举,是因为丑闻让选民不再信任他们,是因为他们没拿出任何计划,是因为经济危机和大量人口失业。"这些下里巴人的"解释"显然既无科学价值,也没有科学方面的企求。然而这并不妨碍它们是正确的。我们一辈子都在做出、要求和接受这样的"解释"。

从逻辑学的角度来看,历史学家的解释与老百姓的解释并无二致。从逻辑学上来说,解释法国大革命时所运用的推理模式与老百姓解释交通事故和选举结果时所用的没什么不同。这在根本上是同样一种思维方式,它可以通过考察一些补充因素来变得更精确、更完善,例如,要

---

[21]《精神科学中历史世界的创建》,第38页。

完善对交通事故的解释,可以诉诸司机醉酒驾车、地面或者汽车质量问题,汽车质量又可以进一步这样来解释:"我要告诉您,X牌的汽车刹车为什么不灵……"

这说明,不存在什么历史学的方法。当然,考证方法是有的,它严格地确立事实以证实历史学家的假设。然而,历史学的解释与大家日常生活中做出的解释一模一样。历史学家在解释1910年铁路职工罢工时所使用的推理与退休后给孙辈解释1947年罢工的人所使用的没什么不同。他把让他能够理解其所经历过的情景或事件的解释方式应用于过去。历史学家说,在路易十四统治末期的加税让他不得人心,其实这就是纳税人的说法……这个世界和社会生活让历史学家学会有些事情会发生,有些则不会,如果不是基于他自身对这个世界与社会生活的经验,历史学家又是基于什么来接受或拒绝其史料给他提供的解释呢?[22]

于是,我们在这里就处于帕斯龙称之为"自然推理"的领域之内。历史学家的推理是通过与现在进行类比来进行的,他是把在大家日常社会经验中得到验证的解释模式转用于过去。这也是为什么历史学在大众中获得成功的原因之一:阅读一本历史著作并不需要任何特殊的才能。

显然,要有这种通过类比进行的推理,就必须有时间的连续性及其客观化。我们前文分析过的现在与过去之间的往复运动在此处就显得至关重要了。另一方面,这种推理是基于各个时代的人类之间具有深刻连续性这样一种公设。最后,它还诉诸对于社会中人类行

---

[22] 柯林武德在《历史的想象》第11页讨论了布莱德雷的这个观点,他批评其只从反面提出了真理的标准。

为与生命的一种先决经验。正是在这社会之中,人们找到了理解与直接经验之间的联系。

三 作为个人冒险的历史学

历史学与社会实践

的确,正是在此处,费弗尔对巴黎高师学生提出的建议——"亲历"——得到了证明,体现出其重要性。没有在社会中生活过,就不能理解历史。被困于荒岛上的鲁滨逊是没有能力来著史的。

我们在前文谈及历史学家的入世问题时,已经指出了社会行为与历史学之间的联系。我们提到,如果说研究共产党历史的前共产党员(或者现共产党员)明显有党同伐异的危险的话,他们却获得了与其主题之间的亲密无间。历史学家理解历史情景是从他所拥有的多种多样的社会行为这一经验出发的。

因此,历史学家的经验范围之开阔就相当重要:越开阔,历史学家理解各种历史情景的机会就越大。这可以证明,那些看上去让历史学家从其作坊里分心的经验是正当的,它们让历史学家在回到作坊时能更好地理解其研究对象。布洛赫1914—1918年间的战争经验,拉布鲁斯在社会主义运动方面的实践经验让这两位历史学家成为大师。主持部际会议比读《政府公告》(*Journal officiel*)更能理解政府的决议,如果我不曾为了寻找费加拉[23]而走遍阿尔及利亚的山地,我就永远不会真正理解1914年的战争。我们还可以举出更多的例子来说明,历史学家

---

[23] 费加拉(fellaghas)是阿尔及利亚或突尼斯反抗法国殖民统治,争取国家独立的游击队。——译注

通过其社会行为来进行理解。

可是，历史学家只活一次，而且其间会有许多时间在图书馆或档案馆里度过。他无法把部长、僧侣、骑士、银行家、农民、娼妓挨个儿当一遍；他无法把战争、饥荒、革命、危机、大发现挨个儿经历一遍。所以他不得不依仗他人的经验。这种间接的社会经验是某种委托代理，是通过朋友、熟人和目击者的叙事来完成。与企业领导一起参加一个晚会往往有助于对 18 世纪或 19 世纪资产阶级的理解，而仅仅在度假时到乡间别墅住上一阵的人永远也写不出优秀的农民史。政治人物回忆录的意义既在于其解释了体制的运作以及诸种力量之间的关系，也同样在于他们说出了自己的所作所为。由政治科学国家基金会（la Fondation nationale des sciences politiques）组织的关于布鲁姆[24]政府、维希以及达拉第[25]政府的研讨会的意义，正在于将目击者与历史学家两方面的解释进行比较对照。历史学家需要向导来引领他理解他未曾经历过的领域。

然而反过来，越是历史学家，就越能找到丰富的现实性，因为迁移可以在两个方向上进行，既能从现在到过去，也能从过去到现在。对过去的解释是基于与现在的类比，而过去也反过来滋养着对现实的解释。下文还会讲到，这正是历史学既应该教给儿童，也应该教给青少年的原因所在。

上文将历史学作为类比推理，作为一种或直接或间接的现实社会行为与过去诸种社会行为之间的来回往复来分析，我们由此可以理解历史学家关于人类与生活的话语。但还不止于此。

作为友情的历史学

在历史学中，理解，的确一直就是以某种方式通过运思来将自己置

---

[24] 布鲁姆（Léon Blum, 1872—1950），法国政治家。——译注

[25] 达拉第（Édouard Daladier, 1884—1970），法国政治家。——译注

于所要书写其历史的人的位置上。这就必须要敞开胸怀,投入关注,要有倾听的能力,这些可以从日常生活中开始学习。柯林武德说过,我们重新发现汉谟拉比或梭伦的思想,其方式和我们通过来信发现一位朋友的思想是一样的。[26] 马罗说得很有道理,将自己朋友说的话都理解"歪了"的人,不可能是优秀的历史学家。

亨利-伊雷内·马罗 | 作为倾听的历史学

……我们理解他者,只能经由其与我们的自我、与我们已获得的经验、与我们自身的思想风格或思想世界的相似之处。我们所能理解的,只能是在一定程度上已经属于我们,与我们亲如手足的;如果他者与我们完全不像,百分之百相异的话,我不知道何以可能理解他。

如果承认以上所说,那么我如果不努力与他人相会,暂时忘掉自己,就不会有对他人的认识……并非所有人都有这种禀赋;我们每个人在生活中都曾遇到某些人,他们看来就没有开放和倾听他人的能力(我们说这些人在别人跟他说话的时候根本就没在听):这样的人会成为很糟糕的历史学家。

这有时是因为精神狭隘以及由此而来的领悟力不足(我们不说自私自利:真正的自我中心主义要更加微妙);而最常见的原因是,这人被自己的思虑压垮,几乎拒绝享受敞开胸怀的那种快乐……历史学家会是……那些给自己的思想放假,准备去异地长途旅行的人,因为他知道,何种自我拓宽会带来一种绕道发现他人

---

[26]《历史的观念》,第218页。

之路的迂回。

——《论历史认识》，第 88—90 页。

然而，"好的"理解，即仅作理解，不作其他，这需要有与他人某种形式的默契和心心相印。必须能够进入他整个人之中，以他的眼光来看，以他的感觉来感受，以他的准则来评判。只有从内部才能有好的理解。如此这般发动领悟力，涉及了人心中最幽深的地带。我们无法对我们理解的人无动于衷。理解也是一种同情，一种感情。马罗甚至说："一种友情。"

亨利–伊雷内·马罗 | 作为友情的历史理解

如果像我们前文所说，理解真的就是自我与他人之间的辩证关系，那么要有理解，就必须在主体与客体，历史学家与资料（说得更准确些，是通过资料这种符号重又浮现出来的人）之间有兄弟般的心意相通作为一大基石：这种精神状态让我们与他人心连心，使我们能感受到他的激情，能从他的角度出发重新思考他的想法，总之与他人心意相通，如果没有这种精神状态，怎么来理解？在这里，甚至用同情这个词都不够了：如果历史学家想要理解的话，那么在他与他的对象之间，应该结成一种友情，因为圣奥古斯丁说得好："如果不通过友情，我们对任何人都无从认识"——*nemo nisi per amicitiam cognoscitur*。

——《论历史认识》，第 98 页。

除了显然受到基督教人文主义的启发之外(这种基督教人文主义本身也已过时),这段文字还使我们注意到一个关键之处。它说,历史学家不可能完全冷漠、超然、不动感情。历史学家不可能无动于衷,否则就会写出死气沉沉的历史,这种历史什么都理解不了,也不会有谁对它感兴趣。历史学家与他所研究的人物长期交往,他无法不对他们产生同情或者爱意,即使有时候这爱意会受挫。我们的历史是一种生气勃勃的历史,其中有一部分是不可磨灭的情感。由此引发三个问题。

第一个是历史理解的道德界限。贝林说,"深入地、带有同情地解释至少在暗中是一种原谅",他以杰斐逊和美国宪法的制订者为例:这些人没有释放他们的奴隶,也没有将废除奴隶制写入宪法,他们自有其可以理解的理由,然而"试图理解这些理由就是在予以原谅"。[27] 当涉及像集中营这样残暴和罪恶的事情时,上述说法就更有道理了。按照普里莫·莱维的说法,我实在想不出,如何能理解希特勒:

> 理解,差不多也就是辩白,由此看来,或许过去发生的事情有可能无法理解,甚至不应该被理解。实际上,"理解"某人的决定或行为,也就是将这决定或行为放到自己身上,将要对此负责的人置于自己身上,把自己放到他的位置,认同于他(这是"理解"一词在词源上的本义)。那么,绝没有一个正常人能够认同于希特勒、希姆莱、戈培尔、艾希曼,等等。……我们不再能理解他们说过的话——以及,唉,做过的事——也许这是好事。那是一些非人类的,或者更准确地说,是史无前例反人类的言行。[28]

---

[27] 贝林:《论历史教学与历史写作》,第58页。

[28] 普里莫·莱维(Primo Levi),1976年为《如果这是一个人》教材版所写的附言(*Si c'est un homme*, Paris, Julliard, 1995,第261页)。

从这种意义上来说,如果不另辟蹊径,用理解之外的方法,那么就不可能写出纳粹主义史,因为对历史学家来说,理解纳粹主义,也就是以某种方式将自己放到希特勒的位置上去,认同于他。都没有谁敢动这个念头……

第二个问题是客观性,或者更准确地说,不偏不倚。下文还会讲到这一点。此处我们只提历史学家在有义务深刻理解他所分析的伙伴和情景的同时,也有保持头脑清醒的义务:无套裤汉与流亡贵族;前方士兵、参谋部与后方。历史学家的理解包罗万象,这使他能够保持必要的距离,其分析的价值也以此为基础。

最后一个问题无疑更困难:调换位置的正当性。将自己放在被研究者的位置上,这很好,但如何保证做到这一点?理解是不牢靠的:永远无法确定是否被恰当地理解。有多少坦率、充分的解释引起了误解?这个问题在日常生活中就已经很可怕,到了历史学中,因为又有了时间的间隔而更严重了。将我们,身处我们这个世纪的我们,放到中世纪,或者仅仅是1930年代的人的位置上,我们难道不会有误入歧途的危险?费弗尔早就警惕"心理上的年代错乱,这是最糟糕,也最险诈的"。[29]

> 因为有一个历史心理学的特殊问题。心理学家在其论文和著作中向我们诉说"人类"的感情、决定和推理——实际上他们所说的,是我们的感情、我们的决定和我们的推理。是在向我们这些出自悠久文化,熔铸成诸多群体的西欧白人讲述我们生来注定的命运。然而,为了解释过往人们的思维方式,我们历史学家能借助一种源自对20世纪人们的观察的心理学么?[30]

---

[29] 《为历史学战斗》,第218页。
[30] 同上书,第213页。

实际上在说自己,还以为是在让过去的人说话,这就是危险所在。但这是一种危险,还是构成所有历史学的基本组成部分?

作为自我史的历史

历史学家为了让自己处于他人的位置而在运思上做出的所有努力,都改变不了,他实际上还是他自己。不管他怎么努力理解,他永远不会是别人。他在自己的精神中重新思考、重新构建人类集体的经验,他由此将之著成历史。他所展示的,并不是他在资料中追踪的那些或卑微或显赫的人们的思想、感受、情感和动机。而是他自己的思想,是他自己重新表现过去的方式。历史学就是由历史学家来对那些过去他人已经思考过、体会过、做过的,在现在重新思考、重新激活、重新做。不管历史学家怎么做,他都不能从自己那里抽身而出。

柯林武德对这一点的强调很在理。对历史学家来说,他所研究其历史的那些活动不是去观看的景观,而是要在自己的心灵中予以彻底复活的经验,"经验"在此处的意思非常广,指那些被经历过、体会过和思考过的东西。这些活动是客观的,即通过他来认识的,而这仅仅是因为它们也是主观的,因为它们是他自己的活动。[31] 对他来说,历史学既是对过去,也是对现在的认识。它是"有关在现在之中的过去的知识,是历史学家自己心灵的自我知识之作为过去的经验而在现在的复活和再生"。[32] 从这种意义上说,除了被历史学家在现在思考的东西之外别无历史。

---

[31]《历史的观念》,第218页。

[32] 同上书,第175页。我的翻译比不上原文:历史学"is the knowlege of the past in the present, the self-knowledge of the historian's own mind as the present revival and reliving of past experiences"。(译文引自中译本第250—251页。——译注)

罗宾·乔治·柯林武德 | 除了被思考的东西之外别无历史

如果我们提出这一问题:对于什么东西才能有历史知识?答案就是:对于那种能在历史学家的心灵里加以重演(re-enacted)的东西。首先是,这必须是经验。对于那不是经验而只是经验的单纯对象的东西,就不可能有历史。因此,就没有、而且也不可能有自然界的历史——不论是科学家所知觉的还是所思想的自然界的历史。

……历史学家所研究的是某种思想,而要研究它就包括要在他自己身上重演它;并且为了使它得以出现在他自己思想的直接性之中,他的思想就必须仿佛是预先就已经适合于成为它的主人。

如果历史学家……试图掌握他本人所无法钻进去的那种思想的历史,那么他就不是在写它的历史,而是仅仅在重复那些记录了其发展的外部事实的陈述了:姓名和日期,以及现成的描述性的词句。这样的重复或许可以很有用,但却并非因为它们是历史。它们都是些枯骨,但也可能有朝一日会成为历史的——当什么人有能力把它们用既是他自己的、而又是它们的思想的血肉装饰起来的时候。这只是在以一种方式说,历史学家的思想必须渊源于他全部经验的有机同一体,而且必须是他整个的人格及其实践的和理论的兴趣的一种功能。

——《历史的观念》,第 302—305 页 [33]

---

[33] 译文引自中译本第 415—420 页。——译注

从这种意义上来看，我们可以说，所有的历史都是对自我的认识：self-knowledge。认识过去也是一种中介，历史学家通过它来追寻自己。在他生命中某个阶段不感兴趣的历史会让另一阶段的他着迷，以前不明白的，后来能理解。那些关于自我—历史的试笔自有其意义，但关于这些历史学家，还是看他们的著作能得到更多东西。绕了一个弯子之后，我们在这里又听到了米什莱的话：历史学家是他著作的儿子。

但在历史学家发现自己的同时，他也发现，他能够将自己放到无数不同人的位置上去。可以说，他将处于众多情境当中的相当大一部分人类成员集于自己一身。如果历史学不是这样结合了对自我的深入与对他人的发现，那么它就不会如此迷人。

罗宾·乔治·柯林武德｜对自我的认识与对人类世界事务的认识

历史学家通过历史探究而获得的关于环境的知识就不是那种与他关于自身的知识相对立的知识，而既是关于环境的知识，同时也是关于他自身的知识。重新想他人之所想，他自己也就思想了他人的思想；知道了他人思想过的那一思想，他因此知道自己能够思想那一思想；发现自己能做什么就是发现自己是一个什么样的人；如果他通过重新思想而懂得了许多不同类型的人的思想，那么他必定是具有多种类型特征的人，他实际上就是他所了解的那些历史的缩影。因此，他的自知同时也就是对人类事务的认识。

——《自传》,第114—115页。[34]

我们应该再回到历史学方法中"能理解"的这一面相:实际上,它需要不那么直觉、更为理性和确凿的元素来予以平衡。这不是历史学的全部。但它是构成历史学的一个基本部分。它给解释赋予了热与生命。

---

[34] 译文引自《柯林武德自传》,陈静译,北京大学出版社,2005年,第107—108页。——译注

第八讲　想象与归因

理解使想象在历史构建中处于至关重要的位置。将现实中经过检验的解释模式迁移至历史情境，让自己处于研究对象的位置上，这也就是对情境和人物进行想象。为了说明这一点，柯林武德举了一个例子，有人某天晚上邀请一个朋友共进晚餐，几分钟之后，他想到这位朋友；他想象将朋友领上房子的台阶，想象在口袋里摸钥匙。他在这样想象的时候，就与历史学家构建历史时所做的一般无二。

这种说法一点都不新鲜。通常人们说瑟诺博司对于确定性的看法要更为天真，可就是这样一位历史学家也早就注意到：

夏尔·瑟诺博司 | 不得不想象……

在社会科学中，我们实际上不是在现实的对象上，而是在我们根据对象所做出的表象上进行操作。我们看不见我们清查的人类、动物和房屋，看不见我们描述的制度。我们不得不对要研究的人类、物品、行为、动机**进行想象**。社会科学的实际材料正是这些意象；我们对之进行分析的也正是这些意象。有些意象可能是对我们个人观察过的物品的回忆；但回忆已经仅仅不过是一个意象。此外，大多数意象甚至不是通过回忆获得，而是我

> 们根据回忆的**意象**创造出来的,也就是说通过与由回忆获得的意象进行类比而得出来的。……要描述一个工会的运转,我们要设想其成员的行为与活动。
>
> ——《应用于社会科学的历史学方法》,第118页。

瑟诺博司的用语与柯林武德不同,但他说的意思是一样的。如果想象只是在构建历史事实的过程中发挥作用,那我们再来谈这一点就徒劳无益。然而,正是想象主宰着对原因的寻求,主宰着人们常常称之为历史解释的东西(这里说的"解释"不再是前一讲里那种与理解相对的"科学"解释,而是具有更广泛的含义)。

一 寻求原因

原因与条件

我们可以来谈谈寻求原因在历史学中所具有的重要性。但我们不采用定于一尊的视角;我们志在分析历史学研究通常是怎样进行,而不是说出历史学必须是什么样子。在历史学中除了重建因果关系之外还有其他形式的可理解性,但我们还是必须得指出,历史学家着实花了许多时间来寻找他们所研究事件的原因,并确定其中哪些最为重要。产生纳粹主义的原因是什么?1914年战争爆发的原因是什么?造成恐怖统治的原因是什么?罗马帝国覆亡的原因是什么?历史学争论正是围绕着诸如此类的问题展开。

要理解历史学家在说原因时指的是什么,我们必须做一些区分,因为原因与原因也有不同。

表面原因常常被与深层原因相对,这与套接在一起的多种时间性相关:深层原因更难察觉、更广泛、更全面,也更重要;对于事件来说,其分量更重;比之表面原因,深层原因可以说更加"原因"。这就涉及原因的等级,而在科学领域,完全没有这一问题:按照决定论的逻辑,要么是原因,要么就不是,原因不能有一点儿和很多之别。显然,这个词在两个领域的意思不尽相同。

也许分出目的原因、物质原因和偶然原因要更清楚些。目的原因属于意图,属于经过理性评判过的行为,也就是说属于理解,它可能像韦伯那样,区分出由是否恰当决定的客观合理性和由目的决定的主观合理性(参见边码第156页)。物质原因与目的原因不同,它是对事件或历史情境做出解释的客观环境:歉收,面包价格高等等。说它们是条件也许比说原因要更恰当一些:它们没有在严格意义上决定事件或情境,它们并没有使之不可避免地发生,然而我们可以认为,没有它们,就不会产生事件或情境。这些条件使之有可能,甚至是很可能发生。偶然原因总是有点巧合,无论如何,它们是偶发的,它们的作用像是电门开关。它们解释了由物质原因引发的事件何以恰恰在某一时刻或恰恰以某一形式发生。这里援引一个著名的例证,说其著名,是因为它由瑟诺博司提出,而后西米安又重拾这一例证,发挥出截然相反的意思来反驳瑟诺博司,再后来布洛赫也举了这个例子:在煤矿爆炸中,使火药爆炸的火星是偶然原因;另外有一些物质原因:凿开的炮眼,炮眼周边紧密的岩石,装填的火药。[1] 还可以加上目的原因:某人决定炸掉煤矿的理由,例如要拓宽一条道路。

---

[1] 瑟诺博司:《应用于社会科学的历史学方法》,第270页;弗朗索瓦·西米安:《历史学方法与社会科学》,第93页;布洛赫:《为历史学辩护》,第48页。

在某种意义上，这种研究，这种将原因分出等级的做法，使得历史学向科学靠拢：在这里，我们远离同情的理解或浪漫主义的直觉，而进入了推理、论证的智识领域。此处，有一个第二阶段，它与第一阶段迥然不同，至少初步分析时是这样的。对历史现象的理解、解释与对文本的理解、解释并非毫无可比之处。利科说过[2]，将通过直觉与心领神会得来的对文本的直接理解，与对文本的结构分析这二者对立起来是虚妄的，因为，没有分析怎么能确保充分理解？而如果没有什么可待理解的话，又为何要做出分析？同样，在历史学中，光有理解是不够的，如果我们对从理解出发构建一种更为系统的解释（分析初始情况，确定各种因素，考虑诸种原因）毫不在乎，理解就有出错的危险。

这样援引理性解释，缩小了历史学与科学之间的差距。当然，科学中有规律，而历史学中没有，但所有规律都服从于有效性条件。化学反应受制于温度与压力的条件。历史学的性质使它不可能具有规律？还是限制它的有效性条件数量众多、过于复杂又互相依存，使得我们无法理清头绪？或许我们可以设想，将来会有一种更完满、更完善的历史学，它能够迈入科学的行列之中。布洛赫正是在这层含义上说历史学是"尚处童年的"科学的。

然而，我们应该拒绝这种幻想。理由至少有两个。第一个理由在上一讲中已经谈了很多：作为历史学对象的人类行为属于意义的领域，而不是科学的领域。第二个理由同样有力：在历史学中，错综缠绕的原因是无限复杂的。即使是一个完美的、全知全能的历史学家也无法将之梳理得一清二楚。无尽的复杂性乃是构成历史学对象的一部分。韦伯说："即使是对实在中最微小碎片的描述也永远无法被详尽无遗地

---

[2] 保罗·利科：《解释与理解》。

思考。决定任何一件独特事件的原因的数量和性质总是无穷的……"[3]

因此,我们就处于一种中间状态。历史无法完全解释,但也是可以解释的。如果历史能完满解释的话,那它就是可以全然预见的了。然而,历史既非完全确定,也不是完全偶然。并不是什么事情都有可能发生,费尽心思的历史学家可以在某种程度上预见未来的事件,但不能预见得很精准。建立在预判基础上并给偶然性留有余地的预测并非不可能。"有可能对于将要发生的事情做出预言,只要不是想面面俱到、巨细无遗地预测就行。"施泰因(Stein)在1850年这样说道,他对普鲁士宪政演变的预测已被历史证实。[4] 然而历史学家有时也会出错:将东欧的社会主义体制描绘成绝对稳定结构的历史学家不知凡几,而柏林墙却已然倒下……在日常生活经验中,绝对的确定与纯粹的偶然并非泾渭分明,而是以多种多样的方式混合在一起,从确凿的可预见性,经过各种程度的很可能、可能,直到不可预见性,各种成色的混合都有。

正是因为这一情况,梳理纠缠在一起的各色原因的历史解释就具有了某些特性,这些特性使得历史解释成为一种特殊的运思。

倒推

一方面,正如拉孔布在19世纪末时强调的那样,历史学从结果回溯至原因,而科学则从原因向下至结果。科学工作者看重试验的可重复性,其意义就在这里:根据同样的试验程序聚集在一起的同样原因引发了同样的

---

[3] 韦伯:《论科学的理论》,第162页。

[4] 科泽勒克:《洛伦兹·冯·施泰因在其关于普鲁士宪法的著作中的历史预测》(Le pronostic historique dans l'ouvrage de Lorenz von Stein sur la Constitution prussienne),《过去的未来》,第81—95页。

结果。而历史学只有每次都不一样的结果,它试图追溯至源头。它是倒推(Rétrodiction)的。

保罗·拉孔布 | 从偶然到确定

……一个现象有另一个现象作为其原因,这个现象必定在它之前发生。如果一个在后现象的发生不需要另一个现象在其之前发生,那么我们不会想到将后者视为原因。

与必然在先的观念如影随形般联系在一起的,是或多或少具有必然性的序列的观念。我们设想,第一项发生,第二项也就会出现;原因有了之后,我们就期待结果,但此处不再有涉及原因在先时那同样的笃定。

经验告诉我们,实际上序列并不总被控制得死死的。在这个前项作用于后项的受约束的空间内,我们看到了无限的等级:从完全不可避免,到很可能,再到可能之间有无限层次。

当结果在我们看来肯定追随其原因之后,那我们就说它是确定的;当原因出现,而结果却可以不出现,那我们就说它是偶然的。与我们相关的是两个主观的词,它们既反映了智识上的感受,也反映了道德上的感受;……这两个词一点都不绝对;在自然当中确定和偶然没有截然分为两橛,而是我们有一种渐变的感受;我们将确定与偶然相对,就像我们讲冷和热一样。

……至此,我们一直用的是"原因"这个词。我们可以用"条件"。所有我们称之为一个结果的原因的东西构成使这个结果产生的条件。一个条件能够以一种绝对的方式使它对于结果来说必不可少;这个条件不满足,结果就不可能发生;然而另一方面,如果条件满足了,也可能结果的发生会无限推迟;因此这是产生结果必须具备的条件;但它不完全决定结果。

——《论被看作科学的历史学》,第250—251页。

175　　倒推蕴含着一种在两个方向上都能游走的时间,下文还会讲到这一点。倒推给历史学中对原因的追寻赋予了一种稳定,一种不可低估的力量:终点给定,历史学家的工作从此处开始。进行荒唐的智识构建的危险没有因此完全排除,但至少被大大减小了。历史学家可以提出对于法国大革命的所有可能的解说;无论如何,这些解释有一个必定趋向的共同的不变量:法国大革命本身。控制住胡思乱想的正是它。

上述说法并非无稽之谈,因为在寻求原因时,历史学家大大调动了其想象。

二　想象的经验

用"如果"来写历史

人们常常一再重申,写史不用"如果"。但实际上恰恰相反!

当然,历史只有一个:它已经过去,幻想着过去的事物是另一番模样,这样做一无是处(至少人们是这样以为)。乍看上去,想象法国大革命未曾发生,法国在1940年没有战败,铁路没有发明出来,或者罗马帝国没有种植过葡萄,这些都是徒劳无益的。写历史不用"如果",人们这么说是要让那些想逃避现实的人重新面对现实。后文一会儿还要提到,这是必不可少的调节功能。

但是,这种要一再予以警惕的特征迫使我们要进行一番考察:在这里难道没有一种内在于历史学活动之中的永恒诱惑么?如果我们不想想,过去的事物是否能以别样的情形发生,那我们能够理解它们何以是如此发生的么?的确,想象另一种历史是找到实际历史的原因的唯一途径。

新经济史学派(New Economic History)的美国历史学家甚至已经将这种方法系统化。为了估量铁路对美国经济增长的影响,他们重新建构了在那个时代如果没有铁路会有怎样的演变。[5] 另有一些历史学家重建了俄罗斯自1918年来的经济增长模型,他们的出发点是假设这不是社会主义经济,也就是假设苏维埃革命失败。

法国历史学家仍普遍对这种方法有所保留。反事实的构建在他们看来太过冒险。确实,前面提到的这些例子中有相当多的变量在起作用,这些变量之间的组合也部分地出于偶然。但这种方法本身是完全正当的。我举一个在我看来不容辩驳的例证予以说明。

研究第一次世界大战史和法国人口史的历史学家习惯于在估计战争损失时,除了纯粹因交战而损失的人口,还要算上他们所说的"超高的平民死亡"。战争给人们带来了有害的影响,食品匮乏,1916—1917年间的严冬里煤炭不足;这些糟糕的生活条件使得平民的人口死亡比和平时期要多很多。将这种"超高死亡"算进战争伤亡中看似是合乎逻辑的。

上述分析的第一个错误在于,它将死于1918年西班牙流感的人口

---

[5] 罗伯特·福格尔:《铁路与美国经济增长:论计量经济史》(Robert Fogel, *Railroads and American Economic Growth: Essays in Econometric History*, The Johns Hopkins Press, 1964)。

也算了进来。然而没有人能肯定这次流感是因为战争而起的,因为它也波及中立国,并且在大战结束之后还时有发生。

第二个错误在于其推理的不确切。实际上,"超高的平民死亡"这一想法已经意味着一种反事实的分析:谈超高死亡,就要将实际死亡人口与如果没有战争的话会有多少人逝世进行比较。然而,这一反事实的历史学没有意识到自己是反事实的,所以它也就没有将自己的假设予以形式化,这使它无法对这些假设进行验证。

那就让我们来试着验证一下[6]。众所周知,我们可以对不同性别和不同年龄阶段的死亡人口做出统计。为了不让瑟诺博司难过,我们稍微做点考证,结果是,不应对男性死亡人口进行分析,因为很难将战争致死的男性排除掉,另外,这部分人口在某些年龄段中所占比重极大,使得任何比较都无法进行。所以我们只考察女性死亡人口。由此可以看出过去历史的真实面貌。

要将女性实际死亡人口与如果没有战争会有多少女性死亡进行比较,我们必须估计出,如果一切正常的话,各年龄段的女性中每年有多少人去世;这是一个反事实的假设。我们完全有可能计算出这种"理论上的"死亡人口:在战前和战后不同性别和不同年龄段人口的死亡率我们是知道的。我们假设,正在进行中的人口演变过程没有战争的干扰而继续进行,这样我们就得到了战争期间"理论上的"人口死亡率。将这一比率用于已知的女性人口,我们就得到了"理论上的"女性死亡人口。比较因此成为可能。

结果是惊人的:在 1915 年、1916 年和 1917 年这三年中,实际死

---

[6] 我们此处采用剑桥大学彭布罗克学院(Pembroke College)杰伊·温特博士(Dr. Jay Winter)的未刊研究成果。

的女性比如果没有战争,而其他一切正常的情况下女性死亡人口要少。不仅没有"超高死亡",而且恰恰相反,应该说有一种"超低的平民死亡"。对英国的分析结果与此类似,而德国的情况则相反。由此我们可以得出结论,协约国在一战期间成功地确保了平民的生活水准,而德国当局则绝对没有做到这一点。这在很大程度上促使德国社会于1918年崩解,促使莱茵河彼岸在一战末期发生了数次进行革命的尝试。

上文详细地援引了这一例证,不仅仅是因为它本身的意义,还因为在其演算之中蕴含着一种形式化过程;从这个例证中可以清楚地看到一种反事实的思维方法,它在所有的历史学中都可以找到,只不过其不那么自觉罢了。

想象的经验

实际上,所有的历史学都是反事实的。要确定因果关系,办法只有一个,那就是在想象中置身于过去并考虑、假设这个或那个单独列出的因素不一样了,那么事情的发展还会不会一样。就像拉孔布早在一个世纪之前就强调的那样,想象的经验是历史学中唯一可能的经验。

保罗·拉孔布 | 历史学中想象的经验

在这里,我必须就一种经验说几句,它是历史学中唯一可能的经验:想象的经验。通过运思,强行赋予过去的一系列事件以不同于其实际的面貌,例如,在想象中重来一次法国大革命。有许多人觉得这样做是徒劳的,甚至可能是危险的。我不这么觉得。有一种趋势裹挟着我们每个人,使我们相信,历史事件只能是它已经发生过的那个样子,不可能有另一番景象,我看在这种趋势中才有更真实的危险。与之相反,应该让自己感到历史事件其实并没有稳定下来。对历史做别样的想象,让它在开始时并不受制于结局。

——《论被看作科学的历史学》,第63—64页。

哲学家通常从最经典的叙事史那里借用例证,以此为起点来着手研究这个问题。马克斯·韦伯思考过俾斯麦在奥地利与普鲁士1866年战争的爆发中所扮演的角色[7],雷蒙·阿隆又重新援用这个例子来十分细致地分析历史学家所进行的操作。

雷蒙·阿隆 | 衡量原因……

如果我说,俾斯麦的决定是1866年战争的原因,……那么我的意思就是,没有这位宰相的这个决定的话,战争就不会爆发(或者至少不会在那一刻爆发)……实际的因果关系只有通过与诸多可能性进行比较才被确定。**所有的历史学家为了解释过去实际发生过的事情,都在思考过去可能发生的事情**。理论仅仅是给这种**普通人**自发的实践赋予逻辑的形式。

如果我们寻求一个现象的原因,那我们不仅仅是将之前的现象相加或归拢在一起。我们还是在尽力**衡量**每一个的影响。要进行这种区分,我们通过运思,从之前的诸多现象中拿出一个来,我

---

[7] 马克斯·韦伯自己也是在重新谈论爱德华·梅耶尔(Édouard Meyer)用过的例证,后者在《论历史学的理论与方法》(*Zur Theorie und Methodik der Geschichte*, Halle, 1902)一书中认为,1866年战争是由俾斯麦的一个决定引起的结果。参见《论科学的理论》中对这一问题的所有讨论,第290页以下。

们强行让它消失或者改变,我们努力构建或想象在这种假设中会发生什么事情。如果我们必须得承认,没有这个之前的现象(或者这个现象有所不同),所研究的那个现象就会是另一副样子的话,那我们就得出结论说,这个之前的现象是结果现象的一部分(即我们已认定会被改变的那部分)的原因**之一**……

从逻辑上看,这种研究于是包含以下操作:第一步,分割结果现象;第二步,对之前的现象进行区分,并从中分离出一个我们想要评估其效力的现象;第三步,建构非现实的演变;第四步,将头脑中的意象与实际事件进行比较。

让我们暂时设想……在社会学中,我们的总体认识可以进行非现实的建构。那么其方式是怎样的?韦伯回答说:这将涉及**客观的可能性**,换言之,即与已知的,但只是**很可能的**总体相符合的连续性。

——《历史哲学导论》,第 164 页。

在这一叙事例证之外,上述分析还有更普遍的意义:"所有历史学家为了解释过去实际发生过的事情,都在思考过去可能发生的事情。"实际上,不管研究的历史学问题是什么,都是同一种思想方法在运作:"实际的因果关系只有通过与诸多可能性进行比较才被确定。"

举例来说,如果我们考察法国大革命的原因,并想要分别衡量经济因素(18 世纪末法国经济危机、1788 年歉收)、社会因素(资产阶级兴起、贵族的反应)和政治因素(君主制的财政危机、杜尔哥被免职)等等的重要性,那办法只有一个,就是一个个考察这些各不相同的原因,将其设想成另外的样子,然后试着想象接下来会有怎样的演变。

正如韦伯所说:"要厘清现实的因果关系,我们就构建非现实的因果关系。"[8]对历史学家来说,这种"想象的经验"不仅是确定原因,而且是**厘清**原因、**衡量**原因的唯一途径(这两个词借用自韦伯和阿隆)。也就是说给原因分出等级。

想象的经验在构建历史解释中扮演着决定性的角色,因此我们必须考察使其成为可能的条件。

三 归因的基础与蕴涵

过去、现在与过去的未来

首先,想象的经验基于对时间的操控。为找到现实演变的原因而构建非现实的演变,这当中就蕴含着在时间上保持距离,蕴含着一种对时间的重构。我们已经对历史学特有的时间性形式做了很多分析,我们强调了,历史学家在这种延伸至现在的过去的时间中是于两个方向上游走,既顺流而下,又逆流而上。正是在现在与过去之间,以及在过去不同时刻之间这种持续的来回往复之中,构建出了历史学。追寻原因,就是通过想象在时间中游走。

此外,这种追寻本身就与时间有关:在历史学家想要衡量其重要性的诸多原因中,必然会有时间太长或时间太短这两个因素。如果美国人迟些参战的话,德国在1918年还会失败吗?如果沙皇俄国没有卷进1914年的战争,一种农村资产阶级的政体能给宪政体制提供足够的社会基础吗?

---

[8] 利科在《时间与叙事》第一卷第328页中引用。

历史学家在时间中游走，他置身于这样一个时刻，在那里，过去的人们根据他们自己的过去，在现在预见未来。历史学家通过想象，重构了一个像是虚拟现在的过去时刻，他根据这个虚拟现在，重新界定出一个过去和未来。他的过去是有着三种维度的时间。

然而这种过去的过去和过去的未来并不具有同样的构造。科泽勒克借助两个并非对称的概念来表示这种区别：经验场和待候线。[9] 过去人们的经验场对他们来说，是他们的过去的呈现，呈现的方式是这种过去对他们来说曾经就是当前。它既是理性，也是非理性的，既是个人，也是个人之间的。它跨过了编年史，越过了整段的时间，因为和我们一样，过去的人们也将他们自己过去中的某些元素擦除，以突显出另一些元素。待候线对他们来说是未来的呈现：这条线从不像历史学家在今天所能够见到的那样整个展露出来，但是它能够通过一些连续的元素被具体地了解：要揭示它，过去的人们必须等候。这种过去的未来是预见，是别样的可能，是希冀和畏惧。

对时间如此操控大有益处，也大有风险。益处在于历史学家处于他所研究的时间或情境之后。因此他知道实际中是如何演变。正是这种对于之后演变（相对于所研究的过去来说）的认识，让事实具有了历史特性。正像学生们所明了于心的，在"值得记忆""值得详细讲述"的意义上，"历史的"事件是那些带来后果的事件。去杂货店买个罐头并不是一件历史事实。事实必须具有引发某种变动的能力，才能成为历史的。[10] 可以说，历史学家"超前于"他所研究的时间。他能够确凿

---

[9] 科泽勒克：《经验场与待候线》(Champ d'expérience et horizon d'attente)，《过去的未来》，第307—329页。

[10] 参见萨顿-洛捷：《熟记的历史学，归为己有的历史学》，第三章。

地判断将会发生什么,因为其已经发生。他轻易地,甚至是太过轻易地辨别出重要事件。这也就是布罗代尔所说的"我们这个行当躲都躲不掉的便利"。

我们难道不能一下就从历史情境中得出对它未来变化来说的实质么?在诸种力量之中,我们知道哪些会占上风,我们提前辨别出重要事件,"那些会带来后果"的事件,未来将最终交付给它们。巨大的特权!在混杂着现实生活的事实中,有谁能如此确定地从转瞬即逝中辨别出持久恒长?[11]

"明显和危险的简化",布罗代尔在别处又这样说道。[12] 这种好运实际上又与一种巨大的风险密不可分。回过头认识对于过去人们来说的未来,实际上会有扭曲待候线的重建、将其缩窄的危险,历史学家甚至会因此无视情境中所隐藏的可能性。

有关1940年法国战争的历史就是一个很好的例证。战败是一个来得如此之快、规模如此之大的事件,历史学家被溃败的景象震惊,或许也因法兰西的崩溃而备受创伤,所以他们在书写从德军突破阿登高原到请求停战这五个星期的历史时,往往将其写成一出结局无可避免的古代悲剧。然而,1940年5月初法国人的待候线是与一个经验场紧密联系的,在这个经验场中,闪耀着马恩河战役以及经过漫长等待才到来的胜利的光芒,在如此待候线中,战败只不过是诸多可能性中的一

---

[11] 布罗代尔在法兰西学院的就职演讲,《论历史》,第30页。此处引用的文字特别有价值,因为这段文字布罗代尔一字不变地写过两次,第一次是在1950年的这堂课上,第二次也是在1950年,出现在《经济杂志》(Revue économique)的一篇文章中,这篇文章收录于《论历史》,第123—133页。

[12] 在关于长时段那篇名文中,同上书,第58页。

种,既不确定,也非不可避免。得等上半个世纪,才会有一部注重资料的史书(由一名抵抗运动成员所作)指出,法国军队在1940年5月损失的10万人从比例上来说已经超过了凡尔登战役,5月底试图在索姆河重整旗鼓时,军队的士气曾一度重新振作起来。考虑到当时的诸种力量,以及那时武器装备的生产速度(5月份时,尽管受战争影响,法国生产的坦克仍比德国要多),战败并非不可避免。[13]

这表明,历史学家不乱去自我查禁,不将其诸多假设缩小至他因为在事件之后而有机会知道的演变,这是何等重要。构建非现实的演变是"避免**命定这种回溯性幻念**的唯一途径"。[14]

客观存在的可能性、或然、命定

此处,我们到了历史学家这个行当的核心部分,到了其最敏感的一点。这种或然的想象构建,实际上就使历史学能在对行动者的自由及未来的不可预见性,与突显制约其行动的诸种原因并分出等级之间进行调和。

继阿隆之后,利科也着重强调了这两点。在过去的待候线中重建客观存在的可能性(这些可能性只是程度不同地有可能实现),这并不是一种让历史学家能在其叙述中引入"悬念"元素的文学手法;它首先是对事件那根本性的不确定予以尊重。

---

[13] 这个例证我只一带而过,对其细节感兴趣的读者可以参看让-路易·克雷米厄-布里拉克的《1940年的法国人》(Jean-Louis Crémieux-Brilhac, *Les Français de l'an quarante*, Paris, Gallimard, 1990, 2 vol)。让-皮埃尔·阿泽马(Jean-Pierre Azéma)在《出生与死亡:第三共和国》(*Naissance et Mort. La Troisième République*, Paris, Calmann-Lévy, 1970,与米歇尔·维诺克合著)中很小心地在讲述1940年的战争时让自己显出不知道战争结局的样子,可他却不掌握此后让-路易·克雷米厄-布里拉克花费10年工夫梳理的档案成果。

[14] 阿隆:《历史意识的诸种维度》,第186—187页。黑体为阿隆所加。

保罗·利科 | 尊重事件的不确定

……回溯性或然这种逻辑带有一种明确的含义,这种含义使我们的考察直接对历史的时间性产生兴趣。阿隆说:"历史学家进行因果关系的调查,其意义更在于保持或恢复过去之未来的不确定,而不是描绘历史大势"(第181—182页)。他还说:"非现实的构建应该是科学中不可分割的一部分,即使它不过是在两可之间,因为它是避免**命定这种回溯性幻念**的唯一途径"(第186—187页)。这如何可能?应该要明白,历史学家通过运思,在想象中让之前的事情消失或改变,然后努力构建出如此假设下会发生的情况,这种想象具有超出认识论的意义。在此处,历史学家像个叙事者,他通过一种虚拟的现在重新界定时间的三个维度。他幻想别样的事件,用乌有之时(uchronie)来对抗完结的迷惑。于是,回溯性地估量诸种可能性具有了一种超过其纯粹认识论含义的道德、政治含义:它让历史著作的读者想到"历史学家的过去是历史人物的未来"(第187页)。因果解释具有或然这一特性,由此它将不可预见性整合进了过去,这种不可预见性是未来的标志,并将事件的不确定性引入回溯。

——《时间与叙事》,第一卷,第331—332页。

就这样,尊重未来之不可预见的道德和政治教训也就是自由的教训。柯林武德在其唯心论哲学的框架内,用看似矛盾的方式主张说,如果不同时发现人是自由的,就不能发现历史是一门自律的科学。[15] 他触及了根本之处:只要尊重事件的不确定性,那么就正是历史学使我们既能顾及人类的自由,同时又能顾及情境的束缚。

同时,重建本会发生的可能的未来,这是发现历史中的原因并将之分出等级的唯一途径。此处所诉诸的想象并不是胡思乱想。它所创造的非现实构建固然是虚构,然而却与谵妄和梦幻毫无干系。这些构建稳稳地扎根于现实,处于历史学家重建出来的事实之中。1940年5月前线有可能会稳定下来,这个假设是基于对法国指挥部在撤下甘末林(Gamelin)换上魏刚(Weygan)期间损失的时间的分析,是基于对德军后勤困难的认识,是基于双方拥有的装甲力量。这个假设是富有成效的,这一点非常清楚:它通过对比,在战败的诸多原因中突显出军人所犯的错误以及使用装甲部队的理念。其问题的指向是法国空军在数量与质量上的劣势。想象的经验就是在别样的假设指引下进行盘点清查。

另外,植根于现实之中、构建出来的非现实演变还考察历史学家所能够知道的所有社会规则,考察韦伯所说的"经验的准则",即人对于给定情境所习惯做出的反应方式。有时候这涉及生活教给他以及他经由自己的社会行为而发现的那些东西;有时候这是历史学与社会学的功劳。无论如何,它借鉴过去的事情,并动用多种认识;而不是由什么好侦探的"嗅觉"来指引。正是付出了这种代价,而且也仅仅是付出了这种代价,它至少达到了阿隆所说的"两可之间"。

---

[15]《历史的观念》,第315页以下。对柯林武德来说,人当然并不自由于情境;然而情境只是作为被人思考的情境而存在,只是因为人思考情境,人构建情境,人是自由的,所以情境才存在。

想象的经验就这样在现实中扎根,并使自己具备了一种社会知识,它引导历史学家确定过去之中的可能性,这些可能性是客观存在的,但却未曾实现,因此它们不是必然的,而只是或然的。认定每种客观存在可能性的恰当的可能程度,也就建立起诸种原因之间的等级[16],在历史学家这个行当中,此处是个难点。

此处也是要害所在,历史学家对此一清二楚,在他指出这些可能程度大小不一、客观存在的可能性时,他并不要求读者听他一说就相信。他觉得必须逐一考量,用利科的话来说,"对于某个事件过程来说,他坚持认为其充分的原因是**这种而不是那种**因素",对此他觉得必须"给出理由"。他必须提出论据,"因为他知道,人们可以有别样的解释。他知道这一点,是因为他就像法官一样,处于争论与诉讼之中,因为他的辩护词永远不会完满;原因就在于,比之一锤定音、仅选定一个候选者作为原因来说,排除候选因素时需要更具决定性的检验"。[17]

于是,我们又回到了历史学家那不尴不尬的位置上。我们很清楚他并非不管什么都拿来讲述,他根据这门技艺的规则,从资料出发构建事实,提出主张。我们明白,非现实演变的想象的经验使他能够考量诸种原因,这种经验考察所有客观存在的数据。然而,这里涉及一种在想象中进行的虚拟操作。他考量原因时所用的天平没有经过任何度量衡机构的校准。因此,在估量时,他总是加进了些主观的东西。他在调查之后所宣称的那些决定性原因极有可能是其理论所特别关照的。这就是为什么亨利–伊雷内·马罗能援引阿隆的话说"理论先于历史"。

---

[16] 此处参见利科:《时间与叙事》,第一卷,第329页。
[17] 利科:《时间与叙事》,黑体字为利科所加。

亨利-伊雷内·马罗 | 理论先于历史

……理论,也就是历史学家在面对过去时有意或无意的立场:主题的选择和切割、问题的提出、概念的运用,以及尤其是关系的类型、解释的体系、赋予每种类型和体系的相对价值:正是历史学家的个人哲学决定他选择哪种思维体系,他将根据这种体系来重建,并自以为在解释过去。

人类事实在本性上的繁复,以及由此带来的历史实在的繁复使历史实在……虽经一再发现与理解,却依然是几乎不可穷尽的。**不可穷尽的历史实在同时也是两可的**(阿隆,第102页):在过去的同一点上,经过剪裁与叠合,总是有如此多不同的面相,如此多起作用的力量,以至于历史学家总会在那里找到特别的元素,根据他的理论,这个元素显得好像占优势地位,显得让人以为是种可理解性的体系——显得好像是**唯一的**解释。历史学家按自己的意愿来选择:数据迎合顺从他的证明,同样地适合所有的体系。他总是想找什么,就找到什么……

——《论历史认识》,第 187—188 页。

然而,如果历史学家总是想找什么,就找到什么的话,那历史的真相呢?它还有别于文学消遣吗?我们通过在思想中构建解释以及追寻原因而与浪漫主义的直觉或人文主义的理解拉开了一定距离,即便如此,历史学到这里在我们看来依然摇摇欲坠。这能让人满意吗?

第九讲　社会学模式

许多人不会满意我们刚才方法论上的含混。如果我们要建立一种关于真相的严格概念,那么的确很难让它依仗于难以名状的理解和基于想象之上的归因。下述说法是徒劳的:历史学家受到论证的限制,论证的出发点必须是根据这个行当的规则构建出来的事实,他由此免于陷入幻想。在历史学家的活动中,他的观点、他的个性占有很重的分量。我们已经一再说过,我们离那种人们惯常所说的科学,即使是像医学这样掺杂了临床技术的科学还很远。

然而一个世纪以来,在我们的社会当中,科学所享有的盛誉使得历史学家(以及社会学家和人类学家)也去砥砺他们的方法,诉诸更严谨的程序。他们尽力向精确科学中通用的合法性模式靠拢,尽管如上文所述,这种模式本身已经变化发展,但它却仍是既让人羡慕又无法达到的参照标准。

19 世纪末的历史学家曾试图用考证方法与确定事实来显示其学科的科学性。这就是上文讨论过的化学家或自然学家的直接观察和历史学家的间接观察(参见上文边码第 71 页以下)。但他们的的确确是历史学家,所以在做这一行时无法掩藏其作品中的主观性。例如,我们已经看到瑟诺博司是如何强调历史学中想象的作用的。他离实证科学的模式还很远。然而他的想法不仅仅对历史学,而且对整个人文科学都有价值。在面对社会学的兴起,历史学受到威胁时,他有力地证明了这一点。

他的主张有两个基本点。首先,我们已经谈到,所有社会科学"不是在现实的对象上,而是在我们根据对象所做出的表象上"进行操作。社会科学的实际材料是意象。历史学感兴趣的是过去的事实,但在这一点上它并不因此具有任何特殊之处。

第二,瑟诺博司走得更远,他说,如果要理解人类事实,就不能撇开其意义,这其实就是用他那个时代的方式,强调了我们将在我们这个时代用自己的方式所表达的意思。

夏尔·瑟诺博司 | 没有音乐,就不研究舞蹈

因此,构成社会科学的材料的人类行为只能通过头脑意识到的现象作为中介才能被理解。于是我们被无法抗拒地重新带回到对社会事实的思想的(亦即心理学的)解释。奥古斯特·孔德曾企图通过构建一种基于对外在事实观察的社会学来避免这种情况;但是,这些外在事实不过是内在状态的产物;只研究这些事实,而不了解引起它们的心理状态,这就好像是想要理解一名舞者的动作,却不听他所跳的那支曲子。

——《应用于社会科学的历史学方法》,第109页。

社会学之父孔德被质疑,社会学家们以实证科学的名义极力反对瑟诺博司的这种观点。这是一场根本性的争论,也是奠基者们之间的争论,值得我们回顾。

一 社会学方法[1]

拒绝主观主义

对于实证主义的社会学家来说,社会科学的运作与所有科学一样。所以他们必须反对瑟诺博司。西米安在1903年一篇著名的文章中就这样做了:

> ……接下来又是**想象**过去人们的行为、思想和动机,正是根据他[历史学家]所了解的现在人们的行为、思想和动机,正是从这种运用其想象的随意构建之中,从不加批判地使用这种含混、不健全的心理学之中,从无意识地施用此前没有讨论过就假设其成立的类比规则之中,历史学家得出了"解释"。

然而,只有取而代之,才是彻底摧毁。如果拒绝类比想象,历史学会变成什么样子?

答案是毫不含糊的:历史学必须使自己具有它能够将之做成一门科学的对象。所以它必须抛弃所有徒劳的博学,这些博学只不过对积累独特的事实有用,在这里是无法有科学的,因为只有普遍的,才有科学。西米安赞成拉孔布,他在拉孔布之后又重提这一规定:"所以,如果对人类事实的研究想要成为实证科学,那么它就得绕过那些独一无二的事实,而致力于重复发生的事实,也就是说避开偶然而专注于规

---

[1] 此处我用的是涂尔干《社会学方法的规则》中的这个词,而不是再后来那些较为狭义的词。

律,消除个人而研究社会。"[2]

西米安从其中得出的推论使这条戒律的意义更为彰明较著。他不仅拒绝通过动机对行为做心理学的解释,而且反对历史学家工作中显得最为客观的一点,即抽取一个时代的唯一特性——更准确地说,抽取某个特定时刻中特定社会的唯一特性,并对将这个处于具体时刻中具体社会的所有方面结合起来的相互依存的诸种关系予以说明。西米安并不是否定这些关系的存在:**内在联系**(Zusammenhang)乃是一种实在(参见上文,第五讲)。但传统的历史学方法无力建起这种联系。此处,西米安的论证非常严密,环环相扣。

他援引奥塞尔(H. Hauser)的话为例,后来这个例子经常被人引用:"征服世界、新贵(homines novi)掌权、罗马公民财产以及父权(patria potestas)带来的变化、城市平民的形成……所有这些构成了一个不可拆分的混合现象(complexus),比之用犹太、中国或阿兹台克家庭的演变来解释罗马家庭的演变,所有上述事实之间的互相解释要好得多。"然而,西米安反对说,"只要奥赛尔没有证明,罗马家庭的演变方式完全不同于在别处遇到的类似原初型家庭,并且这种特异演变乃是由我们已经知道了些例证的另一种社会现象**所引起**,以及罗马社会史中的特殊历史巧合是决定性的**原因**,而不仅只是偶然原因",那么这就是没有根据的断言,"然而,如果他不诉诸比较的方法,怎么能严格地、使用方法地、具有科学证据价值地做出以上证明呢……"[3]换言之,历史学家的目的是,从各种互相联系的方面理解一个社会的独特之处,这就意味着确定每个组成部分的独特之处,而这又必须首先要

---

[2] 西米安:《历史学方法与社会科学》,第95页。
[3] 同上书,第104—105页。

有比较研究。

这场争论是根本性的,此后经常重起争端,有时候也会发生前线倒戈的情况。像傅勒或韦纳这样不同的历史学家当然不是实证主义的社会学家,但他们却反对研究同时性的联系、**内在联系**,而支持对不同社会中相类似的实在进行系统比较,他们有时恰恰就是将西米安用过的例子再拿来用。[4]

实证主义社会学家拒绝对于具体的唯历史的关心:具体的总是独一无二的。而只有普遍的,也就是说抽象的才是科学。历史学要升格为真正的科学,就必须构建抽象的社会事实或政治事实,例如绝对君主制。

西米安没有再举例说明其他他想要历史学加以研究的抽象社会事实。如果要理解社会事实的构成是什么,就必须转向社会学家的著作,首先便是涂尔干,其讨论自杀的著作值得关注。

以自杀为例

这个计划显然是非常大胆的;还有什么比自杀更为个人、更为心理性的行为?然而,涂尔干恰恰将自杀构建成社会事实。

他的第一项工作是对自杀进行定义;学者确实无法不加提炼就使用日常语言中的词汇。让涂尔干感兴趣的,不是作为个体行为的自杀,而是构成一种独特(*sui generis*)事实的自杀整体。实际上,涂尔干通过涉及六个不同国家的统计数列表明了,自杀总人数年年保持稳定,他对

---

[4] 我们会注意到,在这一点上西米安的传人游移不定。布罗代尔十分珍视的全球史计划就在最大程度上属于被西米安宣布无法企及的**内在联系**。韦纳和傅勒回到了一种在某些方面较为接近瑟诺博司而不是西米安的史学,他们拒斥"无所不包"的史学,和西米安一样,认为这是"七拼八凑",他们提倡一种以特定制度为中心的比较历史学。

例外情况也做了解释。自杀人数在总人口中所占比率进一步肯定了这种稳定,但也使不同国家之间出现了巨大而稳定的差异。于是乎每个社会都预先就有一个已经定好的自愿死亡人口份额(第15页)。如何解释这种差异?

以下分析将涵盖所有可能解释这种差别的因素。首先是社会之外的因素:与人们的设想相反,自杀与精神病没有关联。将精神错乱者与自杀者的统计数字进行比较为此提供了证据:这两种人群截然不同,尤其是在性别和宗教信仰方面。此外,不同国家的这两种现象也不以同样的方式变化。酗酒也不是一个更好的解释,因为根据地区统计的自杀情况与酒精消费情况很不一样。

因此必须转向非社会和非病理学的因素,例如种族与遗传,又如能得出有趣结论的气候因素。事实上人们观察到自杀的季节性节奏,它在夏天达到高峰,随白昼的平均长度变化而变化。

而涂尔干转向了社会因素。首先是宗教,其结果非常敏感:自杀的新教徒要比天主教徒多,后者又比自杀的犹太教徒多。然后是家庭情况:自杀的单身者比已婚者更多。于是涂尔干就不可避免地得出这样的结论,社会关系的减弱和社会失范会引起自杀。

这个例子就举到这里;我们看到了其中运用的方法,涂尔干在《自杀论》一书问世前几年,就已经在《社会学方法的规则》(1895)中展示了这种方法。

方法的规则

左右方法的最核心的考虑,在于想要去证明。一门科学并不是由很可能为真,甚至就是真实的断言构成。构成科学的,是被证实、被证明和不可辩驳的断言。说出一些打开新局面的聪明话是不够的,还必须提交其证据。科学不在意见,甚至不在真实意见的管辖范围之内,而是属于被证明的真理。那么，关于社会性的人类事实的断言，如何提供其证据？

在涂尔干看来，社会科学的方法在原则上与自然科学，也就是实验科学并无不同。

埃米尔·涂尔干 | 比较法

> 要证明一个现象是另一个现象的原因，我们只有一个办法，那就是将二者同时出现或缺失的情况作一比较，然后看在这些情况的不同结合中，它们所表现出来的变动是否证明了其中一个取决于另一个。当能根据观察者的意愿人为地产生这些现象，那么这种方法就是严格意义上的实验。与之相反，当事实的产生并不由我们做主，我们只能将之与它们自发产生时的样子对照，那么这里用的方法就是间接实验法或比较法。
>
> ——《社会学方法的规则》，第124页。

克洛德·贝尔纳眼中的实验医学也是遵循同样的方法。必须研究一个事实的缺失是否伴随着另一个的缺失，或者反过来，一个事实的出现是否总是伴随着另一个的缺失。"只要在一定数量的例证中证明，两个现象的变动一致，那就可以确定，这里有一条定律。"（第132页）因此自杀与精神病没有关联，原因就在于，其变动方向与精神错乱者人数的相反。反之，它与年龄、宗教信仰、婚姻状况、性别等等相关联。自然科学中也运用同样的共变法，和自然科学唯一不一样的地方是，它不来自严格意义上的实验：这是一种后天的实验方法。

它显然意味着研究不同的社会情景，在它们之间进行比较，然后来看所研究的事实通常是否在整体上都发生变动。这迫使人们跳出单个时段或单个国家的拘囿。《自杀论》涵盖了整个19世纪,涉及许多欧洲国家。如果不跳出罗马史,与犹太家庭和阿兹台克家庭进行对照的话,就理解不了罗马家庭。

要使这种后天的比较法能得以进行,就必须以此为目的来构造社会事实。关键的一点是,构建适于比较的社会性的社会事实。涂尔干正是在这层意思上说出他那著名的规则:"要把社会事实当作事物来处理。"这不是说社会事实就是事物,如果指责涂尔干忽略了事物的道德和心理面相,那也是无事生非:这一点涂尔干清楚得很。他只是选择将之放在一边,因为这是构建适于比较的社会事实的唯一方式:"因此,对于社会事实的纯然心理学解释必然让人错过所有独特的,也就是社会性的东西。"(第106页)

社会事实要从数据(données,这个词在英语中是 data)中抽取,数据强加给观察。这些数据是外在于个体的,它们从外部强加于个体,这意味着,它们是集体性的,或者说它们强加于一个集体。在某个特定人群中自杀者的百分比是一件社会事实,就像公路事故死亡率和失业率一样:人们对此无能为力,我们看到,那些指导我们降低公路事故死亡率和失业率的人有多难!这是所谓的"唯意志论"政策,也就是专挑大量从他们手中逃脱的社会事实进行抨击的典型。

要能进行比较,这些社会事实就得建立在能够比较的基础之上:将德国男性的自杀率与奥地利女性的自杀率放在一起的话,就什么也做不了。系统比较必须有一种预先的建构,这种建构的价值有多大,系统比较的价值就有多大。

我们看到了社会学家如何论证自己构建一门真正社会科学的抱负。历史学能够接受这一挑战,并承认同样的方法论限制吗?

二 应用于历史学的社会学方法

从类型学到统计学

很显然，某些种类的历史学无法屈从于如此严苛的规则，它们因此被取消资格。它们是被禁止的历史学。西米安在其文章的结尾处，发出三道意味深长的驱逐令，其中前两道涉及政治崇拜与个人崇拜。这是合乎逻辑的，因为根据其定义，政治属于意图的，也就是心理学的领域，而不属于涂尔干所说的社会。至于个人，一门想要在社会层面上进行的科学必然将它排除在外。

否定个人也就涉及否定专题著作：从上述观点来看，像书写一个村庄或一个家庭历史这样的专题著作要想具有科学的地位，就必须证明其代表性。然而这一证据本身就要求人们必须越出专题著作之外，来将其对象与其他同类对象进行比较。专题著作要想具有正当性，就必须将一个进行比较的阶段整合进来。而这就又等于不再是一部专题著作。

相反，受到青睐的历史学则始于对共变的研究，始于一些构造得或完善或简陋的层面。

在最简陋的层面上，这种历史学仅限于一些像出现/缺失这类简单的标准，它使用这些标准来确定类型。这方面已有大量实践，其实践者不会想到要依仗涂尔干的遗产。[5] 我们可以来举一个例子，巴拉尔从

---

[5] 帕斯龙令人信服地证明了涂尔干方法中的类型学特征。我们在本章末尾再来谈这场讨论。

社会政治学的角度着手,对他在此意图上构建的诸种农村地区进行比较[6]。简言之,他交叉使用了三种标准:客/主模式(佃农或分成制佃农/地主)、开垦的土地,以及宗教。他就这样区分出农村民主地区(根据宗教因素有左派、右派之分)、从属土地(被承认或被拒绝)和农业资本主义区域。

在较完善的层面上,历史学在时间或空间中寻求更系统的比较。关于空间中的变动,我们以安德烈·西格弗里德(André Siegfried)在1913年的开创性著作《法国西部政治地图》(*Tableau politique de la France de l'Ouest*)为例。这是首次努力细心绘制、分析不同社会变量的地图,并将之与政治倾向加以比较的研究。此后,地图比较成为这个行当中常用的方法之一(但却常常用得非常粗枝大叶)。我们应该系统地计算地图所显示的数据之间的相关性;我们常常发现,比之受到评论关注的相似之处,相异所具有的分量更重。[7]

关于时间中的变动,最好的例子当然就是如让·默弗莱[8]那样对旧制度经济危机的研究。这里涉及用能够在其间进行比较的曲线来反映社会事实的演变。歉收之后,小麦价格曲线猛升,如果来年夏末收成

---

[6] 皮埃尔·巴拉尔:《从梅利纳到皮萨尼的法国农业利益捍卫者》(Pierre Barral, *Les Agrariens française de Méline à Pisani*, Paris, Presse de la FNSP, 1968)。莫里斯·阿居隆在《法国农村史》(乔治·杜比和阿尔芒·瓦隆主持编写, Paris, Éd. Du Seuil, 1976)第三卷中重新使用了这种类型学并有所改动。

[7] 在计算两个系列的地图所显示的数值之间的相关性时,常常会得到没有意义的结果。这是因为(不同空间的数据之间的)所谓生态相关性对于分析所采用的单位十分敏感。如果分别按照市镇、区或者省来统计的话,那么在遵守教规参加宗教活动与投右派的票之间的相关性是非常不一样的。

[8] 参见上文边码第129页,注释1。

好,青黄得以相接的话,那么价格曲线就回落,否则它就继续飙升。死亡率曲线的变动与小麦价格曲线一致。而出生率曲线的变动方向则相反,中间大约有一年的时间差:饥荒年头可不是怀孕的好时候。这三种共变没有穷尽对于旧制度经济危机的描述,但它们完全符合社会学的规定。

在一个更完善的层面上,人们不满足于在预先量化(小麦价格、死亡率、出生率)的现象之间进行系统比较,还想对共变关系进行测量,想知道这种关系是非常强,还只是比较强。在涂尔干本人著书立说的年代,能够测量共变关系或相关性的统计学测验尚未出现。[9] 在《自杀论》一书中,不同统计数列中的数字得以碰面,本来无需额外提炼,就有可能由此测量出相关性;这种相关性有时是非常高的。

在此处我们进入了统计学的领域,这让许多历史学家望而生畏,以至于我们的学科在这一点上大大落于人后。历史学国家博士论文中出现的错误,可以让学心理学或社会学的大学生在大学普通文凭[10]考试里"挂科"。基础知识被故意忽视了,这更多地是因为赶时髦和懒惰,而不是能力不足,因为,历史学家所需要的统计学一般来说只是最初级的:只是常识而已。但对有些人来说,扮演智识之王的角色,无比蔑视

---

[9] 《自杀论》于1897年问世。为了证明父母酗酒与儿童智力水平没有关联,因此也就与智力缺陷的遗传特性没有关联,皮尔逊在20世纪初发明"布拉菲-皮尔逊(Baravais-Pearson)线性相关"。参见米歇尔·阿马特:《统计学的发明与介入,一次堪为典范的卡尔·皮尔逊讨论会》,《政治社会科学》(Michel Armatte, "Invention et intervention statistiques. Une conférence exemplaire de Karl Pearson", *Politix*, 第25期, 1994, 第21—45页), 以及安德烈·德罗西埃:《大数目字的策略》(André Desrosières, *La Politique des grands nombres*)。

[10] 大学普通文凭(DEUG),法国大学第一阶段(即前两年)的文凭。——译注

附属性的偶然、计件工似的锱铢必较、严苛的要求,甚至是显然存在的量化约束倒是一种优雅做派……这使得他们满足于说些既懒惰又有害的言论,例如没有查证就宣称,一种现象"表现了"或者"反映了"另一种现象。(怎么表现和反映的?)[11] 这终将被人觉察,并付出昂贵的代价。

要提出证据,就必须诉诸最低限度的统计学设计,为了让读者理解这一点,我举两个例子。第一个是候选人在1881年议会选举时的正式声明。[12] 我们构建了文本大小相同的两个样本,一个是保守派的,另一个是共和派或激进派的,我们要考察这两个样本中的特征性词语分别是什么。左派提到**共和**与**进步**明显比右派要多得多。但另一些词语,如对**权利**、**自由**等词语的使用就不那么泾渭分明了:当一个词右派用了三次而左派用了两次,这是否只是巧合?四比二的话就更有说服力,但真是如此吗?毕竟,要得到这个比分,只需某位候选人有一个"口头禅"就足够了。十比五当然更让人信服……但分水岭到底设在哪里?

第二个例子是,我们可以根据1919年选举投票结果这一政治标

---

〔11〕 统计的不足有两种形式。虽然有可能进行统计学方面的工作,但历史学家却将其推得一干二净。或者是进行某种统计学处理,却不接受其要求。在一名研究者(已经去世,他有着辉煌的职业生涯)获得博士学位的副论文的打印版中,我看到有两个错误依然如故,一个是错误的相关系数公式,另一个是他赋予某个相关系数以很大的值。而这两个错误在其博士论文答辩时就已经被经济学家吉东(H. Guitton)指出。我们看到,在那些将统计作为一种时尚,而不是作为提交证据的手法的研究者那里,指导这种计量时尚的,是对统计学多么随便的态度。

〔12〕 安托万·普罗斯特、路易·吉拉尔(Louis Girard)、雷米·戈塞(Rémi Gossez):《1881年、1885年、1889年选举声明中的词汇》(*Vocabulaire des proclamations électorales de 1881, 1885, et 1889*, Paris, PUF-Publications de la Sorbonne, 1974)。

准，来对此时正在树立一战死者纪念碑的诸多市镇进行分类。纪念碑的位置自然取决于当地环境和空地状况。无论是在左派还是右派的市镇中，纪念碑都放置在学校广场、墓园、公共场所等地方。然而，我们感觉到，在共和派、左派的市镇，选择公共场所放置纪念碑的情况更多，尤其是比选择墓园的多。事实上，原则上来讲，只有立在墓园的纪念碑才能带有宗教象征；那些绝对坚持在纪念碑上安十字架的市镇因此往往选择墓园，我们知道，在那时候，天主教势力与右派倾向之间有着十分普遍的联系。但我们无法确立如下这样简单的规则：所有左派市镇都将纪念碑设在公共场所，而所有右派市镇都设在墓园；无论在左派还是在右派那里，都有放在别处的情况。这是一个比例的问题。而比例之间的差别已经大到足以让我们谈论趋势、倾向、偏好吗？或者这只是因环境造成的偶然？[13]

在这两个例子中，我们凭直觉就知道某些量化的差别足以使结论成立，而另一些则不行。我们也很清楚，在样本较少的例子中，偶然所占的分量更重[14]：如果在对750000个新生儿的统计中男孩略多一些的话，那么这是一个非常可靠的结果。但如果因为高中两个年级的男生比率一个是52%，另一个是48%，就宣称两者截然不同的话，这就很愚蠢了……然而，如果还是同样的百分比，但分别是两个人数都为两千人的高中，一个以前只收男生，另一个以前只收女生，那么能得出某种结论吗？

---

〔13〕 关于这个例子，在我的《地方记忆与民族记忆：法国1914—1918年的纪念碑》(Mémoires locales et mémoires nationales: les monuments de 1914-1918 en France) 一文中对于大西洋岸卢瓦尔地区(Loire-Atlantique)有更详细讨论，见《世界大战与当代冲突》(*Guerres mondiales et Conflits contemporains*, Paris, 1992年7月, 第41—50页)。

〔14〕 只有几十号人，却用上了带有两位小数(即使只带一位小数)的百分比，其荒谬之处就在这里！

如果历史学家真的想证明些什么,他就必须给自己提出这些问题。只需一些反思就够了,尤其是因为这些问题很容易解答。统计学计算不久前还是沉闷枯燥的;在一些真正关键之处才使用它也是合情合理的。然而计算器和电脑已经完全改变了这种情况,诉诸统计学测验对历史学家和对心理学家、社会学家一样,应该成为常规。

其原理很简单。首先根据单由偶然所起的作用来确定严格程度。偶然确实引发差异。如果要求十分严格的话,我们就决定,为了能用作证据,由偶然因素而引起统计差异不能超过1%(只是举个例子)。当这个阈值在0.01%或1%时,我们就说它是"有效的"。但我们也可以接受其他阈值:5%或者10%。超出这个范围,从差异中得出结论就是很冒险的了。就这样,我们以零假设(l'hypothèse nulle)为参照,一方面考虑这种差异的大小,另一方面也考虑差异所处其间的事物或人的数量多少,由此得到关于差异的有证明价值的渐变指标。我们知道哪些差异什么也证明不了,哪些在何种程度上有能做证明的价值。然而,条件是不要陷入过分严苛之中,并且考虑到这样一个事实,即起作用的变量如此众多,所以结果不可能是完美的。[15]

---

[15] 弗朗索瓦·傅勒、雅克·奥祖夫(Jacques Ozouf)在《读与写:从加尔文到朱尔·费里期间法国人的扫盲》(Lire et Écrire, l'alphabétisaton des Français de Calvin à Jules Ferry, Paris, Éd. De Minuit, 1997, 第一卷) 中 "电脑的裁决" (Le verdict de l'ordinateur) 一节里指出, 在新兵识字率与入学指标之间有极强的相关性(1866年为0.927,1896年为0.866)。他们正确地注意到, 这种相关性解释了80%(相关系数的平方)的新兵识字这一现象, 因此, 扫盲"至少有20%是在小学之外完成的"(第306页)。这太严重了;即使考虑到在此类分析中所有没有顾及的变量(如入托儿所学习), 这里的相关性还是特别高, 研究者很少还能找到如此强的相关性。这也同样是个意味深长的结果, 从中能得出这样的结论:在上述两种现象之间有着非常强的关联。

指标的构建

在 20 世纪的第二个 30 年中,法国历史学家特别钟情于计量史学,特别是那时高等实践研究院第五部的历史学家们尤其如此。这个史学流派当时看来受到众人的支持,其最杰出的代表之一在些许犹豫之后,最终撰文在《世界报》上总结道:"只有计量的史学才是科学的史学。"[16]

现在的情绪不一样了,许多历史学家对这种科学方法感到厌恶。然而,这种方法的力量很显著,而且他们也不敢承认自己有心理障碍或者懒惰,所以他们用批评量化来给自己的拒绝找理由。其中不无口是心非,因为正如波普尔所说,"在某些社会科学中已经确实有人运用这些方法并大获成功。如此情况下,怎么能否认它们是适用的?"[17]有些人同样反对说,不是所有东西都可以量化,不要逼他们太紧,这样他们就可以补充说,只有意义不大、不重要的才可以量化。

真是既跑题又无想象力的说法。只要历史学家给自己定下一个社会事实(在涂尔干所说的意义上,即一种集体性的事实)作为对象,它就关系到一个可以精确计数(精确度或高或低而已)的人群:我们并不处在一个单一的、无可名状的领域。对于受饥饿威胁的人来说,粮食最重要的品质就是数量,同样,对研究社会事实的历史学家来说,这种事实的品质之一就是与其联系在一起的数量。可以选择不研究社会事

---

[16] 勒华拉杜里,1969 年 1 月 25 日文,《历史学家的领地》,第一卷,第 22 页。为了对彼时法国历史学家的计量"时尚"有个概念,可以参考作为历史资料的会议论文(1965 年在圣-克洛德高师召开),这些论文既很有名,也很有趣,参见《社会史:史料与方法》(*L'Histoire sociale, sources et méthodes*)。

[17] 波普尔:《历史主义的贫困》(*Misère de l'historicisme*),第 23 页。

实,并排除个体事实的社会面相,但那就很难以历史学家自居了。研究蒲鲁东或者莫拉斯的思想却对其听众不感兴趣,这与其说是在研究历史,不如说更像是研究马拉美(Mallarmé)诗作里的叠韵法。所有历史研究中都包含了社会的一面,于是就包含了集体性的一面,也就有被计数或可计数的一面。

许多人躲在定性/计量之分背后,实际上,这种区别仅仅意味着,对于能够据之以比较的方式进行推理的指标,其构建难度是有高有低的。在计量这个领域内,指标非常明显,它们可以说就带在事实本身之中:如果对小麦价格感兴趣,指标的构建不成问题。这有时甚至是一个陷阱:价格与价格也有不同,取土地开始租赁或出现磨坊时的小麦价格,取进口或国内市场的价格,得到的结果是不同的。

在定性这一领域内,恰当地构建指标需要一些巧妙的手段。正是在此处能展现出研究者创造性的想象力。还有什么比宗教更定性的主题?加布里埃尔·勒布拉(Gabriel Le Bras)不想考察教徒的个人信仰,不想要进入他们的内心深处去发现他们与上帝之间关系的真相。他将宗教作为一个社会事实来处理,其出发点是遵守教规,参加宗教活动,这构成了宗教的集体表现。因此,他以天主教会所要求参加的宗教活动为出发点构建指标:参加每周日的弥撒,复活节的领圣体仪式。我们会注意到,这些指标是不连续的。它们构成了一种类型学。勒布拉区分出了遵守教规参加宗教仪式的天主教徒,这些人每周都去望弥撒;季节性的天主教徒,这部分人复活节去领圣体,在重大节日(如圣诞节,诸圣瞻礼节……)去望弥撒;最后还有不遵守教规,不去参加宗教仪式的人。

这些指标一旦建立起来,量化就取决于史料。如果像杜庞卢主教治下的奥尔良教区那样[18],有完备的统计数据,那么就能估算出遵守教规的教徒、季节性教徒和不遵守教规的教徒在各个市镇中的相对百分比。如果没有真正的统计数据,而只有阙漏更多的证词,那我们也可以满足于确定当地的主导类型。要想提出证据,首先并不是量化,而是构建恰当的指标,证据的有效性有赖于指标的有效性。

总而言之,构建一个社会事实,与构建能在这个社会事实与其他社会事实之间进行比较的指标,这两者是一回事。实际操作中界定社会事实的,就是其指标。

三　社会学方法的局限

认识论的局限

社会事实的认识论局限恰恰就是在这里。

我远非想要贬低历史学中量化所具有的价值,或者在更广泛的层面上想要贬低涂尔干式的推理模式的价值。我相信它们是必不可少的。但它们也并非万能。我看到了它们的两个局限。

第一个是认识论方面的。曾经有很长一段时间,我相信历史学家是在修修补补,是将修昔底德式的叙事与涂尔干式"真正"社会科学的

---

[18] 克里斯蒂安娜·马西亚西的研究:《1849—1878年间杜庞卢主教治下的奥尔良教区》(Christiane Marcilhacy, *Le Diocèse d'Orléans sous l'épiscopat de Mgr Dupanloup, 1849-1878*, Paris, Plon, 1963)。

过硬部分联结在一起[19]，这种将不同原料与质地的片段拼凑在一起的工作在认识论上具有何种地位，我那时并没有看清。事实上，我高估了涂尔干式的方法，我对其科学性的看法超过了实际情况。我们可以用现代的语汇重新展开讨论，就从将"科学的"界定为"可以反驳的"（波普尔的说法是"证伪"）开始。[20] 表面看来，社会学家，尤其是那些依仗量化与统计计算的社会学家的断言是"可以反驳的"，因此可以要求拥有"科学"地位。实际上却并非如此。它们固然比其他断言要坚实，但普遍法则的地位是它们可望而不可即的。事实上正像帕斯龙所说的那样，从整个历史环境中完全抽取出它们所涉及的实在，这是不可能的事情。[21] 社会学断言永远都同样也是历史学的断言，因为它针对的是与已定环境不可分割的实在，所以它只有在这环境的时空之中才有效力。要相信这一点，只需看看"一名研究者……总是能多么轻易地就驳斥反对他的经验描述说，这种描述不是在他的命题必然有效的环境中做出来的"。[22] 在社会学中比较就和在历史学中比较一样，"其他一切相同"能够成为无限的托词。诉诸涂尔干式的方式并不能使历史学家避开具体情境多种多样的历史，这些情境就是他的对象。

再者，统计学推理只是社会学的愿景，是它向往的模式。人们所提倡的比较法在绝大多数情况中仅限于共变法，甚至比共变法还要弱的

---

[19] 参见我与帕斯龙的讨论：《教学，历史学家与社会学家相遇的地方》，《当代社会》（"L'enseignement, lieu de rencontre entre historiens et sociologues", *Sociétés contemporianes*），第一期，1990年3月，第7—45页。

[20] 波普尔：《科学发现的逻辑》，这本书比《历史主义的贫困》要重要得多，后者旨在抨击"宏大"理论，首先便是抨击马克思主义。

[21] 原谅我在此处不再重复帕斯龙在其《社会学推理》尤其是结论部分的论证。

[22] 帕斯龙：《社会学推理》，第64页。

差分法。我们没有脱离自然推理的畛域。社会学所提议的,是自然推理的升级版,它比原来更完备、更严格,或许也更吓人。其与历史学之间的区别是程度上的,而不是性质上的。

因此,历史学话语当中,在解释或理解阶段,与比较甚至是计量阶段之间的来回往复并非鸡同鸭讲,并非异质方法不可告人的结合,而是完整使用一整套论证方法,这套方法完全呈现于一个概念与其语境不可分割的世界之中。

这也就是说,社会学方法同时也是类型学的:它构建诸种类型,进行比较,确定不同类型之间共生或不相容的关系,又或者是计算不同类型之间的差距或相关性。但这些关系并不是放之四海而皆准的价值:它们的意义仅限于相关类型。

受到青睐的领域

第二,在严格意义的事件史中不能使用社会学推理。它固然有时候可以坐实或推翻某种因果关系:如果赞同贫困是罢工的原因,那就可以一方面量化工资水平或失业程度,另一方面量化罢工频率,以此来考察二者之间是否有所关联。但这里涉及的是物质原因。量化完全把握不了目的原因,统计学永远也不会告诉我们俾斯麦的决定是或者不是1866年战争的原因。

结论非常清楚,历史学推理中有两种模式。简单说来,第一种关心的是时间演进中的连贯,第二种关心的是给定时间中给定社会内部的融贯。第一种处理的是事件,并围绕叙事轴展开,第二种致力于结构,属于表格。自然,二者互相交错,因此所有具体的历史学问题既属于因果叙事,也同时属于结构表格。

某些形式的历史学特别钟情于叙事:其基本面相是对连贯的分析,我们在历史教学中看见的就是这样。政治史,战争史,革命史,以及对我们当代人来说仍是"大"事件的历史，这些基本都沿着一个因果系列展开。前一章已讲过这个问题。

社会学方法（量化是其元素之一，同时也成了其象征）的重大意义就在于，它使人们能够严格地对融贯性进行思考，这种融贯性黏合一个社会，黏合社会中的诸种结构，黏合**内在联系**（矛盾的是，西米安却严厉批评奥赛尔那里的**内在联系**，参见上文边码第 192 页）。20 世纪最厉害的一些历史学著作就是围绕着这些联系性、融贯性展开的，排在头一个的便是《地中海》。布罗代尔说："解释，也就是标记出、想象出物质生活的呼吸与人类生活如此多样的其他变动之间的相互联系。"[23]在这里，伴随着贬低时间与冷落原因的，是对地理、经济和技术结构的长时间特别看重。即使布罗代尔对某些过于决定论的体系有所怀疑，社会学推理依然岿然不动。

我们甚至可以进一步主张，在其确切意义上，只有总体的历史才是历史。想要写出一种全人类的，从原初到我们今日的面面俱到的总体史，这显然是荒诞不经的抱负。我们在上文（第四讲）已经说明，问题的更新不可避免，也必不可少，因此，不能认为历史学知识是靠累积而渐多的。但在其他意义上，所有历史学都是总体的，因为历史学的志向在于说明它所处理的诸多元素如何构成一个整体。我们当然不能完全认识一个时代或者一个社会。但历史学的特性就在于创建出整体，即创建出有组织的结构，在这里，浮光掠影的一瞥只能看到一团乱麻或者杂七杂八的拼凑。[24]

---

〔23〕 转引自保罗-安德烈·罗森塔尔：《隐喻和认识论的策略》（Paul-André Rosental, "Méthaphore et stratégie épistémologique"）。

〔24〕 波普尔：《历史主义的贫困》，第 81 页。

我们立马看到，某些领域较容易适应这种历史学，而另一些领域则较难。

对于一种注重提交证据的历史学来说，历史人口学显然是好选择。人口学由各种各样的比率构成（死亡率、出生率、育龄女性生育率、人口再生产率），其中有无限的机巧。上文中提到的 1914—1918 年战争期间的平民"超高死亡率"就是其高超手法的一个例证。

其次是经济历史学，它自然而然地适于使用计量方法。经济学家重建能够进行可靠比较的连续系列。此处，我想到了由布维耶领导的对北部工业利润的大型调查[25]，以及克鲁泽的法国 19 世纪工业系列。[26]

社会群体史也同样适于比较法。对社会群体的财富的分析显然是其历史中必不可少的一部分，在这个领域中，研究者已经发展出大量技巧。通过遗产申报书可以对不同群体之间、城市之间人们的财产进行比较，对巴黎，以及诸如里昂、里尔和图卢兹[27]这样的外省大城市已有系统调查，其涉及的时间点连起来的话贯穿了整个漫长的 19 世纪。调查结果是，巴黎人在财产方面其实并没有优势。还有其他一些例子，加布里埃尔·德塞尔的博士论文研究了 19 世纪的卡尔瓦多斯省

---

[25] 布维耶（J. Bouvier）、傅勒、吉莱（M. Gillet）:《法国 19 世纪的利润变动》（*Le Mouvement du profit en France au XIXe siècle*, Paris-La Haye, Mouton, 1965）。

[26] 弗朗索瓦·克鲁泽:《论一种法国 19 世纪工业生产年度指数的构建》（François Crouzet, Essai de construction d'un indice annuel de la production industrielle française au XIXe siècle），《年鉴：经济、社会与文明》，1970 年 1—2 月，第 56—99 页。

[27] 阿德兰·多马尔:《19 世纪法国人的财产》；皮埃尔·莱昂:《19 世纪里昂的财产地理分布与社会结构》。

的农民[28],他根据农产品(小麦、牛奶、奶酪等)价格、地租、税金的演变,并考察耕作方法的变化,按照不同的经营模式进行区分,由此重建出从卡昂(Caen)农村拥有35公顷麦田的地主,到从事畜牧业者,再到在5公顷土地上进行粮食混种的小地主的农耕者各类收入的百年演变。

借助于量化程度或高或低的指标,我们同样还可以研究不同社会群体的流动性、生活模式、行为举止。克里斯托夫·夏尔在其博士论文中研究19世纪末的法国精英,他不限于收入,而是根据多种标准定义精英,由此对官场精英(国务参事等)、商场精英(银行家等)和大学精英(大学教授)进行比较。例如,他考察了这些人的住所(住哪条街?是不是好区?)以及度假时常去的地方。[29]

很多政治史都用到民主社会中公民自由投票这个指标。选举地理学由西格弗里德创建,在戈盖尔(F. Goguel)那里得到发展,它的分析是所有政治史的基本组成部分。它也能够追踪政党的建立,能够将社会、地方和民族国家铰接在一起。还有许多其他主题适于这种推理模式。例如,可以研究示威、游行和集会。让-路易·罗贝尔在其博士论文中就是这样处理一战期间便衣警察对18000次工会、社会主义者或和平主义者集会的报告。[30]

---

[28] 加布里埃尔·德塞尔:《卡尔瓦多斯省的农民,1815—1895》(Gabriel Désert, *Les Paysans du Calvados, 1815-1895*,里尔,博士论文复制服务处,三卷本,旋转式排字印刷,1975)。

[29] 夏尔:《1880—1900年间共和国的精英们》(*Les Élites de la République 1880-1900*, Paris, Fayard, 1987)。

[30] 让-路易·罗贝尔:《工人、祖国与革命,1914—1919年的巴黎》,贝桑松,贝桑松大学文学年鉴(J.-L. Robert, *Les Ouvriers, la Partie et la Révolution, Pairs 1914-1919*, Besançon, Annals littéraires de l'université de Beançon, 第592期,1995)。

这种"科学"取径看似对心态史不太适合。那是一个万分微妙的领域，量化工具有力却粗笨，无法理解它。至少在人们拒绝寻找相关指数的时候就是这么想的。然而，如果像勒布拉那样努力寻找这些指数，那就能找到。例如，对语汇的系统分析提供了数不胜数的可能。[31] 对象征行为（如上文举的死者纪念碑一例）的分析也同样富有成果。达尼埃尔·罗什和米歇尔·沃维尔已经展示了如何充分利用对藏书与遗嘱的研究。[32] 就像存在政治社会史一样，也存在作为表象的心态社会史。

这种历史学接受涂尔干式社会学的标准，并采用类比方法，在这方面，或许可以称之为社会学式的历史学，它在长时段和中时段里特别有效。它曾有过辉煌岁月，那时年鉴学派拜服于大型计量调查，倡导建立在长串数字之上的系列史，例如，皮埃尔·肖尼在其关于 16 世纪美洲与西班牙之间贵金属运输的博士论文中所著的系列史。[33] 在那个时代，致力于调查 19 世纪法国入伍新兵的勒华拉杜里在一篇不容分说的总结文章中宣称："明日的历史学家或者是程序员，或者就不再是历史学家。"[34]

---

〔31〕 请参看我在勒内·雷蒙《政治史发凡》中第 255—285 页的"词语"（Les mots）一文。

〔32〕 达尼埃尔·罗什：《巴黎人民：论 18 世纪的大众文化》（*Le Peuple de Paris. Essai sur la culture populaire au XVIIIe siècle*, Pairs, Aubier-Montaigne, 1981）；米歇尔·沃维尔：《18 世纪普罗旺斯奇异的虔诚与去基督教化：根据遗嘱条文看面对死亡的态度》（Michel Vovelle, *Piété baroque et Déchristianisation en Provence au XVIIIe siècle. Les attitudes devant la mort d'après les clauses des testaments*, Paris, Plon, 1973）。

〔33〕 皮埃尔·肖尼：《1504—1650 年间的塞维利亚与大西洋》（*Séville et l'Atlantique entre 1504-1650*, Paris, SEVPEN, 1959-1960, 8 卷）。

〔34〕 勒华拉杜里：《历史学家与电脑》（L'historien et l'ordinateur），《新观察家》（*Le Nouvel Observateur*, 1968 年 5 月 8 日），收录于《历史学家的领地》，第一卷，第 14 页。

后来他却走向了蒙塔尤……有些大转变更多地是来自风尚而不是科学,来自时代风气和媒体需求而不是学科的严密进展,计量史学就是被一次这样的大转变给打发到犄角旮旯里去了。

　　然而,它曾展现出很大的长处,上文刚刚详细论述,此处只以两句话再说一次。这是一种对其所说提交证据的历史学。这是一种能把握结构并在诸种结构之间进行比较的历史学。但是,要解释曾长久主宰法国历史书写的模式,即社会史模式,光有计量史学,光有计量和比较方法是不够的。社会史的均衡更为复杂,值得对此进行考察。

第十讲　社会史

如果想要理解在具体做法中,结构与时间、对融贯性的分析与对原因的寻求是如何结合起来的,那么社会史是一个很好的例子。这是一种位于前文所罗列各种不同做法"中间"的历史学。我这里所说的"社会史"含义很广,是一种跨越长时段的传统,它从伏尔泰或基佐,中经米什莱、库朗日、丹纳、写作博士论文时的瑟诺博司、布洛赫、费弗尔等许多人,直到拉布鲁斯或布罗代尔。我准备举两个例子来解释其推理模式及其试图综合事件与结构的方式,第一个例子来自基佐的《现代史教程》(1828),第二个例子是拉布鲁斯博士论文的导言(1943)。

一　基佐:阶级与阶级斗争

以资产阶级的兴起为例

1828年,基佐此前在索邦被极端保皇派所取缔的课程重新开讲,他选择的主题是"现代文明"的发展,其时间跨度有十来个世纪。看来,长时段不是前一阵刚有的……第七课[1]讲的是 10 世纪至 16 世纪间资产阶级的兴起及其稳固。他是这样来讲的。

当封建体制刚刚开始稳定下来的时候(基佐没有给出其具体时间与地点),封地的拥有者又有了新的需求。为了满足这些需求,城市中重又出现了一点商业和工业,城市财富和人口慢慢恢复。然而,权贵们虽然受到约束,不能去劫掠与征伐,但其贪婪却没有收敛。"不去远处,而是就在身边劫掠。从 10 世纪起,领主们对资产者的搜刮变本加厉。"商人不经一番折腾就进不了城,资产者也深受搜刮之苦,于是他们心怀不满,口出怨言。

在这里我们会注意到,基佐对于资产者和领主的行为从心理方面做出了解释。就此打住,我们还是让基佐继续。

面对这种情况,资产者捍卫自己的利益,开始进行"11 世纪的大造反"。"这是一场真正的大造反,是真正的大战,是城市人民向其领主宣战……其结果便是公社获得自由。在这些历史当中,我们所能遇见的第一个事实总是,资产者揭竿而起,手边有什么就抄起什么做武器;领主派来搜刮财富的人被赶走……"

西米安会对基佐在此处所做的感兴趣:他构建出尚处雏形的社会事实。如果要说:"在这些历史当中,我们所能遇见的第一个事实总是"(注意,此处的"历史"用的是复数),就必须了解诸多城市造反的例子,并对它们进行比较,从中得出共同特征。这就是社会学家所珍视的规律性。但在城市造反这个概念当中,以及在它所预先设定的资产者和领主这两个概念当中,都带有理想型的特征:一方面,它们不仅仅是

---

[1] 我引用的是老版:《现代史教程》,基佐:《欧洲文明通史》(*Cours d'histoire moderne*, par M. Guizot, *Histoire générale de la civilisation en Europe*, Paris, Pichon et Didier, 1828),这个版本中每讲都重编页码。

一般描述，而且也是推理；另一方面，它们与通过它们可以进行思考的具体历史环境密不可分。

这些造反有着多种多样的境况，但它们逐渐涉及了获得自由这一制度。公社获得自由，这是一件大事，基佐对其后果进行了分析。首先，王室力量开始介入封地之内。虽然一切都还是地方性的，但王权介入争斗，"资产阶级与国家中心之间的距离变小"。接下来的两个后果值得引述基佐原文，而不是由我进行概述。

弗朗索瓦·基佐 | 资产阶级与阶级斗争

尽管一切都还是地方性的，但公社获得了自由，由此就创造出一个普遍的新阶级。在资产者之间没有任何联盟；作为阶级，他们没有任何公共的、共同的生活。但整个国家都遍布这种人，他们有相同的处境、相同的利益、相同的风尚，在他们之间没法不渐渐产生某种联系，某种团结，资产阶级由此得以产生。一个大的社会阶级的形成，资产阶级的形成，是资产者在地方获得自由的必然后果。

不应该以为这个阶级从此就是它开始时的那个样子。不仅是它的处境大为改变，而且其构成也完全不一样了；在 12 世纪，资产阶级基本都是些商人、做小买卖的批发商，以及住在城里、拥有房产或地产的小业主。三个世纪之后，资产阶级中又包括了律师、医生、各色文人、各种地方官员。渐渐地，构成资产阶级的人变得五花八门……人们每次在说到资产阶级的时候，就仿佛其在每个时代都是由同样的人构成似的。荒唐的假设。也许，正应该在历史上不同时代资产阶级构成的多样性之中，去寻找它命运的秘密。当它还不包括官员与文人，还没有成为其在 16 世纪的模样时，它在国家中就没有同样的特性,也没有同等的重要性。要理解其命运与权力的变迁,就必须到它内部去看新职业、新风气、新智识状况是如何逐次产生的。……

公社获得自由的第三个重大后果是阶级斗争,这种斗争构成了事实本身,并将现代史填满。现代欧洲诞生于社会各阶级之间的斗争。

——《现代史教程》,第七讲,第27—29页。

显然,整个这一讲中还有无数事实需要澄清。事情的演进并不是如此简单,如果在大约两个世纪之后,基佐的分析仍无须做较大修正的话,那真是要对历史学的进步感到绝望了。但在这里,我们感兴趣的并不是知道基佐说得是否有道理,而是理解他是如何推理的。我们无法不注意到,在其分析之中,社会阶级这一观念所占的重要地位。

社会阶级

基佐界定资产阶级的方式值得注意,原因有三。首先,这是从权利、体制方面进行的界定:"公社获得了自由,由此就创造出一个普遍的新阶级。"资产阶级不是一个简单的事实实在:它通过诸种体制而成形。

的确,在事实与权利之间有某种循环。基佐谈到公社获得自由之前的资产者,因为使得公社得以自由的造反正是资产者所为。所以,在公社获得自由,资产阶级因此形成之前,存在着资产者。这是一个强化、巩固的过程,此前资产阶级已若隐若现,经过这个过程,它最终成形。此处,政治好像是社会的显影剂和创造者(当代有些人不会承认这一点)。但政治并没有被纳入一种事件性的视角:基佐提到的是王权的介入,而不是具体的某某国王。他在这里又一次根据具体事实构建普遍(这次是制度方面的)。

在基佐那里，法律和政治的界定没有给经济界定留有余地。这并不是因为对经济因素视而不见：资产者起而反抗领主首先就是由于他们的利益受到威胁。这种解释属于对行为最初级的心理学分析，普通人对此都能体会得到。而我们离马克思主义社会阶级的概念还很遥远：没有参照任何生产模式，生产、交换体系的结构及其转变。

第二，与这种从制度方面进行界定相伴随的，是通过枚举组成资产阶级的人物来进行界定：商人、批发商，然后是律师等等。如此枚举并不是必须的；要界定资产阶级，也可以列举相关特征、归属标准：财产等于或高于多少，最少受过何种教育等等。基佐更喜欢叫出阶级成员的名字。但一方面，他没打算做到一个不落：枚举并不穷尽无遗，名单也保持开放。另一方面，他也没有提出这个阶级的界限问题；他不考虑社会中的这类或那类人是否属于资产阶级的一部分。

原因就在于，他的目标是给这个阶级提供具体的内涵，使他的听众能够在脑海中呈现、想象出资产阶级。他实现这个目标的方式不是描绘具体的个人形象，而是列举职业群体的名目（商人、律师等等），这些群体本身就是第一级概括。资产阶级是第二级概括；它将诸多群体再合成一个群体。我们于是远离了实实在在的个人。然而，枚举能够有效，那是因为所用语词含有当前的含义：基佐心里清楚，听众知道商人或律师具体是些什么人。对过去的想象动用了人们生活于其中的社会日常活动所培养出的知识。我们在前文中已经详细谈过这一点。

基佐界定资产阶级时的第三个特点：时间上的连续性，变化中的历时稳定性。资产阶级不是静止不动的，它在变化："不应该以为这个阶级从此就是它开始时的那个样子……"基佐说，资产阶级因为不断有新的成分加进来而发生转变，这种内部演变也引起它在国家中地位与角色的演变；也许我们可以补充说：不仅仅是在国家中，还有在社会中。

然而,尽管有变化,它仍是同一个阶级。

在不断变化中保存的认同与维持的连续性使这个社会阶级成了一个集体性的个人:18世纪的资产阶级与10世纪时是同一个社会阶级,又与之有着深刻差异,就像我现在与我上大学时、当兵时以及再后来……还是同一个人。诉诸社会阶级,可以将复数的实在转换成单数。它将个体的、地方的实在集合体转变成一个集体性的行动者。

这一点至关重要,我们下文还要谈到。正是它使得基佐在讲述社会史的时候,可以延用讲述个人历史时所采用的同样的解释模式和方案:在他那里,这个社会阶级是历史中有意图、有策略的行动者。他甚至赋予它感情:紧接上面引文,他写道,这几个阶级"感到厌恶"。他还谈到它们的"激情"。于是,历史成了阶级与阶级之间斗争的历史;"斗争是发展的原因,而没有成为停滞的根源。""也许,欧洲文明发展最有力、最富饶的根源正是从中而来。"阶级斗争"构成了事实本身,并将现代史填满"。

事件与被如此理解的社会史结构得以调和。集体性的行动者避免了没有意义的趣闻轶事;它一下子就坐落于一个关涉到社会整体的既概括又稳定的层面上。所有社会阶级构成一个内部互相冲突又相互依赖的整体。然而,集体性的行动者具有历史:阶级的构成,它在社会与国家中的地位,这个社会与国家本身的结构在阶级斗争影响下发生的转变。就这样,阶级观念乃是想要如此对社会进行思考的历史学的必要组成部分。它也不为基佐所独有;托克维尔甚至写道:"人们在属于其意见之前,首先是属于其阶级",他还在别处断言,"历史学家只应关注阶级"。[2]

---

[2] 转引自乔治·勒费弗尔:《反思历史学》(*Réflexions sur l'histoire*),第135页。

二 拉布鲁斯:社会阶级的经济基础

以法国旧制度末的经济危机为例

第二个例子取自拉布鲁斯博士论文的导言[3]。饱满的文本,炫目的文风,这篇导言看上去就像是拉布鲁斯整个方法的缩影。

其第一个引人瞩目之处在于,拉布鲁斯在布罗代尔之前,将三种节奏不等的时间性套接在一起。有一种长期的变动覆盖了18世纪:价格提高。农产品产量增加,但增势缓慢,因为高价"只能在业主有东西可卖,有多余的产品可进行流通时才对他们产生影响"。这就是那些大大小小的葡萄种植者的情况,但那时的技术无法使小麦种植者和牲畜饲养者也同样如此,除非是一些只占少数的大地主。于是,"这种有利的局势专为葡萄种植而有,它只对极少数经营者有利,只有他们因此受到鼓舞去扩大或加紧种植"。

然而,这少数大地主拥有大量土地,这些土地被租给佃农。高价让佃农受益,因为在租期内虽然农产品价格提高,但地租保持不变。不事耕作的地主也从高价中获益匪浅:对于出租土地的资产者来说,是在每次续租约时,而对收实物地租的领主来说,则是一年一次。"领主的地租与资产者的地租不同,它在获利方面没有延迟。"囤积居奇者在价格飙升时暴得大利。最后,在获利方面,木材拔得头筹,森林是大地产中的重要组成部分,是从不出租的:"在这里,贵族的地租是不向农民的收益妥协的。"

"但与农民收益不同,累积起来的地租最常见的去向并不是回馈

---

[3] 拉布鲁斯:《旧制度末期和大革命初期法国的经济危机》,第一卷,《概览,史料,方法,目标与葡萄种植危机》(*Aperçus généraux*,*Sources*,*Méthode*,*Objectifs*,*la crise de la viticulture*,Pairs,PUF,1994),"总导言",第VII—LII页。

于田地。"而是投向城市,如建新房子,炫富性消费,雇更多佣人,但也投资于工业。农村的收益在城市中被再分配。"仆人、建筑工人、工匠、手工工场工人、各种企业主奔走于城市之中;地方商业从中大大获益,并因为这群新来的人而变得更强。"

城市和农村中的领薪者虽然没有什么产品可卖,但也以他们自己的方式同样从这种经济变动中获利:"实际上,他们保住了性命。"因为生活必需品危机而"死亡的短工、工人、分成制佃农和小块土地耕作者要少得多。结果是,劳动市场中迅速充满了没有买主的无产阶级或准无产阶级……领薪者命系他人之手,他们将廉价出卖劳动力"。

第二种变动要短一些,也就十来年。它开始于1778年左右,此时农产品价格回落。佃农的处境变得困难起来,因为收益减少,而地租还在升高,这是由于到续租约的时候,想来签约的人有的是。"人口猛增……农民家庭里人丁兴旺;一家之主要养活的家人更多了,他们到农场门口等着签约。"佃农保护自己收益的唯一办法是降低其雇佣工的薪水。与之相反,地主们非常满意。"地租升高,猛升!土地资本主义不仅仅像是社会中一个受保护的强大产业。它前所未有地前进、进攻,在它面前,农民收益溃不成军。"插一句,我们会注意到,拉布鲁斯眼中这位历史中的"行动者"——土地资本主义——被间接地人格化了:它"进攻",要做出这个动作,必须是有生命的主体。奢侈品工业从中获利,但农村销售市场紧缩在总体上对商业和工业有所损害。人工费用减少引起了失业,这是当时"农村和城市中无产阶级的大患"。

第三种变动是1789年的周期性危机,它开始于1788年的歉收,持续时间非常之短。这个例子就说到这里,因为拉布鲁斯自己的分析还要短,在他看来,这不那么重要,也不那么有新意。拉布鲁斯提出如下问题来结束其总导言:是贫困引起的危机还是繁荣引起的危机?他旗帜鲜明地支持前一种解释,因为他认为,谴责君主制是源于当时人心不满。"把政治危机从经济危机中分出来,这在归因方面犯了大错。因此,革命性事件……在很大程度上是源于收益与薪水下降,源于企业主、工匠、佃农以及自己也去耕作的地主手头拮据,源于工人、短工的窘迫。不利的局势将通常处于对立的资产阶级和无产阶级结合在一起。从这方面来看,法国大革命看来正是……一场贫困引起的革命。"

经济、社会、政治

上文是对拉布鲁斯推理过程的概述,如果对之进行分析,我们首先就会发现,拉布鲁斯在其中非常完善地构建了社会群体。他也运用一些大的团体,如"无产阶级"或"资产阶级",但他偏好更精细的范畴:佃农,自己也去耕作的地主,自己不耕作的地主,城市里的领薪者等等。

这是因为,实际上他更多地是区分出收入类型而不是社会群体。[4] 他正立足于经济与社会的结合部,在此处,价格和产量的变动拥有了具体的形式,即个人确定的收入。这些个人置身经济之中的方式多种多样,各不相同,拉布鲁斯从这些方式出发构造社会群体。区别就由此而来,例如,贵族与资产阶级之间的区别,也就是说在领地地租(佃租)与土地地租(地租)之间的区别。

这种研究方式与基佐有一个大不相同之处。此处,不见一点心理学的踪影,而法律和制度方面只有在其影响收入分配时才被牵涉进来。决定社会群体的,是其在经济领域中的客观地位。他们的满意或者不满并不是情绪变动,不是受到侵犯时的反应,而是收入高或收入低的直接表现。说得更准确些,满意或不满没有任何深度,没有任何本身的实在,

---

[4] 参见让-伊夫·格勒尼耶(Jean-Yves Grenier)和贝尔纳·勒珀蒂(Bernard Lepetit)的分析文章:《历史经验:关于拉布鲁斯》。

它们不是社会构建或文化构建的对象,而只不过是当事人物质状况改善或恶化的直接表现。拉布鲁斯认可这一点,但没有做出证明,他甚至没有意识到自己认可这一点,没有意识到这是其分析所需要的,因为在他看来,收入高就满意,收入低就不满,这是明摆着的事情。尽管仔细检查一番,会有惊人的结果,但这个公设看上去好像还是不证自明。它确保从收入变动——因此也就是经济变动——自动过渡到社会变动。

而当时的人们要对自身处境的改善或恶化做出反应,就必须对此有所意识。他们如何察觉到其收入的演变?在五花八门的价格变动中,他们最看重哪些?如何从历史学家事后的统计学构建过渡到当时人实际的亲身经历?正是在此处,本可以对经济变动给当时人带来何种观感进行文化分析。这种分析很难,因为缺乏关于下层百姓的史料。拉布鲁斯没有进行这样的分析。他设定,现实(即当时人所感知到的东西),就是抹平了偶然情况的价格均线。显然这是个无法证明的公设,但对拉布鲁斯范式来说,它必不可少。心理学被打发到了价格变动与满意或不满之间关联的层次,被打发到了对价格变动的观感的层次[5]。

从一开始,从选择史料的时候起,个体也被打发走了,在这一点上,拉布鲁斯所说的阶级也与基佐的阶级不同。基佐将具体的个人聚合在

---

[5] 格勒尼耶和勒珀蒂的《历史经验:关于拉布鲁斯》已经阐明了这一点。这关涉到整个拉布鲁斯学派。迪珀在博士论文中以9年为期计算出价格均线。他说自己之所以选择9年(为什么不是7年或5年?)的原因在于,周期性动荡的平均时间是9年。这一点可以接受。他断定,当时人所感知到的价格是9年前的均线。他接下来说,比之实际价格,感知到的价格要滞后9年。从开头提出的公设得出了多么美妙的发现!但是断言感知到的价格是9年前平均价格的根据何在?参见乔治·迪珀:《1848—1914年间卢瓦尔—谢尔省的社会史与政治史面面观》(Aspects de l'histoire sociale et politique du Loir-et-Cher 1848-1914, Paris, Impr. Nationale, 1962),第一章,第二部分。

一处，由此构建出阶级。拉布鲁斯的出发点则是已经抽象过的、集体性的、构建性的数据。正像波米安所说，拉布鲁斯的史料是价目表，是市场清单，是平均数，而不是某个顾客具体支付的价格或者某个包税人、某个什一税征收者具体收取的价格，在奥塞尔看来，后者才是"真正的价格"。[6] 就像涂尔干笔下的自杀一样，拉布鲁斯的价格也是为了他能在不同群体之间进行比较而构建出来的社会事实。

然而，我们还是处于历史学的范畴之内，原因有两个。首先，历时性的考察仍是最主要的：此处的根本，在于对时间的加工。拉布鲁斯的时间与基佐的时间大相径庭。一方面，拉布鲁斯的时间服从一种经济的，而不是政治的分期。另一方面，这是一种拥有多重节奏的、循环的时间：是诸种套接在一起的经济周期的时间。此外，它不再完全是进步的时间、"现代文明"降临的时间。它不服从任何历史学家加工出来的外在目的性：这种时间性无非是一种从研究结果中后天得出的构造。

第二，这种历史学继续解释事件，但事件的地位不同了：它变成局势性的。不再是某个个人的行动，也不像在置身于社会与政治结合部的基佐那里，是社会群体间的冲突。在拉布鲁斯那里，事件成了打破曲线线性连续性的偶然，例如，歉收使得价格飙升，大丰收又使价格回落，反之亦然。局势可以说在排除了个人和心理的维度之后，恢复了历史的事件维度。

我们看到，在这种历史学中，所有方面是如何在两个意义上联结在一起的。首先，从历史学家的做法来看，提出的问题与偏好的史料以及处理这些史料的方法是协调一致的。这种解释靠的是连续两次比较：

---

[6] 波米安：《时间的秩序》，第77—78页。格勒尼耶和勒珀蒂的《历史经验：关于拉布鲁斯》同样强调这一点：在拉布鲁斯范式中，价格系列的统计学构建是根本性的，1940年之前，历史学家很难接受这种构建。

同一系列、构成其演变的整条曲线上的诸多事件之间进行比较,然后是不同曲线之间的比较。拉布鲁斯对比较进行比较。这并不是什么新方法:西米安就是这方面的大师,在他之前,19 世纪的人,如勒瓦瑟(É. Levasseur)也早就使用这种方法。但拉布鲁斯将之发展至完美的程度,后来将成为一个学派。对不同曲线进行比较既完全是历史学的,也完全是科学的:说其完全是历史学的,是因为曲线是时间之中的演变;说它完全是科学的,是因为它十分客观,直接就适于比较法。最后,显而易见的是,拉布鲁斯史学的时间性与其设想彻底融贯一致。

然而,被拉布鲁斯写成历史的社会实在,其各个不同方面所构成的整体中也有融贯性。虽然首先是经济史、社会史,但它也包含政治,在它那里,政治就像是社会的直接或间接效果,像是构成各种社会群体(佃农、领薪者、食利者等等)的、有生命的集体行动者的作品。这些行动者行为的意图就客观地建立在自然产生于经济变动的数据之上。政治就这样直接套接在社会之中,社会又套接在经济之中。在付出了当然有些简单化的代价之后,结果便是一种融贯、全面的解释。

于是,我们可以理解为什么拉布鲁斯范式让几代学生着迷。它的确能同时满足三种智识上的要求。首先,是综合的要求:它将解释置于一个概括性的层面上,这让人觉得在整体上掌握了社会演变。第二,因果解释的需求:通过一些明显的中介,它将历史的进展表现成由深层力量所引发的不可避免的结果。可以说,它描绘了事物的力量,这是无法压制的客观大变动的效力。最后,科学的要求:它奠基于提交证据的过硬程序之上,这是无法拒绝、怀疑的。充分解释性与充分科学性被综合在了一起。

在 20 世纪第二个 30 年中,整个法国历史书写都被如此这般的社会史所主宰。古贝尔、肖尼、布罗代尔、维拉尔、勒华拉杜里、迪珀、维吉耶(P. Vigier)、多马尔、巴莱勒(R. Baehrel)、特伦贝、佩罗、德塞尔、科尔班、还有许多其他人的博士论文尽管因为其作者与主题而当然有所不同,但却都采用了这种经济、社会和政治或宗教相综合的视角。[7] 他们都诉诸表现为曲线和图表的量化系列,为的是将它们创造出来的事实客观化,并支撑其推理。"新"史学勉强算得上是在运用计量方法,而年鉴学派则依靠电脑带来的新资源,在这个方面变本加厉。[8]

三 拉布鲁斯范式的衰落

拉布鲁斯范式与马克思主义

拉布鲁斯范式最辉煌的时候,正与一种历史语境完全吻合,它所有的关切性都得自于这种语境[9]:先是30年代危机,苏维埃经济看上去

---

[7] 假如读者问到,相对于这一群名流来说,我自己又在何处,我会说,我的博士论文《一战退役老兵与法国社会,1914—1939》(*Les Anciens Combattants et la Société française, 1914-1939*, Paris, Presses de la FNSP, 1977, 3 vol.)研究的是一个社会群体,而不是一个阶级:它横贯所有社会阶级,由非经济标准界定。要仰慕拉布鲁斯,不一定非得做他的门徒……

[8] 关于这种心态,尤其参见勒华拉杜里的两个文本,一个是发表于《世界报》1969年1月25日的文章,另一个是1967年12月在多伦多举行的研讨会,二者都收录于《历史学家的领地》,第一卷:《计量革命与法国史家:对一代人的总结(1932—1968)》,第15—22页;《论历史学中的计量:高等研究实践研究院第六部》,第23—37页。

[9] 我在此处研究拉布鲁斯范式的历史时所进行的推理,是一种历史学的解释模式,在任何历史著作里都可以找到无数例证。这种历史学的辉煌时期与一种特定历史语境"吻合",这样说的时候,也就是在用历史语境做解释。在这里起作用的,正是西米安所批评的内在联系观。我们可以清楚地感觉到这种解释的力量,如果需要的话,也可以用事实来支撑论证。然而我们也同样觉察到其虚弱:这些"吻合",这些其模式未经分析就确定下来的关联到底是什么?然而,历史学却还是我行我素。杰克·赫克斯特非常机智地从这个方面解释了布罗代尔的成功。参见《费尔南·布罗代尔和布罗代尔世界》,收录于《论历史学家》,第61—145页。

逃过一劫;然后是1940年的战争,斯大林格勒的胜利者由此声誉卓著;最后是法国解放,工人阶级成为一种普遍的阶级,它肩负着民族的未来,"它的"共产党在知识分子中进行了投资,这种投资好像是"科学"社会主义与辩证唯物主义所需要的。

拉布鲁斯范式失去信誉时也是处于一种局势之中,这一局势中的主导因素就是现实中苏维埃国家的社会主义垮台了。在此之前以及与此同时的,是对马克思主义的批评。在法国60年代中期,马克思主义既是教条的,也是弥赛亚式的,其哲学榜样是阿尔都塞(Althusser),政治榜样是毛泽东,对马克思主义的批评因此就更为猛烈了。阿隆曾说明,托克维尔对社会演变历史大势的观察比马克思要准确得多[10],那时没有人真正理解阿隆,但他说得的确有道理,资本主义国家人民总体生活水平的提高最终让贫困化的预言破产,此后,东欧国家的经济崩溃让这个预言显得十分荒唐。

在这种新氛围中,所有看似与马克思主义有关联的(不管是否真是如此)都过时了,某些知识分子走得更远,他们连最细微的马克思主义痕迹都要打扫干净,而他们1945—1950年的前辈——有时甚至是他们自己——曾对之佩服得五体投地。马克思主义丧失了信誉,以至于或多或少显得与其有所关联的概念都彻底完蛋。历史学家虽然可以称得上经验丰富,有时候却还是向这股潮流让步。结果,历史学放弃使用诸如阶级或阶级斗争这样的概念,但这些概念却不是马克思主义的,以前的历史学家,甚至是像基佐这样的保守主义者都使用这些概念。

---

〔10〕 阿隆:《工业社会十八讲》(*Dix-huit Leçons sur la société industrielle*,Paris,Gallimard,1968)。

> **卡尔·马克思 | 我既没有发现阶级,也没有发现阶级斗争**
>
> 至于讲到我,无论是发现现代社会中有阶级存在或发现各阶级间的斗争,都不是我的功劳。在我以前很久,资产阶级的历史学家就已叙述过阶级斗争的历史发展,资产阶级的经济学家也已对各个阶级作过经济上的分析。我的新贡献就是证明了下列几点:(1)阶级的存在仅仅同生产发展的一定历史阶段相联系;(2)阶级斗争必然要导致无产阶级专政;(3)这个专政不过是达到消灭一切阶级和进入无阶级社会的过渡。
>
> ——致魏德迈,1852 年 3 月 5 日 [11]

马克思自己也承认,阶级和阶级斗争是"资产阶级"历史学和经济学的概念,而放弃使用这些概念,就使得所有社会史都有不复存在的危险。的确,如果不将社会看作是由多种集合体组成的(这些集合体的定义和型构可以改变,但"社会阶级"一词很好地表现了这集合体),那么怎么来思考这种社会史呢?如果拒不考虑社会阶级奠基于其上的经济实在的话(即便这种考虑是通过必定没有拉布鲁斯的公设那样不证自明的中介),又如何来理解"社会阶级"?现实中对马克思主义的批评不无恐怖主义的味道,它所确立的思考模式可能会让历史学家拒斥所有关于我们整个社会的综合性话语。

然而,也完全不再可能天真地使用这些概念或类似概念了(资产

---

[11] 译文引自《马克思恩格斯全集》,人民出版社,1973 年,第 28 卷,第 509 页。——译注

者、工人等)。即使它们在本质上不是马克思主义的概念，其中却仍包含了两种重大的、互相紧密联系的危险。

第一个危险是将阶级物化，将之变成自然而然的实在。在拉布鲁斯那里，和在 20 世纪五六十年代的历史学家那里一样，社会群体的存在是毫无疑义的。它们已经在那儿，完全准备好被用做分析的范畴。[12] 社会学家和统计学家的考察给这种天真的实在论以双重的打击。社会学家谈论"新"工人阶级，谈论这个阶级的"分化"，他们怀疑工人阶级这一实在。[13] 最明显不过的社会阶级有了问题。统计学家则着手反思其学科的历史，他们已经研究了社会职业范畴的历史。[14] 从此之后，这样的观念确立下来：分类并不是社会中自然就有的，而是一种社会建构的结果。布迪厄及其学派极力强调，社会分类是历史斗争的结果，这些分类首先就是斗争中的赌注。[15] 因此，需要重建、重构阶级这一概念；它在经过历史学的打磨，不再是其开始时的那个样子时，才是可以接受的。

未经批判地使用这些概念的第二个危险是简单化。在拉布鲁斯和

---

[12] 1965 年关于社会职业编码有过一次研讨会，从会上的讨论可以看出这种实在论之深入人心：划分归类时要迁就已经设好的诸种群体。参见《社会史，史料与方法》。

[13] 参见我的文章《法国劳工社会学怎么了？》(Qu'est-il arrivé à la sociologie du travail française?)，《社会运动》(Le Mouvement sociale)，1995 年 4—6 月，第 171 期，第 79—95 页。

[14] 参见德罗西埃：《社会职业术语历史学初步》(Eléments pour l'histoire des nomenclatures socioprofessionnelles)，收录于《统计学历史发凡》(Pour une histoire de la statistique)，第一卷，第 155—231 页。这篇文章在 1976 年关于统计学历史的沃克雷松(Vaucresson)研讨会上提交，这次会议是社会史发展中的一个重要时刻。

[15] 这里有一个社会范畴的历史构建的好例证：博尔当斯基：《干部，一个社会群体的形成》。

基佐那里一样,阶级斗争不仅是政治,而且是社会变化的动力。它符合显而易见的动机:各个社会群体为改善其相对处境而斗争。然而,相较基佐而言,拉布鲁斯那里有得有失。得的是专注于考察经济实在,这当中的解释价值是很明显的。但代价是一种双重的简化,即社会被简化为经济,政治被简化为社会。在这样的观念中,某些历史进程就没有立足之地,而个人或集体行动者正是通过这些进程产生了对客观实在既有根据又有偏差的意识,并由此有助于构造意识到自身利益的诸多群体,有助于构造将这些群体的盟友与对手分隔开的变动不居的边界。这种实在论让人觉得各种社会群体是自然的、明摆着的,但也让人无视这些群体的历史构建,将之看成几乎是自动形成的。拉布鲁斯很可能没有意识到,其解释的基本公设是收入增长让相关群体满意,降低则引起不满。这是个坚实的、很可能就是真实的公设,在拉布鲁斯看来,这个公设不证自明,但仔细的考察却带来一些让人吃惊的结果:事情并非如此简单。话说回来,这种简化并不有碍于拉布鲁斯式的社会史,因为它使社会史能得出本质的东西,即不同群体之间的冲突,这使人们在观察社会时获得一种既综合又动态的视野。

本可以对拉布鲁斯范式进行修正,以纠正其实在论与简单化。但人们没有修改它,而是将之完全抛弃。一切都过去了,就好像是魔力突然消失了一样,这种历史学从此属于过去。

230 拉布鲁斯范式与"新"史学

拉布鲁斯范式确实有利有弊。要拥有其解释力的话,得付出双重代价,那个时代的历史学家愿意付出这代价,而这对其现在的后继者来说却太过昂贵了。

首先,这种历史学全神贯注于分析事物的力量,而给行动者的自由留下的空间很小。人类对历史的介入被认为无足轻重。普通人的无数行动互相冲突,这些行动就此消弭,没有产生任何重要的东西。[16] 至于那些相信"创造了历史"的人则实际上是被幻象蒙蔽,因为深层的力量要比他们强大得多,是这些力量说了算。发生了的,就是**应该**发生的。与阿隆和韦伯相反,如此强调历史过程中已发生事情不可避免的必然性,这可以说是一种**宿命论**的观点,它并非为拉布鲁斯或者受马克思主义影响的历史学家所独有。在所有社会史中都能找见:社会史所采用的观点使之看重条件而忽略行动者的介入。关于这一点,布罗代尔说得清楚明白,多斯转述如下:"你不可能与大海潮汐抗争……在过去的分量面前,除了对之有所意识之外,什么也做不了。""因此,当站在一个人面前时,我总是试着将之视为被几乎完全不由自己做主的命运所困。"[17] 这里是决定论主宰一切,行动者的自由被发配到既不重要、也无意义的边缘。

有一种新史学出现了,它反对上述社会结构史,重又褒扬更为具体的分析。"人不是像小球在盒子里那样处于社会范畴之中,而且……此外,'盒子'的实质也只不过是环境中的人(过去的当事人,今日历史

---

〔16〕 恩格斯 1890 年的一封信(发表于《社会生成》[Le Devenir social,1897 年 3 月])中尤为明确地提出了这种观点:"历史是这样创造的:最终的结果总是从许多单个的意志的相互冲突中产生出来的,而其中每一个意志,又是由于许多特殊的生活条件,才成为它所成为的那样。这样就有无数互相交错的力量,有无数个力的平行四边形,而由此就产生出一个总的结果,即历史事变,这个结果又可以看作一个作为整体的、**不自觉地**和不自主地起着作用的力量的产物。因此任何一个人的愿望都会受到任何另一个人的妨碍,而最后出现的结果就是谁都没有希望过的事物。"(译文引自《马克思恩格斯全集》,人民出版社,1973 年,第 37 卷,第 461—462 页。——译注)在恩格斯看来,通过所有偶然而显现出来的必然乃是经济的必然。

〔17〕《碎片化的历史学》,第 114 页。第一句引自布罗代尔 1984 年 8 月 2 日在法国电视一台的访谈;第二句引自《地中海》,1976 年,第 2 卷,第 220 页。

学学科里的历史学家)赋予它的。"[18] 社会史于是转向不那么宏大的分析,行动者的自由在此处找到了自己的位置;尺度改变了;现在是微观史(micro-storia)出场了,它被限定在一个非常有限的范围内,以便能够对之细细审察,它通过爬梳多种史料,考察其中所包含的所有表象与价值观来分析社会行为、认同与联系、个人或家庭的轨迹。

为行动者平反昭雪本可以使政治史受益。拉布鲁斯范式不允许考虑政治的特殊性,在更广泛的层面上,也不允许考虑文化的特殊性:拉布鲁斯范式的简单化让它看不见这个方面。它将政治缩减为社会,又将社会缩减为经济,它无法理解,相似的经济可以适合于截然不同的诸多社会,相似的社会也可以适合于截然不同的诸多政治体制。然而,虽然参考了马克思主义的拉布鲁斯有时过于简单地(尤其是研究19世纪时)从经济危机中得出社会危机,从社会危机中得出政治危机,而不重视行动者的作用,但是拉布鲁斯学派的历史学家们(即使是共产主义者)却能够留意政治中的细微差别和特殊性。所以他们基本上使政治免于被意识形态强暴。政治史因拉布鲁斯式的社会史更为丰富充实而不是走上歪路,它也就几乎没有因其衰落而获益。

现在的历史学家转向了其他目标。拉布鲁斯范式没有被真正取代,但它还是在我们的视野中渐渐远去,因为它所能处理的问题我们当代人已不再感兴趣了。在这种历史兴趣的演变中,历史学与其他社会科学之间的关系起了很大作用。

《年鉴》受益于20世纪30年代至50年代的科学局势,将历史学做成了无所不包的唯一的社会科学。抗议来自民族学(列维-斯特劳斯)而不是社会学。面对其挑战,布罗代尔为历史学争取到了长时段和结

---

[18] 勒珀蒂:《经验的形式》,第13页。

构的领域,这是一个强力的制高点,其他社会科学由此看上去像是研究短期、现时的科学。然而,历史学是攫取了其他社会科学的对象来用自己的方式对其进行研究。这种错身换位已经为后来历史学的爆裂埋下伏笔。

在今日,我们不再想要这样一种社会史,它考察具体的社会行为、表象、象征性的创造、仪式、风俗习惯、面对生与死的态度,简言之,它考察的是曾一度被称为"心态"的世界,是文化与文化行为的世界。在新的社会史之中固然还有能够以社会事实的方式构建出来的集体性实在。但这是为了将之与其他整体相对照,是为一种更具雄心的构建而服务。上述的那些世界在此处失去了其味道、色彩和人的温热;它们的机能与内部构造有消逝的危险。这就是为什么在新史学中,人类学的描述盖过了解释,对机能的分析盖过了对原因的探究与分级。专题著作的身份改变了:人们不再要求其具有代表性,而是要它深入某种个人或社会机能的内部。通过这些专题著作所表现出来的间距,它们可以说是"隐隐地"揭示了社会中潜在的准则。

有一种更为悲观、更有争议的看法将传媒和时代风尚的刺激算了进来。[19] 历史学不再想要对社会进行全面解释,不研究事件,而是依个人口味去研究一些七零八散的对象,研究带有自身时间性的局部结构,这样能逃避眼前的烦恼。[20] 年鉴的大业和拉布鲁斯的范式就这样走向了其自身的辩证否定。

---

[19] 多斯:《碎片化的历史学》。

[20] "对我而言,历史学有点像是一种逃离20世纪的方式。我们生活在一个相当阴森恐怖的时代。"勒华拉杜里,转引自多斯,同上书,第250页。

弗朗索瓦·多斯 | 新史学话语

《年鉴》杂志如今的状况又如何呢？如果仅从表面看，人们会以为现在的历史学家都封闭在永恒和遥远的历史中，他们与主导权力、技术统治和技术文化没有任何关系。实际并非如此。新史学话语和旧的一样，也同样使自己适应了权力和周围的意识形态。在我们这个现代世界中，变化不再被看作是现状的简单量变和复制，而是质变，变化的愿望遭到边缘化并被打入妄想和狂热之列。如今的《年鉴》杂志把断裂和革命说成是线性演变的连续进程中出现的失误。在这种历史学家的话语中，革命成了神话，就像雅克·雷韦尔承认的那样，想要对变化进行思考的人在年鉴学派多样而丰硕的成果中找不到任何有用的东西。年鉴学派的话语反映了传媒的压倒优势，它也努力迎合传媒的标准，其推出的历史在本质上是文化史和民族史。这种史学以新浪漫主义的手法，对物质文化进行戏剧性的描述：疯子与女巫走到一起，边缘和外围取代了中心，新美学为周遭的技术统治提供了必要的衬里，给坚硬强势的东西提供缓冲。这种史学整合了幻想和压抑，以便围绕着我们的现代性实现和谐一致，历史学家以扫荡离经叛道者为己任，并把他们安置在一个拼凑的世界中：在这整个社会中，各就各位，没有矛盾。

——《碎片化的历史学》，第 255 页。[21]

---

[21] 译文引自中译本第 238 页，略有改动。——译注

对马克思主义或结构主义那无所不包的范式感到失望,这与集体性美妙愿望的破灭和20世纪末的个人主义是相一致的,这种失望也是拒绝对社会整体及其演变再发表看法。从这个意义上来说,社会史没有被取而代之:它的位置,也即综合的位置,仍然空着。

集合体的衰落

在刚才对从基佐到拉布鲁斯的社会史的分析中,我们多次指出历史学家诉诸将集合体人格化的方法。历史学可以说是构建了抽象的集体社会事实,为了使它一直是根据动机和意图能理解、根据确证的规则能解释的历史学,社会史将运用于个体行动者的意图、感情和心理同样运用于集体行动者。可以说,它创造出集体性的个人。那个阶级"想""想要""厌恶""需要""感到"。在语言学家看来,它完全属于能做动作动词、意愿动词等动词主语的有生命的存在。被当作集体行动者历史的社会史之所以可能,正是基于解释个体的方法可以转用于解释集体行动者。

我们在上文看到(见边码第140页),根据利科的看法,这种从个体到群体的转移是如何奠基于个体对"我们"的意识,个体认识到,自己是"我们"的一部分。然而,这种解释只对群体或人类共同体有效。而社会史让人格化方法的使用更进一大步,无论谴责还是倡导[22],这都是一个事实。

在拉布鲁斯那里,资本主义在"进攻"。而对费弗尔来说,弗朗什

---

[22] 有些人赞成人格化,有些人则追随赫伊津哈(Huizinga)对此予以谴责,如彼得·伯克《历史书写的新视角》(第235页)。我在这里不想提出某种标准看法,所以我对于这方面应该如何不发表意见。我只想指出,研究结构的历史学家实际中运用了隐喻性的人格化。

孔泰地区已经是"一个集体性的历史人物"。[23] 在布罗代尔那里,地理实在始终被人格化。沙漠成了一位主人,高山是些大块头,面目庞大而可恶。布罗代尔狂热地爱着地中海,这是一个不同寻常的复杂人物;她需要填饱肚皮。与之相反,通过诉诸与植物或动物相关的隐喻,人被自然化:人像多年生植物那样生长,当数量太多时像蜜蜂那样分蜂;穷人像是毛毛虫或者金龟子。[24] 也许,如果新史学的前辈没有那么大力地将人类行动者非人化,那么新史学所做出的反应本不会在个人主义的方向走得那么远。无论如何,将本没有生命的行动者人格化是所有社会史的主要手法之一。为了展示结构的作用,为了让人理解它们如何介入历史的进程之中,历史学家将其对象人格化。

当人格化针对的是人类集体(职业群体、阶级、民族国家)时,风险不是没有,但终归有限:风险就在于,让相关实体看起来是"自然的",而无视它们完全是人为的构建和历史的产物。人们不断地说着资产阶级或法国,于是忘记了去探究二者在其成员的表象中是以何种方式被创建成共同体的。被客观化的阶级掩饰了主观的或者实际中的阶级,掩盖了其意识到自身的方式。

当人格化针对的是物质实在(如地理实在)时,或是制度、礼仪、政治、文化行为(节日、学校等)时,它就只不过是种隐喻,即一种修辞手法。历史学当然由此更为生动,但是否准确呢?瑟诺博司和方法学派绝对禁止隐喻,说它"炫目却不照明"。他通过拒绝文学手法来拒绝将

---

[23] 其博士论文《菲利普二世与弗朗什孔泰地区》(*Philippe II et la Franche-Comité*)的序言,转引自迪穆兰:《实证主义者是如何被发明出来的》,收录于《认识论与社会需求之间的历史学》,第 88 页。

[24] 这里借用罗森塔尔的分析,《隐喻和认识论的策略》。

历史学当作文学。这种拒绝的代价,就是其文风不可避免地有些平淡寡味。

既以客观社会科学的名义,又以生活的名义(这让人想起上文引用过的费弗尔)与这种拒绝作斗争的历史学家已经解决了这个问题,他们通过隐喻赋予社会实体以生命。费弗尔、布洛赫、拉布鲁斯和布罗代尔的的确确也是大作家。在这里,我们同样触及了历史学的另一个面相:它不仅仅是事实、问题、资料、时间性、概念化、理解、追寻原因和探索结构;它的构成也像情节一样,它也是由词、由句写成。所有历史学都展现出文学或语言学的一面,我们还是说修辞或者语言的一面吧,下面我们就来对之做一番考察。

第十一讲　情节化与叙事性

像前文那样,承认历史学完全属于自然推理,这并不是无所谓的事情。

一方面,这证明我们拒绝定于一尊的做法是正当的。从一开始,我们就决定将所有在历史上被承认是历史学的智识产品都看作是历史学;我们对发表宣言没什么兴趣,对提起诉讼就更没兴趣了,我们选择了一种分析的视角,而不是制定标准的视角。现在从逻辑上讲,这一立场也站得住脚。从史料出发得出可靠的答案来回应历史学家提出的问题时,的确使用了考证法,但这种方法大家都在使用,并非历史学家所独有。相反,我们无法明确指出一种只要遵守就会得出好历史学的历史学方法。

另一方面,上述说法进一步推进了分析。如果说历史学属于自然推理,那它并不是孤家寡人:社会学和人类学所诉诸的,也是同样的理想型概念和同样对原因与融贯性的追寻。而且,新闻记者、侃爷们也都是使用同样的推理。那么区别在何处？区别是存在的,因为历史著作一眼就被认了出来。

我们可以换一种方式来表述以上说法和问题:显然,要写出伟大的史学著作,写出具有丰沛意义、我们一接触其主题就完全明白和满意的作品,有着诸多不同的方法。这里举一个差不多算是当代的例子,还有什么比让-巴普蒂斯特·迪罗塞勒后期的著作《衰败》《深渊》,与布罗代尔的《15至18世纪的物质文明、经济和资本主义》之间的差别更大的呢?[1]前者是短期内的外交史,后者是漫漫三个世纪的结构史。然而,这几本著作却同样站得住脚。如果我们是从果实来评判树木,那我们不得不说,这些如此不同的著作在历史学上是同样有效和充分的。此外,在这里读者不会搞错,他们一下子就认出这些是历史学著作。问题来了:它们有哪些共同点如此明显地标示出其是历史学著作?

为了回答这个问题,我们将改变视角。我们将不再跟在历史学家身后,看他在整个考察中是怎样构建其事实和解释的。这种分析自有其意义,但它已经给我们提供了所有我们能指望从它那里得到的东西。总之,恰恰是因为我们身处一个事实与其语境不可分割的历史的世界之中,它无法让人理解历史学家做法中的核心部分。

一 从整体到部分

历史学的运作确实不是从部分到整体。它的构建不是通过将被称之为事实的元素聚拢到一起然后再对之进行解释,就好像是瓦匠用砖块建一面墙似的。它的解释不是像将珍珠串成项链那样。历史学家所获得的事实或解释从不是像原子那样独个、分开的。历史学的材料从来都不像是一排一粒粒摆开的小石子,而更像是种成分混杂、开始时揉

---

[1] 让-巴普蒂斯特·迪罗塞勒(Jean-Baptiste Duroselle):《衰败,1932—1939》(*La Décadence : 1932-1939* , Paris, Impr. nationale, 1979) ,《深渊,1939—1945》(*L'Abîme : 1939-1945* , Paris, Impr. nationale, 1982);布罗代尔:《15—18 世纪的物质文明、经济和资本主义》(*Civilisation matérielle, Économie et Capitalisme XVe-XVIIIe siècle* , Paris, Armand Colin, 1979, 3 vol)。

在一起的面团。如果逻辑学家没能在历史学中符合逻辑地确定严格意义上的因果关系,那也没什么可惊讶的:他们是在考察不存在的事物——或者说至少不像不可分的原子那样存在的事物——之间的因果关系,韦伯选择俾斯麦在1866年战争的爆发中所扮演的角色作为问题,历史学家绝不会如此提问。这个问题已经被包含在课堂上或著作里的话语整体之中,这些课堂或著作会以"德意志的统一""国际关系"或"19世纪欧洲的政治生活"等等为主题。如果说韦伯和阿隆关于这个例子的推理是恰当的话,那另有原因:这种推理围绕着两个建立起联系的"事实",考察了由不同假设构成的、非现实演变的网络,这些演变是历史学家为了**诸多**原因中的**这个**原因进行思考而构建出来。尽管如此,这个例子和所有例子一样,还是人为造出来的。

这里又可以用上工匠的比喻。与使用标准化零件的工业不同,工匠从不认为零件独立于整体。[2] 历史学家在自己的工作台边,就像是高级细木工;他从来不会把随便两块木头拼在一起;他造一个家具,就选择某个带榫眼的部件做抽屉,选择某个有销钉的部件做底架。整体统领部分。因此,为了理解历史学家的做法,我们下面按从整体到部分的次序来着手。这也就是说,我们将从已完成的著作出发,将之看作完整的文本,我们首先来考察其构成,然后考察其写法。

叙事、描绘与评论

我们来看看书店里的历史类书架:摆在一起的书籍之多样是惊人的。为了给这个混杂的整体理出点秩序,我们将从诸如书名或目录之类的外在标准出发,由此能分出三种类型:叙事、描绘和评论。

---

[2] 这说明了为什么在历史学中团队合作是有限制的。

叙事就像是在时间中行走。即使其标题不是，其大纲也基本上是编年性质的。将其缩减到最精简的程度，便是从第一个元素出发，生成后来的第二个元素，并解释是怎样从第一个到达第二个元素的。换言之，要有叙事，就应该有、而且只需有在时间中按顺序排列的两个元素或情境。从我们此处的观点来看〔3〕，靠这种形式上的特征已足以界定是不是叙事。

事实上，叙事可以包含截然不同的时期。"造就法兰西的一百天"(Cent journées qui ont fait la France)丛书以叙述某一天的事情为目标，但叙事所能包含的时期却要长得多：一个朝代，一个世纪，几个世纪，有时是数千年，例如几套分期出版的从原初到今日的法国史。叙事蕴含着编年性的维度，而它适合所有编年。

同样，叙事可以针对任何历史学对象。这里必须澄清在叙事与事件史或政治史之间常常存在的混淆。从此种意义上来看，说"回归叙事"〔4〕是不怎么恰当的：叙事从来就没消失，布罗代尔自己也习惯于将历史—叙事等同于他公开谴责的事件史，可是为了形容他所赞赏的那些叙事，布罗代尔造出了"局势的宣叙调"(récitatif de la conjoncture)这个词组。经济史、文化实践史或表象史可以和政治史一样好地使用叙事。例如，科尔班在《对海岸的渴望》一书中分析了海滨的表象是如何取代之前的表象，以及这种变化的意义何在。这无疑是一种叙事。〔5〕相反，我们会看到，并不会因为某些历史学家重新拾起表面上看来是

---

〔3〕 此处分析很大程度上是借用卡拉尔《新史学的诗学》。下一讲我们还将谈到所谓叙事与话语之间的典型对立。

〔4〕 参见劳伦斯·斯通：《回归叙事》(Lawrence Stone, "Retour au récit")。

〔5〕 科尔班：《虚无之地：西方与对海岸的渴望，1750—1840》(*Le Territoire du vide. L'Occident et le désir du rivage 1750-1840*, Paris, Aubier, 1988)。

事件性的主题，他们就将之写成叙事，例如杜比的《布汶的星期天》就是这样。

最后，叙事不一定是线性的；使叙事局限于完全遵循年代顺序的那些文本是不对的。一方面，即使在最传统的事件史和政治史中，完全遵循年代顺序一般来说也是不可能的。例如，想象一下对1958年5月13日的叙事[6]；如果想要清楚明白，就不能不断地在巴黎和阿尔及利亚之间来回穿梭，而要在一个总体上是编年性质的框架内，将巴黎和阿尔及利亚分成两个平行的序列，分别连续地进行描写，如果将二者绞在一起，将使人无法理解。另一方面，叙事与多种文学手法相适合，这些手法使历史表达得更生动，有时也更富意义。

叙事适用于解释变化（"为什么会是这样？"）。它自然蕴含着对原因和意图的探寻。但它不是表达历史的唯一形式。其他著作也是位于时空之中的描述。根据惯例，我称之为描绘（tableau）。

描绘是一种得出融贯性和内在联系的历史表达模式。它回应的问题是："事情曾是怎么样的？"它当然位于时间之中，有时还是非常长的时间；停滞的历史使描绘能够横跨数百年之久。描绘不关注变化，而是关注其对象的特性，关注那些保证了对象统一性的东西；它在这些特性之间联结成一种当时事实的多样性，并由此构建出一个总体，一个在其中事物"互为奥援""糅合在一起"的整体。

和叙事一样，描绘也不是必然和某类历史对象相关联的。自然，它适用于表现一个特定的社会，或是历史中某个特定时刻的某个社会群

---

[6] 这一天在阿尔及利亚发生军事政变，随后不久法兰西第四共和国结束，第五共和国开始。——译注

体;如布洛赫的《封建社会》。[7] 但文化史有时候也需要描述。费弗尔的《拉伯雷》[8]不是叙事,不是从主角出生讲到去世的传记;它是对16世纪整套心态工具的描述。

我们可以对事件进行描绘,即使是像战役这样事件性的事件也可以。一切取决于优先考察什么问题。在《布汶的星期天》[9]中,杜比只在第一部分中叙述了这场战役。在第二部分,也是篇幅最长的部分中,杜比将这场战役作为一个切入点,提出叙事把握不了的问题:在13世纪初,这场战争、这次战役与其后的和平到底是什么?这次战役可以说就这样被"去叙事化"了。[10] 描绘盖过了叙事。

评论比较少见。它是从历史学家或当时人的解释出发,是对处于自身语境之中的其他文本的评说。例如,弗朗索瓦·傅勒的《思考法国大革命》,或是费罗的电视节目《平行的历史》,后者致力于展现同一时刻交战各国在电影院里放映的新闻报道是如何表现战争中的事实的。这种历史学很少有人涉猎,我们这里也就点到为止。

当然,叙事中包含描绘,描绘中也包含叙事。在《布汶的星期天》中,有对战役和其他事件性序列的叙述。同样,《封建社会》中也有许多叙事来解释那一结构的基本元素(关于长枪的军事技术,或者宣誓

---

[7] 布洛赫:《封建社会》,第一卷《依附关系的形成》,第二卷《人的等级和治理》(*La Société féodale*, Paris, Albin Michel, t.1, *La Formation des liens de dépendance*, 1939, t.2, *Les Classes et le Gouvernement des hommes*, 1940)。

[8] 费弗尔:《16世纪不信神的问题:拉伯雷的宗教》。

[9] 杜比:《布汶的星期天:1214年7月27日》(*Le Dimanche de Bouvines: 27 juillet 1214*, Paris, Gallimard, 1973)。

[10] 这个例子非常重要,斯通在论述叙事的回归时正是举了这个例子支持自己的论点。卡拉尔的分析完全正确,参见《新史学的诗学》,第64—65页。

效忠的仪式)是怎样被各就各位的。反之,叙事吸纳了描述性或结构性的序列。有些叙事甚至描述了结构的演变,或者必须从描述开始的融贯型构的演变。在更深的层次上,叙事的因果解释要求助于隶属结构的规律性,而对结构的描述也要诉诸将结构转化为另一种叙事的行动者的人格化。这两个范畴相互区别,但不相互排斥。

我们由此能理解更为复杂的混合模式。第一种是部分描绘加上部分叙事。拉布鲁斯的论文开始时一般有一或两个部分用来写地理、人口和经济结构;这是描绘。然后是对经济局势的分析,再接下来是政治生活,这里叙事占了上风。[11]

第二种复合形式是通过一幕幕连续的场景、一步步来叙事。[12] 菲利普·阿里耶斯的《西方的死亡》[13]是一个好例子,它由连续的四章构成,每章写一个特定时代的死亡:"被驯化的死亡"涵盖从中世纪到18世纪的漫长时段,"自我的死亡"写中世纪后半期,"你的死亡"始于18世纪,直至最后"被禁止的死亡"。这里当然有叙事,因为我们从一个情境换到另一个。此外,大纲也是按年代顺序来排的。但这是一种没有事件、节奏十分缓慢的叙事。在每一个型构中,都对融贯性进行了分析,我们可以说,阿里耶斯给出了四个连续的描绘。然而,每个时代所具有的特征都与其之前和之后的型构相关联,因此,对于直至今日面对死亡时所持态度的变化的全面分析规定了描述的方向,确定了描述

---

[11] 也可以颠倒过来。以我自己的博士论文为例,第一部分名为"历史学",是叙事。接下来两部分分别是"社会学"和"心态与意识形态",是描绘。普罗斯特:《一战退役老兵与法国社会,1914—1939》。

[12] 卡拉尔的说法是"舞台叙事"(stage narratives)。

[13] 阿里耶斯:《论从中世纪至今日在西方死亡的历史》(*Essais sur l'histoire de la mort en Occident du Moyen Age à nos jours*, Paris, Éd. du Seuil, 1975)。

的结构。在这里,描绘是由叙事组织起来的。

作为情节剪切的历史学

不管历史学是叙事、描绘,还是混合形式,它都是一个闭合的文本,是在历史这个无限连续整体中凭一己之意分割出来的元素。历史学家的所有事业都有其界限。

上文说过,历史学从问题开始。说明问题的社会的、科学的和个人的根源,明白为了成为历史学的问题,在提任何问题时,都至少要大概知道哪些资料、哪些做法能解答问题,这些还不够。还应该区分出哪些是会引导人构建事实的问题,哪些是导致产生情节的问题。

在奇怪战争期间工厂里是否有破坏行动?为什么法国在1940年瓦解?对这两个问题的思考实际上不是一回事。前一个问题直接是操作性的:我知道在哪个档案馆里可以找到答案[14],这个问题纯粹是事实性的。第二个问题更具雄心大志,却不是那么具有操作性;要处理这个问题,必须要有复杂的设计,这种设计能让人从中得出第一类问题:确定进行一步步连续分析的方案,以及由此带来的从属问题(可能与破坏行动相关),确定一段时期(上溯至哪个时间?),确定一块地域(包括殖民地吗?),这种构建历史学对象的工作是准备写作博士论文者和其导师在研究开始阶段时讨论的中心,这一工作是决定性的。史学工作首先就是切割出其研究对象。

的确,一切皆可做历史学的对象:物品、社会群体、制度、象征、技术、农产品或工业产品、贸易、区域、艺术等等。我不是为了好玩才乐此不疲地继续补充:书店里简之又简的目录和博士论文答辩的布告

---

[14] 答案是否定的。参见让-路易·克雷米厄-布里拉克:《1940年的法国人》。

牌是比普雷韦尔还要超现实主义的清单。这里有食品、疾病、经济增长、避孕、卖淫、节日、具有多种词形变化的语族、民俗、社会性、扫盲、去基督教化,每一个都指定其时间和地点。还有农民、资产者、财富、城市、工人、罢工、钟表、钓鱼。还有技术、科学、书籍、报纸、杂志和成百上千种形式的艺术。谁来设想一个无法研究其历史的主题?!

而历史学家无法研究一切的历史:他必须进行选择。选择在一定程度上都是武断的,因为所有一切都在历史的连续体中互为奥援,没有开始,也没有绝对的终结。但选择又是不可避免的,没有它,历史学就烟消云散了。

"情节"概念借自保罗·韦纳和海登·怀特(这二人所说的情节不完全是同一个意思),它要考察的,大致上就是围绕着确定了历史学文本的结构的那个问题所形成的历史学文本的闭合与组织。让我们暂时不考察情节对于描述来说是否有效,我们将用情节来说明,一本已完成著作的总体视角如何既是构建历史的、也是解释历史的原则。

二 历史学的情节

作为型构的情节

对历史学家来说,确定情节,首先就是型构其主题。他绝不会发现其主题是现成的,他建构主题,用一种首创的、建构性的动作来塑造主题,我们可以称这种动作为情节化(在美国文学中用 emplotment 这个词)。

情节化始于切割对象,确定始与终。选择年代的界限并不是在一块田地里立上界碑以标示出想要劳作的范围,而是确定想要解释的演变,因此也就是确定将要回答的问题。情节的剪切已经决定了历史学的意义。同样是对 1914 年战争的叙事,始于 1871 年终于 1933 年,与始于 1914 年终于 1919 年和约是不一样的历史。同样,如果研究法国从 20 世纪初至 60 年代的婚姻史,那么问题就是从家里做主的婚姻(但都被家里完全控制吗?怎么控制的?)过渡到自由恋爱的婚姻。如果延伸至 90 年代,那么将变成婚姻这种体制的危机史。在时间年代上做出的切割也是起解释作用的一个部分。当傅勒选择将法国大革命史嵌入 1770—1880 年漫漫百年之中时[15],这是为了对大革命提出另一种看法。

情节化也针对人物和场景。它是对演员和片段的选择。所有历史学都包含、蕴含着一系列人物和一系列背景。还是以 1914 年战争为例,如果考察后方、妇女、老人、儿童,那就和只考察士兵会构建出不一样的情节。同样,将军的情节和小兵的情节也不相同。如果决定去医院、墓地看看,那就和仅限于战壕与政府诸部门的历史学会有一点不同的意义。

情节化也决定历史学家将位于哪个层面:他可以从较远或较近的地方观看其情节。可以说,他必须选择其镜头的焦距和分辨率。实际上,所有历史学的细节总是能够讲得更多一些或更少一些。它总是能以另一种方式重新讲述;总是能够加进些细节,就像能够放宽或缩小场景,总是能够让配角出场。在这种意义上,"**叙事话语在内里上是不完满的**,因为所有叙事语句都易于被后来的史家所修正"。[16] 或者用韦纳的地理学比喻来说,历史学家只满足于画出自己游历的路线图而从

---

[15] 傅勒:《法国大革命:从杜尔哥到朱尔·费里,1770—1880》(*La Révolution: de Turgot à Jules Ferry [1770-1880]*, Paris, Hachette, 1988)。

[16] 参见丹图(A. Danto),利科在《时间与叙事》第一卷第 254 页有概述。

不画出事件的完整地图，这么说还不够；还应该加一句，他选择比例尺。

构建情节是根本性的动作，历史学家通过它，在历史的无尽脉络中切割出一个独特的对象。但这种选择还蕴含着更多东西：它构建出如此这般的事实。

不存在单个的事实。只是在研究事实时，人们才将它单个拿出来，同时以独特的角度将之构建为独特的事实。事件不是人们将要去拜访的一个地方，它位于多条可能路线的交汇之处，所以可以赋予它大小不定的重要性，由此从多种角度进入它。同样的事实放进不同的情节，价值、意义和重要性都会改变。韦纳以1914年战争为例。如果我切割出这场战争的军事史，那么凡尔登战役肯定是个主要事件，但它被包含在一系列战役（马恩河战役、1915年香槟地区战役、索姆河战役、达姆古道［Chemin des Dames］战役）之中，它见证了一种行不通的战略。在这种历史学中，西班牙流感是边缘的小插曲。然而在战争人口史中西班牙流感却是重要事实；那么提出的问题就将是它与战争的确切关系，凡尔登战役就将只因其伤亡人数而出现在战争人口史中（其伤亡人数在总体上比沙勒罗瓦［Charleroi］战役和马恩河战役要少）。与之相反，在一战的社会和政治史中，凡尔登战役被移至近景：这座城市马上具有象征性价值，政治家命令军人对右岸进行防守，这场战役在舆论中占有什么地位，一战中其他任何战役都没有这么多的法军士兵被源源不断地运往前线，上述种种都让这个事件举足轻重。选择事实，构建事实，从事实中得出诸种面相，赋予事实以重要性，这些都取决于情节的选择。利科说，事件是情节的一个变量。

因此，情节化型构出历史著作，它甚至决定其内在构造。被采纳的元素通过一系列片段或仔细安排的段落被整合进剧情。按时间顺序安排是最简单的了，但却绝不是非如此不可。要安排得复杂一些，可以进行闪回,或运用多样性的时间,一个接一个考察被结合在一起的各个领域,或是连续抓取各不相同的演员和场景,形成一个全景。例如,研究1914年战争的历史学完全可以连续地处理军队与后方,衡量对峙的军队、战略思想、法军士气,然后关注战争经济、军需供给,关注家庭、战争文化。在某个时候,这一历史学还要将不同元素集结于一处,展示它们之间的相宜与冲突,并将它们在内政、外交与战场风云的一幕幕插曲中衔接起来。这无论如何都是一种剧情,是众多可能情节中的一个。

情节与叙事解释

将历史著作界定为情节,型构就涉及了解释。这里我们应该区分叙事与描绘。

在叙事中,历史学显然就是文学意义上的情节,即小说、戏剧和电影中的情节。此处我们可以随韦纳一起,愤怒地拒绝量化科学主义,而赞同所有历史学都是事件的叙事。

保罗·韦纳 | 历史学是对真实事件的叙事

历史学是对事件的叙事:其他一切都从此中而来。历史学首先就是一种叙事,所以它就像小说一样,不能使已逝去的复活;从历史学家手中重新显现出来的经历并不是行动者的经历;这是一种叙述,某些假问题因此被去除。就像小说一样,历史学进行分拣、简化和组织,将一个世纪放在一页里面,这种叙事的综合和我们回忆最近几年生活经历时的综合同样都是自发的……

事件突显于一致性这个基础之上;这是一种我们无法先天认识的区别:历史学是记忆的女儿。人们出生、饮食、死去,但只有历史学能让我们知道他们的战争、他们的帝国；他们是残酷无情的，也是平庸无奇的，既不完全善，也不完全恶，但历史学告诉了我们，在某个特定的时代，他们是更喜欢追逐无尽的利益，还是功成即身退，也告诉了我们，他们如何感知色彩，将之分类。……历史学是逸闻趣事性的，它像小说一样，喜欢讲述。只在一个关键点上它与小说有所区别。假设有人给我讲述一次骚乱，我也知道那人是想给我讲述历史，知道这次骚乱确实发生过；我会将之视为在某个特定时刻，在某个民族中已经发生的事情；我会将这个我一分钟之前还不知道的古老民族作为主人公，它对我来说就成为叙事的中心，或者更准确地说，成为叙事中心不可或缺的支架。所有人读小说时也是如此行事。只是，此处的小说[17]是真实的，它因此不必引人入胜：骚乱的历史可以是无聊的，但这却无损于其价值。

——《历史是如何写出来的》，第14—15、22页。

历史学讲述。正是在讲述中历史学进行解释。再以交通事故为例，证人对警察说："我来给您解释……"在日常生活中，当人们想要"解释"的时候做的是什么？是讲述。说叙事是解释性的，这是同义反复。可以将叙事与它奠基于其上的资料性设备以及它所提出的证据分离开来，但却无法将叙事在事件之间建立起来的解释性联系与这资料性设备及证据分开，正是这种联系将资料性设备与证据构造成叙事，这种联系与罗列事实是不同的，不管其是不是按照事件顺序罗列。讲述，也就是解释。"解释为何某件事情会发生，与描述已经发生的事情，这

---

[17] "此处的小说"指历史学。——译注

二者是重合的。没有能够成功解释的叙事就不那么是叙事;进行解释的叙事是纯粹、干脆的叙事。"[18] 我的老师们也是这样教我的:居伊-P. 帕尔马德在训练几代巴黎高师的学生准备教师资格考试的时候,反对他们将展现事实与进行解释一刀两断;他说,在历史学中,解释应该源自展现事实本身。

如果说解释与叙事紧贴在一起,这是因为它就在事实本身之中。事实与其解释是一同出现的。韦纳说得很好:事实有客观性的关联。"事实有一种自然的构造,历史学家发现它是现成的,一旦他选择了其主题,这种自然构造就不可更改:历史学家的工作就恰恰在于**重新发现这种构造**。"[19]

这种叙事性的解释几乎不超出常识的范围之外,韦纳说得很有趣:

> 那位国王开战,战败;这是实际上发生的事情;进一步来解释:那位国王开战是为了荣誉,这非常自然,他战败的原因在于他的人少,这是因为,除了例外,人少的一方被人多的一方击退是很正常的。历史学从未超出这种非常简单的解释层次之外;它基本上依然是一种叙事,所谓解释,几乎只是将一个可理解的情节组织起来的叙事手法。[20]

在这里,我们又看到了上文说过的在日常生活中所运用的解释框架和历史学中的解释框架之间具有连续性,看到了上文所说的自然推理。在我们所经历事情的叙事与历史学中的叙事之间有着明显的连续性。例如,从语言学的观点看,意愿动词和动作动词在这二者之中都占

---

[18] 利科:《时间与叙事》,第 264 页。
[19] 韦纳:《历史是如何写出来的》,第 45 页。
[20] 同上书,第 111 页。

有重要地位,这是其共同的显著特征。

然而,叙述的三个特点将它与当时人的叙事区分开来。首先,叙述者既不是行动者,也不是直接的旁观者;他事后才到,他知道结局。他的描述并不是像广播主持人即时播报一场体育赛事;他进行叙述,是因为他与他所叙述的内容之间有一段时间间隔,这间隔就内在于他言语本身的脉络之中。也就是在叙述语句之中,例如:"在 1715 年,《拉摩的侄儿》的作者出生了。"[21] 这句话里面蕴涵着三个时间性立场。首先是 1715 年,但那时我们还不知道这个刚刚诞生的婴儿后来写了一本书。说"……的作者",这表明叙述者知道后来的历史,这是第二个时间性立场。第三个:为了要知道《拉摩的侄儿》是一本重要著作,其作者的出生日期值得提及,那就必须要到这本书出版之后。叙述言语的时间性将之与现场描述明显区分开来。

第二个特点是,叙述蕴含着对情节发展与结局的事先了解;叙述并不是逐渐揭示情节发展与结局的。因此,它关注计划与结果之间(通过原因和意图来解释)、观察到的情境与人们根据规律预期的情境之间(结构的力量与局限)的差距:发生的事情或者是没有预见到的,或者是已被预料到的。在韦纳看来,历史学是对"特殊"的认知,这并不是说,历史学是对只发生一次的事情、对独特的事件或个人的认知,而是说,它是对使其可以理解、赋予其对历史学家来说的意义与兴趣的那些东西的认知。旧制度下的小麦危机正是因其不断重复出现而具有意义。其他人会将历史学说成是对区别的认知。但韦纳说得有理,几乎没有什么话比下面这句更能表现出历史学家在态度方面的特征了:"这真有趣。"

---

[21] 这个例子借自升图:《分析的历史哲学》,第 18 页。

由此带来第三个特点:叙述性描述被构建成一种论证。因为与行动者不同,叙述者了解情节起伏与结局,因为他对社会学家所说的"反常"(pervers)结果投入极大的关注,这种"反常"结果是行动者既不想要,甚至也没有预料到的——关于它的历史写得满满当当——它踏着不规则的脚步,引领其叙事向前,就像导游带着游客参观一座城市。他在某处非常快地一带而过,用一页纸概述一个世纪或一年——这完全取决于用什么比例尺——因为这里没什么意思:所有一切都如预料的那样展现……他一会儿又正相反,进入细节之中:这是因为事件看上去偏离了轨道,需要对此进行解释,或者是因为他不同意之前某位历史学家对某事的解释。叙述中有省略,也有停在某个形象上的特写镜头。

叙事就是这样由诸多单元组成,这些单元的节奏不一样,比例尺也不一样;叙事将对规律性的报告、事件性的序列,以及服务于论证的完全自然的证据元素铰接在一起。叙述者打破叙事线索以进行解释;他可以指出自己依据的是什么规律性,可以概述自己刚刚分析过的原因和条件以便将它们分出等级层次,可以致力于历时性的比较,可以援引中国法律来阐明罗马法的某个方面。作为论证,叙述无所不用,只要能帮助它达成目标就行。

这里应该将论据和论据的证据区分开来。历史学解释蕴含着证据。但证据在作为论据时是另一回事。从某些律师那里能很清楚地看到这一点,为了准备辩护词,他们打开装着论据的文件夹,在里面放上一些基本材料,法律条文,证人证词,已确定的物证,这些将用来支持其论据。这种区分十分重要:它意味着,证据的性质并不必然决定历史解释的性质。例如,计量与统计是更为严格的证据装置(dispositif),但这证据装置却没有改变那论证本身也具有历史性的性质。

叙事性解释与描绘

上文关于情节所说的内容对叙事有用。对描绘来说也是一样吗？既然作者根据一个问题，限定了一片调查领域，构造其关注中心，并解释他所研究的事物是如何"互为奥援"的，那么可以说这是情节吗？

利科为了说明所有历史学都包含叙述维度，以布罗代尔"几乎"静止的《地中海》为例。事实上，这地中海并不在时间之外，它也在改变，难以察觉，但肯定在变。这片空间经历了冲突与变更。实际上，此书将三个情节套接在一个大情节里面。不能说书中第三部分就是政治情节，第二部分就是一种局势的准情节，第一部分就是静止的描述。一方面，拥有足够技术的船舶在这片内海中游弋，船队纷纷靠向码头，这是一个人们在其之上进行加工、分割和投资的空间，这可以说是一个有生命的空间，其中不断有事物"经过"，所以它需要叙述。另一方面，书中一个套一个的三个层面组成了地中海衰落这个大情节，使之像是一出世界史尤为偏好的戏剧。此处，地中海正是历史学的主人公。情节的结局是分享这个空间的奥斯曼和西班牙两大帝国之间的冲突结束，以及经济和政治中心转向大西洋和北欧。如果不在这个大情节内部、在三部分之间将它们整合起来，就理解不了这结局。

于是，认识论上的结论就有了根据：因为历史学家构建的对象是动态的，在对结构的描述内部拥有内含时间顺序的情节。所有历史学都是叙述的，因为历史学中总有变动。

然而，这一论证将描绘成之为描绘的那一特征排除在情节之外：描绘具有同时性的一面，我们曾用"内在联系"一词来形容它。冒着弱化叙事性这一概念，将之缩减为它在其言语本身中所包含的多重时间性（"在1715年，《拉摩的侄儿》的作者出生了"）的风险，我们可以说，在对结构的解释中存在叙事性：对融贯性的描述和对结构的分析中必定有情节。在电影里,不仅仅只有围绕情节构建起来的影片,纪录片也是有的。

在这种意义上,有两个理由支持上述说法。第一,同在自然推理中,历时性解释与同时性解释的面貌相同。我们已经举过交通事故这个例子来说明因果解释。下面我来举另一个例子说明在其语境中解释具体结构。有这么一家人,家里人口不少,他们有个朋友来住几天,所以要向他"解释"这一家。为了让他明白"谁是谁",人们给他描述叔伯侄甥、姻亲、亲属结构、每个人的种种特征:做哪行,过得好不好,等等。这样做的目的是让他能在这个家庭网络中找到头绪。

这种描述所进行的选择与叙事进行的选择一样。提出的问题固然不同,但都同样有分割(在此处是区域的而不是时间顺序的分割),都同样要选择广义上的人物,要选择分析的层次。在介绍一个家庭的时候,人们一般不提这位朋友不会见到的、或是已经没什么联系的亲戚,例如,和所有人都闹翻了的姨妈;但为了更好地突出与表兄妹还保持着联系,也有可能会提到这位姨妈。同样,一份把相关地区以字母顺序排列的地理学纪录片会让人看了反感;需要有一条更明智的线索,它能得出一种意义,能将片段分出等级,进行剪辑、形成结构。简而言之,有情节。

第二个理由扩展了利科的分析,它从所有成之为描绘的描绘中得出起作用的叙述性维度。和叙事一样,描绘也总是被问题限定,由问题形成结构,在这些问题中,总会有在时间中的变化问题。这一点在平常生活中就可以看得很清楚。当一位祖父向孙辈"解释"他的村庄在战前是什么样的,会对他们讲起所有改变了的东西;他构建的描绘是以今昔差别为起点的。历史学家与这位祖父没多少区别。读读《静止的村庄》[22]吧：此书没有界定一个它所要清查的地区，而是提出社会结构、文化结构和宗教结构持久性的问题，上述结构让这个 18 世纪的村庄与今日那有着同样名字的村庄如此不同。历史学家可以不暗中以现实为参照而是选择其他的历史中的比较点。描绘大革命前夕的法国，即使不提到大革命，其描绘也是被大革命所统领的，这是因为它指向一个双重问题：大革命的原因和大革命将引起的改变。然而，没有任何历时性的比较观点，同时性的分析也就不可能存在：实在的特殊性消失了，是它让人们对实在产生研究兴趣。没有时间性，就不可能有历史描绘：描绘中最小的情节就是从过去过渡到现在。

三　作为综合的情节

话语的综合

到这一步，事件与结构之间的对立已经被取消了。事件与结构不再是各自需要自身展现模式的两种现象（一种是政治的，另一种是经济和社会的）。恰恰相反，不管是在哪种实在中，所有发生的，所有变化的都是事件。事件由叙事构成，它回答的问题是："发生了什么？"结构由描绘构成，它回答的问题是："那时是怎么样的？"因此，历史学家根据所选情节的类型，可以将同样的事实性数据重新构建成事件或是结构中的元素：这一点我们在布汶战役中已经看得很清楚了。

占主导地位的不管是对历时性连续，还是对同时性融贯的研究，或

---

[22] 热拉尔·布沙尔：《静止的村庄：18 世纪索洛涅的塞讷利》（Gérard Bouchard, *Le Village Immobile, Sennely en Sologne au XVIII e siècle*, Paris, Plon, 1971）。

者叙事与描绘糅合在一起,历史学由一种包含了不可磨灭的时间维度的情节型构而成,也就是说,历史学由这种情节限定、修改和组织结构。因此,叙事最终都要压倒描述,或者可以说事件最终都要压倒结构(这里的"事件"是指那些发生变化,人们对之进行叙事的东西)。换句话说,历史学家所理解的结构总是暂时的、临时的。它像是被事件从内部破坏掉了。事件位于结构的核心,就像面团里的酵母或是苹果里的蠕虫——请各人依自己是乐观主义者还是悲观主义者选择到底用哪个比喻。

本讲开头提出了几个问题,其中之一在这里有了答案,这个问题是,诸如社会学或人类学之类的学科也像历史学一样进行自然推理,那它们之间的区别何在。我们常说,历史学的特性是提出历时性的问题,是思考其所研究的实在从何而来。这没错,但还不够。不应该将历史学和叙事绑在一块儿,社会学和描绘绑在一起。历史学家也应该构建描绘,但这和社会学的描绘不同,因为历史学家如果不考察那些会使结构变化、那些迟早会使结构变形的东西,就无法对结构进行思考,不管这结构有多么结实。结构的稳定性是成问题的:稳定性在历史学家眼中是可疑的,他追寻在结构本身内部,哪些力量、哪些行动者已经为修改结构而活动,有时候这些力量、行动者自己都没有意识到这一点。历史学中到处都是事件,即使不活跃,也是潜伏着。

上述分析引出了第二个结论。作为型构的情节让人能够理解,在已经完成的历史学著作中,不同层面的解释是如何铰接在一起的。至此,我们已经运用了许多概念:叙述性解释、由原因和意图做出的解释、由规律性和融贯性做出的解释、论证、型构。它们是怎么结合起来的?

答案分为两个层次。在第一个层次上,它就在历史学家所写文本的结构本身之中。讲述,也就是解释,讲得更好,也就解释得更好。

这种叙述性解释基本上都包括由原因和意图做出的解释。历史学家在叙事或描绘的时候并不停下来讲出原因、条件、意图、规律性和联系；他将这些囊括在自己的叙事本身之中。在战争前夕，他描述参战诸国的部队，于是他接下来就不用再明确提出这样的问题：确实是最弱的那一方打输了吗？叙事的灵活性恰恰能让他在恰当时刻将深层的力量、动机、原因引入进来。文本的连贯反映了原因、理由和规律性在现实中也是紧密相连的。

论证也是如此。它包括在叙事或描绘之中。一般来说，它统领叙事或描绘的纲要，这就是为什么根据纲要来判定历史著作是不无道理的。论证不是解释，而是一步一步对证明解释的理由进行分析。

然而，历史学家的文本不能完全保持这种流动、明朗，保持这种能将解释与其以叙事或描述进行的论证整合起来的自然风貌。文本常常遇到意外：突然出现的（完全自然而然的）事件、与之前其他历史学家的解说相悖的新解说、更难让人理解的解释。文本于是停下来进行讨论，然后再重新开始。这也就是说，历史学不完全是叙述性的。它也包括了不是叙述的片段。

作为型构的情节确保这一整体的融贯。它之所以能做到这一点，是因为文本的所有元素，不管其是不是支撑论据的证据，都属于自然推理。情节就这样确保了利科所说的"异质的综合"。利科写道，情节将形势、目的、相互作用以及出人意料的结局"包含"在一个可理解的总体之中。而情节仍是同一个单个的情节。它是那个给各种元素指派位置的框架，历史学文本就由这些元素编织而成。

在第二个层次上，情节，作为历史学家的文本的大致型构，通过自己提出解释。刚刚说过的广义"情节"远远不止历史脉络（怀特称之为"线索"，故事线索[Story-line]）。它决定历史学家所构建历史学的类型。

对于在以看上去相似的方式来界定与构造的事实框架中提出的同一问题,不要以为两个历史学家会得出一模一样的答案。每个人都建构自己的情节、生产原创的历史学。更加关注情节奠基于何种东西之上,其意义就在这里。那么,历史学家如何编织自己的情节?

情节的预设

考察一本已经完成的历史学著作,我们就会很清楚地看到,它具备一种有别于其他历史学著作的个性和原创性。不可能将基佐和米什莱弄混,就像不可能将詹姆斯·哈德利·蔡斯(James Hadley Chase)和阿加莎·克里斯蒂(Agatha Christie)弄混一样。对于历史学和对于侦探小说一样,这不仅仅是个风格问题,而是构思本身的,或者更准确地说,是情节的问题。

这一说法使我们一定要去考察情节的预设,考察历史学家是从哪里出发塑造其情节的。怀特通过研究19世纪的四位大史学家和哲学家来着手解决这一问题。[23] 他的形式主义过于体系化了,因此难以让人完全信服,但他的反思打开了历史学认识论上具有启发性的视野。

为了将历史学家所写出来的不同类型历史学之间的差别予以形式化,怀特试图确定历史学的**风格**。从编年史到历史学,这是第一次形式化(这里的"历史学"是指按时间顺序进行切割,这让某些事件做开头,另一些当结尾)。但真正的历史学必须要有解释。在怀特看来,历史学实际上结合了三种解释模式:情节、论证和意识形态蕴涵。它们的组合确定了历史学著作的风格。

---

[23] 海登·怀特:《元史学》。史学家是兰克、米什莱、托克维尔和布克哈特,哲学家分别是黑格尔、马克思、尼采和克罗齐。

在第一个层面上,怀特区分了四种情节化:浪漫的、讽刺的、喜剧的和悲剧的。在浪漫式中,历史学就是一位英雄的历史,这位英雄最终获得胜利并使得善战胜恶。喜剧式的历史学以大团圆收场;其美满结局让人与人之间,人与世界、社会之间达成和解。在悲剧式中,既没有胜利的英雄,也没有全面和解。这并不是说叙事的氛围就必然是凄凉的:这里的"悲剧"用的是它在文学上的意思,在这层意思上,历史刚一开始就已经宣告了其结局,历史学的目标就在于解释诸种力量互相冲突这一本性。由此看来,很明显,托克维尔体现了悲剧式,而米什莱是浪漫式的典范。讽刺式表现了人是世界的俘虏,而不是主人;读者至此处会感到失望,因为历史学和解释仍悬而未决。

在第二个层面上,怀特区分了四种论证形式,也可以说是四种普遍的解释模式:形式论的、有机论的、机械论的和情境论的。形式论的论证强调诸多不同行动者的唯一特性,强调是什么将它们区分开来;它偏好历史场域中各不相同的、活生生的特色和特性。米什莱与一般而言的浪漫主义史学就属于这种论证形式。有机论的论证更为综合、完整;它认为个体聚合起来组成整体;历史学成了先前四分五裂的整体的合并与凝聚;它就这样朝一个目标而去。机械论的论证更具还原性:事实表现出机制,它们服从于原因,即服从法则;数据阐明了这些规律性。马克思是这种论证的典型,但怀特在托克维尔那里也同样看到了它,在托克维尔的著作中,众多机制的本性不同,但它们更系于制度的原则。最后,情境论的论证试图将每个元素与其他所有元素联系起来,试图表明它们都是互相依存的;它关注的是时代精神。

在第三个层面上,要考察意识形态蕴涵的种类,即历史学家对社会的大致态度。怀特用了四个术语来描述,他并不直接使用这些词在政治学中的含义:无政府主义、保守主义、自由主义、激进主义(在盎格鲁—撒克逊文化的意义中)。自由主义者想要在一种稳定的结构关系内部通过制度的更替来调节个人以适应社会;他们面朝未来,但把乌托邦放到视域中十分遥远的地方,以使之不能在眼下实现。托克维尔显然是自由主义的代表人物。保守主义者想要的是与自然世界中类似的那种演进;他们更朝向过去,致力于逐步构造当前社会。激进主义者和无政府主义者更倾向于接受或更愿意要灾难性的变化,但前者想要立即实现乌托邦,而后者则认为乌托邦是在遥远的过去,尽管它也能在任何时候重新实现。在这种意义上,米什莱在怀特眼中是个无政府主义者,这不是因为他梦想着一种革命性的失序,而是因为未来的任何社会都无法实现其理想。

历史学的风格来自这些不同类型的情节、论证和意识形态蕴涵的组合。我们暂且不管这种交叉四分法的形式主义;可以进一步细细分析,也可以简化分析,因为对这些类型的区分不是逻辑上的,而是事实上的:怀特将他在历史学著作中经验地观察到的区别予以形式化。不过,他没有在这三种类型学之间建立任何必然的对应:一种情节并不必然与一种论证相联系;组合是具有灵活性的,这些类型更是趋势,而不是以一种纯粹的状态存在。怀特还注意到,在历史学家这份职业当中,形式论和语境论的论证模式一般来说被认为比其他模式更正当,因为它们较少为历史哲学所玷污。这就将对历史学著作的塑形放到一种传统之中,并又回到历史学家既是在科学方面的又是在社会方面的实践。然而,反思的关键不在这里,它要说明的是,甚至在确定其情节之前,历史学家就已经选择了一种解释策略,正是依据这种策略,他构建了自己的情节。

海登·怀特 | 事先的预设

在史学家能够把表现和解释历史领域的概念工具运用于历史

领域中的材料之前,他必须先预构历史领域,即将它构想成一个精神感知客体。这种诗意行为与语言行为不可区分。后者准备将历史领域解释成一个特殊类型的领域。这就是说,在一个特定领域能够获得说明之前,它必须首先被解释成一个有可分辨的各种事物存在的场所。这些事物作为现象的独特状态、层次、族属和类别,又必定被设想成是可以分类的……

简而言之,史学家的问题是建构一种语言规则,它具有词汇的、语法的、句法的和语义学的维度,借助于它们可以用史学家**自己的术语**(而不是用文献本身用来标示它们的术语)来表现历史领域及其要素的特征,并由此准备并解释这些要素,这是史学家在其以后的叙述中要做的。由于本质上的**预设性**,这种预构的语言规则,其特征也可以根据塑造它的主导性修辞方式来进行表述……为了说明过去"**实际发生的事情**",史学家首先必须将文献中记载的整组事件,预构成一个可能的知识客体。这种预构行为**是诗性的**,因为,在史学家自己的意识系统中,它是前认知的和未经批判的……在先于对历史领域进行正式分析的诗意行为中,史学家既创造了他的分析对象,也预先确定了他将对此进行解释的概念策略的形式。

——《元史学》,第 30 页。[24]

这种分析的价值在于它说明了,历史学家是从预设、从先决条件出发将其情节形式化的。甚至在切割其对象,并明确选择一种表现模式

---

[24] 译文引自中译本《元史学:十九世纪欧洲的历史想象》,陈新译,彭刚校,译林出版社,2004 年,第 39—40 页。——译注

之前，他就已经通过选择预构了其对象，这种选择基本上都是隐含的，它既关涉到对世界的看法（意识形态蕴涵），也关涉到解释所偏好的模式和情节类型。在这种意义上，我们可以说历史学家的活动是**诗性的**（poétique），这里用的是这个词在词源上的本义：**创造性的**（créatrice）。为了能开始进行写作，历史学家必须先自己给自己一片天地，在这片天地中，他的历史学是可能的，也是可被理解的。

上述分析将历史学当作一个文学种类来对待。它当然是，但它不只是，也不完全是一个文学种类。

从这一角度来看历史学，就使它接近小说，接近虚构。韦纳旗帜鲜明地说：历史学就是小说。但他接着又补充道：真实的小说。这正是问题所在。如果历史学纯粹是情节化的话，那它与实在和真相的关系会变成怎样？如果持有上述分析中的立场，那么历史学求真的抱负就不可避免地要打折扣。其所导致的必然结论就是，历史学中没有确定的真相，因为没有确定的历史学："只有片面的历史学。"[25] 所有真相都与一个情节相关。

情节的论证基于证据之上，历史学动用了多种证明装置，这些都是事实，但这并不足以克服以下困难：真相仍是片面的。这意味着，真相无法累积。历史学家因此不能再继续做他那一直在做的美梦——不管他的说法是什么，历史学在他看来差不多是一种积累而成的知识，就像地理学家期待调到同一比例尺的各个不同地区的地图能被拼贴起来，以构建出一张更全面的地图。

这是一个重大的认识论问题，下文还会讲到。但也许我们会在历史学的书写本身之中，找到那使它扎根于现实和真实之中的东西。

---

[25] 韦纳：《历史是如何写出来的》，第41页。

第十二讲　历史学是写出来的

历史学文本与新闻文本之间的区别不在于情节方面。相反,只要一打开书就足以心中有数。事实上,专业的历史学以其显著得多的外部标志著称,特别是有学术注释和脚注。

脚注对历史学来说至关重要:它是论证的明确标志。只有能够被核实的证据才可接受。我们说过,历史学中的真相,就是那些被证实的东西。而被证实的东西,就是能被核实的东西。历史学文本中满是注释,因为它所诉诸的并不是权威的观点。历史学家不要求人们对他无条件信任:他只要人们能在他构建好的情节中跟着他走就够了。

在历史学文本中,"历史性的标记"[1]具有特殊功能:这些标记将读者送回到文本之外,朝向可以在这里或那里看到的、使人能重建过去的现存资料。它们是一种控制程序。

克日什托夫·波米安｜历史叙事

因此,当一种叙事包含了历史性的标记时,它便声称自己是历史叙事,这些历史性的标记证明了作者想要使读者退出文本,并且

---

[1]　波米安:《历史学与虚构》。

还编制了一套程序,这套程序被认为或者能验证文本中的引文,或者能复制自以为可以得到结果的认知过程。简言之,当一种叙事表明自己有接受以下控制的意向时,它便声称自己是历史叙事:它与它所处理的过去的文本之外的实在要保持一致。然而,叙事要是历史学的,这种意向就必须落在实处;这就是说,有能力的读者应该能够在实际中执行叙事所编制的这种程序,除非在叙事已经完成之后,突然发生了一些事情使程序无法执行(档案因为诸如丢失、被盗或其他同类事故而损毁)。

——《历史学与虚构》,第 121 页。

要牺牲注释,其困难就在这里,许多历史类丛书的编辑为了不让顾客望而却步,都要求去掉注释:被当作新年礼物的历史学著作中满是插图,但学术注释却被删去了,那它还算历史学么?如果要让答案是肯定的,那就必须总能料定在作者手稿中的某处,或是在其注释中有一整套参考附注;可以说,学术注释必须至少是潜在的。在读到历史学家给其说法提供具体例证时,或对史料进行讨论时,能感觉到学术注释的存在。

然而学术注释不像它乍看上去那样能让人借以做出判别。其有无或多少更取决于著作为谁而写,而不是其作者。这更与出版业的两个市场相对应,而不是对专业人士和业余爱好者做出区分。但进一步的研究可以很容易就得出历史学文本与其他文本之间更精微、更深刻的差异。[2]

---

〔2〕 本讲第一部分采用了很多米歇尔·德·塞尔多(Michel de Certeau)在《历史的书写》(*L'Écriture de l'histoire*)中的分析。

一 历史学文本的特征

饱和的文本

历史学家的文本看上去首先是饱满的文本。这是其建构本身、其情节化的结果。它有自己独特的融贯性和结构,只有这才构成论证,并指明了文本所要论证的论题。一本历史学著作的纲要既是叙述的,也是论证的:这一点至关重要,在某种意义上可以说,文本本身仅仅是带上了证据而去掉了纲要这副骨架。所以教大学生在阅读时从目录部分开始是有道理的。

这种特点并非历史学所独有。相反,历史学家的文本看上去满是事实和细节:它给所有一切都说明理由。这是一种饱满的、饱和的文本,没有空白,没有阙漏。不是因为这些空白阙漏并不存在:它们是不可避免要出现的,但它们要么因为只涉及极为细微之处而难以察觉,要么历史学家将它们遮掩起来,又或者是索性承认它们。承认的方式有两种,一种是论证它们对其主题来说无足轻重,另一种是指出它们是将由以后的研究来填补的阙漏,哀叹此前缺乏史料或没有时间来做。关于历史学家的这种悔恨有很多例证:它是这份职业当中人们最共同的体验之一,在论文答辩报告的结语和著作序言的结尾这种悔恨尤其多……

历史学报告本身的闭合、饱满文本的封闭与研究之开放正相对立,研究的参考注释让人想到,在已经完成的文本本身内部存在而且必然存在欠缺,并唤起对这些欠缺的警惕。研究者接二连三地遇到阙漏,他总是心有不满,不断地更加意识到自己的无知。他无法在合上一份材料之后不去再打开许多份其他材料。从研究过渡到写作的困难,以及历史学家面对已完成著作的不满就来源于此,因为他了解他在鸿沟上架起的每一座桥梁,而这些鸿沟却没有被查探清楚,他的文本至多也仅仅是指出这些鸿沟而已:要是作者在每一页都坦承自己的无知,读者看了会怎么说?

历史学文本的闭合也同样是编年性的:无论历史学家为了让其情节更为有趣,在中途怎么绕弯和折返,历史著作都不可避免地从一个日期出发,走向另一个日期,历史著作在时间中顺流而下。研究更为蜿蜒曲折,在时间中回溯,在所有方向上游走。一旦历史学家证明其主题的编年史是正当的(他总是能证明),在他写作的时候就好像起点与结局本身都是自然而然成立的。而研究总是将起点与结局看作问题,研究者知道诸种其他界标也是可能的,也知道正是自己将之排除掉了。

最后,文本在所采用情节方面的闭合与研究的开放背道而驰。应该探讨一个主题:历史学家知道自己曾进行了切割,他为了证明其正当而进行论证。然而,他的研究向他展示了所有与其已经采用的和本有可能探讨(有时也是其希望探讨)的主题紧紧连在一起的诸多主题。

这也就是说,在严格意义上的历史学研究与出自这种研究的著作之间,有着巨大的差异,虽说后者留有前者的痕迹。从研究过渡到写作,就没有回头路走……这是必不可少的,因为不出著作,研究又会是什么呢?但不应该想当然地认为从研究到写作之间存在线性的连续。

客观化、被授予权威的文本

历史学文本第二个值得提及的特点是,它将历史学家个人隐去。**我**被放逐了。**我**至多在作者(不管是不是瑟诺博司)前言中解释其意图时出现。〔3〕然而一旦进入主题的核心部分，**我**就消失了。历史学家作为事实（A 是 B）说出的言语是从他口中说出（历史学家说 A 是 B），然而他却消隐了，很少再重新出现，如果出现的话要么是在章节开头结尾、注释以及与其他历史学家讨论的部分，要么是以两种弱化的形式：一是**我们**，这让作者与读者联合了起来，或是只指向历史学家这个行会，另一个是更加非个人化的 on。〔4〕同样，历史学家避免在其文本中党同伐异、义愤填膺、情绪激动、兴高采烈。普遍被遵守的做法是，为了克服上述种种，历史学家好像必须先拥有制度上和传媒中例外的合法性。〔5〕已完成的历史学著作在其本质上只提供客观化的言语、大写历史学的匿名话语供人阅读；它是由无人在言的言语（énoncés sans énonciation）做成的。

这是因为它是从大写历史学本身（这里必须用大写）的视角写出来的，它要求如此，或者它号称如此。在文本本身之中有多处迹象让人想到这一点。首先是常常献给其他历史学家的题词，这就将新著置于一大群的职业人士之中，就像孔德所说的人那样，这群人当中的逝者比生者要多。历史学家—工匠的谦逊（或是真心，或是从俗）使他只是

---

〔3〕 人们普遍认为，方法学派想要提出一种客观的知识，它排除了历史学家主观立场所具有的一切参照。这种看法不准确。即使是瑟诺博司在其完全以第一人称写就的第一本重要教材的前言中，也认为需要告知读者他"个人偏好自由、非宗教、民主和西方的体制"。这本教材是《当代欧洲政治史：1814—1896 年间政党与政治形式的演变》（*Histoire politique de l'Europe contemporaine. Évolution des partis et des formes politiques 1814-1896*，Paris，Armand Colin，1897）。

〔4〕 法语中的 on 有多重意思，它可以泛指"有人""人们"，也可以代替任何一个人称代词。——译注

〔5〕 这一点参见卡拉尔：《新史学的诗学》，第 99 页。

一个在大写历史学那巨大工地上工作的"行会成员"。

第二个迹象：参引其他历史学家的地方不计其数。新著作的作者不仅仅想通过这种方式来表明自己属于这份职业。他还表明，他的文本在一种集体性的超文本之中占有一席之地，表明他是来补足某些方面，反对另一些方面，最后还更新别的一些方面。最常见的情况是，他满足于以自己的方式重拾这种集体性话语，而不对其真正地进行更新，而他不会忘记援引这种话语的权威。历史学家的文本不仅仅是**一个**文本：它是整体中的一个元素，这个整体超出它，包裹它。新著作分享了这门学科的总体声誉。

就这样，在成为某个皮埃尔或保罗的著作之前，历史学家的著作就已经是大写历史学的著作。它追求客观性，并至少在一定程度上达到客观性；这是一种用言语表达，或者更准确地说，是铺展开的知识。因为，它需要时间和空间来展开其情节与论证。这不再是某个皮埃尔或保罗的观点（这观点必然有争议），而是大写历史学的话语。

历史学家不向其读者请教咨询，即使读者被设定是极富教养的；他不询问读者的见解，他甚至由于自己是历史学家就否认读者提出见解的可能性，因为后者相对来说是无知的。他有时候勉强让读者来作见证，这也是为了让其更好地跟随自己。他没有将自己放在一个与读者论战的位置，没有用其作者的**我**来反对读者的**你们**：这会削弱他的文本。

我们看到历史学家归于自己座下的是什么位置：他或多或少名正言顺地置身于一片由这份职业所创建的客观知识之地当中，他正是在此处讲话。在书的封底或扉页上，印有作者为了自称是历史学家而标明的正式头衔，以及他已经出版的著作名单，这是对自己能够胜任所作的声明。在通俗作品中这尤其有意义，在那里因为有混淆的危险而不得不强调作者的正当性；因此，《历史》杂志的每篇文章都有作者简介、一些注释和简要书目。为了要有权威，历史学家的话语必须不仅要由他自称所掌握的知识，而且要通过将这种知识录入那一专业行会的宏大著作来授予权威。这就在作者与读者之间建立起一种教学关系，这种关系包含在文本的结构本身之中：懂的那个人解释，不懂的那些人学习！换言之，所有历史学家或多或少都是教师：他总是多少有些挑衅地将其读者当成小学生来对待。

在这种格局下，参考注释扮演了双重角色（我们就不说其是两面派了）。一方面，它能够确证文本所说；文本因此可以通过它免于去论证权威性。参考注释意味着："我所说的东西不是我发明出来的；您自己去看，您会得出同样的结论。"但另一方面，它也是科学性以及作者将知识展现出来的显眼标志；因此它又像是在论证权威性。某些历史学家甚至将学术注释当作一种威慑力量来用；他们拿它来吓唬读者，来宣告读者的无知，并通过这种方式激起读者对如此博学的作者的尊敬。有时候，没有必要的参考注释也被用来避免同事的批评，赢得他们的敬仰，或是表明作者没有忽略任何当前的争论。采用这些无益的参考注释，正是那些不确定自己能否胜任的作者的特点，他们需要巩固没有坐稳的权威地位，他们认为这对历史学文本发出言语来说必不可少。

米歇尔·德·塞尔多 | 一种教学的话语

[……这种话语]的运作就像是教学话语那样，它还因为以下这些原因而运作得更好：它掩饰了自己讲话的场所（作者的**我**被它消去），它以一种带参考系的语言形式展现出来（对您讲话的，是"现实"），它是在讲述而不是推理（人们不对叙述提出异议），它

迁就读者的水平（它说读者的语言，尽管它自己的语言与之不同、比之更好）。这种话语在语义学上的饱和（在可理解性之中没有空白）、"紧缩"（这是由于菲利普·哈莫[Ph. Hamon]所说的"最大限度的缩短叙事的诸多功能性中心[les foyers fonctionnels]之间的路程与距离"）与紧密（由照应后语[cataphores]和首语重复[anaphores]构成的网络确保文本不断地返回总体上已被定向的自身）让人无法逃脱。这种话语的内部结构构成了路障。它产生出这种类型的读者：他是被放置于编年史情境之中这个事实传唤到一种知识面前，并被确认和被教导的收件人。

——《历史的书写》，第 113 页。

分层的文本

第三个特点是，历史学文本在两个不同的层次上展开，而它也不断地与这两个层次相纠缠。

在第一个层次上的是历史学家的话语：他的情节与论证。这个文本是连续、有结构和被掌控的。它说出历史的发展和意义，建立事实，讨论可能的解释。

然而，这种话语不停地因为参考注释和引文而被打断，打断的时间或长或短。就这样，在历史学文本中不时出现其他文本的片段，有时是从其他历史学家那里借用，更多地是引用当时的资料、编年史和证词。历史学家的文本于是在双重意义上（素材和解释）**包括**了他者的话，**包括**了很多其他人的话。然而，这是被历史学家切割、肢解、解构和重构的话，他在他自己所选择的地方，根据他自己的话语所必需，来重新运用这些话。他就这样心安理得地将证人或情节中人物的话语归为己有，并且想怎么用就怎么用。

　　上文采用的是米歇尔·德·塞尔多的分析，他很清楚地说明了，引文的使用是怎样产生了一种双重效果。首先是真实感；引文用来证明或进一步确证：历史学家所说的并不是从他自己那里冒出来的，在他之前，他的那些证人就已经说过。引文被他用作盾牌，抵挡可能会有的争议。还有一种表象的功能：随着他者的言语，与我们之间有一定时间距离的实在被引入话语之中。米歇尔·德·塞尔多说，引文产生了一种现实感。

　　引文保证了历史学家所说的是真相和实在，它进一步肯定了历史学家的权威和知识。历史学家选择在他看来最重要的片段，他由此决定了这些片段乃是最重要的。他比他的证人们更明白其所说之相关性与真实性；他比他们更清楚其所说的要害之处，他们也并不总是自以为的那样，或者想要说出来的那样。历史学家像是拉辛（Racine）笔下的小阿格丽品娜（Agrippine）："您认为是默默的目光，我却听得到……"他破译未说之言与言外之意。简言之，对证人来说，他高高在上，他审判他们。引文所证明的对于他者的知识是对他者之真相的知识。

米歇尔·德·塞尔多 | 作为对于他者的知识的历史学

　　　　像是历史书写话语的那一话语"包含着"它的他者——编年史、档案、运动，也就是说，那一话语由分层的文本组成，在其中有一半（这一半是连续的）是以弥散开来的他者为支撑，并由此具有说出他者本身不自知的意味的权力。通过"引文"，通过参考，通过注释，通过整个永远返回第一语言（米什莱称之为"编年史"）的工具，它建立起对于他者的知识。它的构建是依据一种诉讼或引用的问题,这个问题既能"召来"一种在此处像是实在似的参照语言,又能以知识的名义对之进行审判。此外,召唤来的材料服从审判权,后者将之从历史书写的角度呈现出来,并对之亮明态度。因此,这一话语的层理不是"对话"或"拼贴"的形式。它引用繁复的资料,合成单一的知识。在此过程中,重组文本的独特性始终是(通过分析或分割来)对材料进行分解得以可能的条件,也是其限制。由此,被引用语言的作用就是使人相信话语:作为参照,它引入了一种现实感;它散见于各处,悄悄地返身指向权威的位置。就这样,话语这一分为二的结构运作起来,就好像是从引文中得出叙述逼真性与知识有效性的一架机器。它生产可靠性。

——《历史的书写》,第 111 页。

然而,就像雅克·朗西埃所强调的那样[6],历史学家的叙述与他所引用文本的叙述交织在一起,这两种叙述在双重的无知面前界定了知识的姿态:"面对读者或学生,打开匣子的研究者的知识;面对不内行的讲话者,将匣子中信件整理好的学者的知识,他这样做是为了说出那些在信件中有所表现却不自知的东西。有所隐也有所显,这门科学由此看上去像是矗立于这双重无知的间隔之中。"

单是对名字的使用已经指示出这双重的知识:小说要一点点填满它在开头提出的读者所不知道的人名,而历史学则接受已经构造好的人物,他们身上满是由传统和历史书写所积累起来的所有知识。说菲利普二世、罗伯斯庇尔、拿破仑,或是现在说马丁·盖尔(Martin

---

[6] 雅克·朗西埃:《历史学的词语》(Jacques Rancière, *Les Mots de l'histoire*),第 108 页以下。

Guerre)这些名字的时候,就是在对一座书库进行概述。而这也是在对这些人物提出综合看法,这种看法从他们的历史角色出发,重新表达了他们的总体存在,这是他们自己根本做不出来的概要。

然而,引文即使在被解构和重构之后,依然是他者的话。像德·塞尔多这样的作者,受到福柯式批评潮流的启发,在其中觉出了威胁:这种外来的,有时候显得怪异的话可能会打断历史学家的话语,说得比他还高,或者说得与他不同。这就是历史学家想用引文产生现实感和真实感而可能要付出的代价。

> 这是一种进行诉讼和审判的文学技术,它让话语坐落在知识的位置上,从此处它能够谈论他者。然而,随着对他者的引用,有些不一样的东西来到这话语当中:它是双重性的;它有异己性的危险,这种异己性改变破译者或评论者的知识。对话语来说,引文是威胁,是口误时的停顿。被话语支配(因话语而着魔)的相异性潜在地握有成为一个幽灵,甚至反而是使话语中魔的权力。[7]

在他者的文本中,同样可以看到友爱与共谋。当历史学家尊重其主题,不强作解人(这是方法问题,也同样是个人倾向问题)的时候,他者的话就不是威胁,而是提供确证的一座宝库和可能。[8] 然而,这种在他者的话与历史学家的话之间不断地相对(contrepoint)的确反映

---

〔7〕 米歇尔·德·塞尔多:《历史的书写》,第256页。
〔8〕 我曾大量引用"我的"那些一战老兵。在某些方面(历史学家的自负!),对于他们的经历,我认为我比他们自己看得更清楚。然而,我在观看这些经历时,是和他们一道,也依仗于他们,我是通过与他们那完全自然的文本长期相处、稔熟于心来进行的。于是,在这些文本面前,我不觉得他者的话有爆裂出来的危险(我并没有用强力把他者的话放入武断的解释之中),却更其是提供确证和进行充实的可能性。

了,直至写作之中,历史学所要尝试的自身与他者之间的辩证是不可能的。当我们从面对已完成文本的读者的观点,过渡到面对待写作文本的作者的观点,上面所说就很清楚了。

二 历史写作的问题

想过的与经历过的

我们刚才了解了历史学家想要引文达到现实与真实的双重效果。两种效果难以调和,其意义因此更为重大。二者之间基本上都有一种张力:将想过的与经历过的结合在一起的文本的张力。

历史学家的文本属于认知:这是一种铺陈与展现出来的知识。它想要给过往提供理由;它解释,它论证。它诉诸构造程度不一的概念,再不济也要诉诸观念。这是一种相对来说抽象的文本,否则的话,它会丧失所有达到某种科学性的抱负。另一方面,它分析:它区分、解析、剖析,以便更好地考虑共性与特性,说明研究对象是在什么方面、是由于什么与类似却相异的其他对象有所不同。抽象不仅仅是不可避免的,而且也是不可或缺的。历史学是思考出来的,写历史是一种智力活动。

然而,历史学家同时还想要其读者在脑海中呈现出他说的内容。为此,他诉诸想象,而不仅仅是诉诸其理性。大概没有比冷静、严谨的瑟诺博司更强调教学中必不可少的想象了。让他常常操心的,是那些使用诸如**人民**、**民族**、**国家**、**习俗**、**社会阶级**等抽象词语,却没有赋予它们任何意义的人。他还说,在历史学中这种危险要比在地理学中大得多,学生在学地理的时候知道自己在说什么:"他们知道什么是河流、山脉、悬崖。相反,在历史学中,当他们说到议会、宪法和代议制的时候,大部分人根本不知道自己想要说什么。"[9]他把这种差异归结于政治事实的"心理或社会"特性。瑟诺博司关于地理学的话说得不对,因为地理学也是运用抽象概念,这些概念也有可能变成空洞的词语。我记得有位参加高考的学生说到法国的化学工业,我问:"那化学工业是生产什么的?"她泰然自若地回答道:"铁……"我将这件事作为永远的警戒。关于历史学,瑟诺博司则说得十分在理:运用没有内涵的词语是一大危险。

"通过想象将因为无法直接呈现而可能保持在词语状态的事物呈现出来",其重要性就在这里。

> **意象**是起点;在进行其他事项之前,学生应该将人与事物**呈现出来**,首先是其外在面相、形体外表、面部特征、姿态气派、个人或人群的服饰装扮、住所或纪念物的形式;他也应该(依据自身经验)想象内在现象、感觉、信仰、观念。所以,首先应该给他提供表象。[10]

除了这种教学上的必要性之外,还有逻辑上的理由。历史学的概念是经验的概念,是概括,是简要描述。我们已经看到,其特殊性就在于无法完全从它们所指示的语境中脱离出来。因此学生或读者如果不了解概念的具体内容,就无法确切地运用它们;理解概念,也就是能够描述它们所概括的情境。因此,在对历史学文本进行智识构造时,还必须让读者在脑海中呈现出更生动的现实。朗西埃说,必

---

[9] 瑟诺博司:《作为政治教育工具的历史教学》,第117页。
[10] 瑟诺博司:《中等教育里的历史学》,第15—18页。

须"给词语以血肉"。[11]

历史的书写由此同时位于想过的与经历过的两侧,因为它是对于经历过的所想。这也是为何历史的书写这一问题属于认识论而根本不属于文学。"历史学词语这一问题不是历史学家风格的问题,但它触及了历史学的现实";风格问题主要涉及历史学家的对象,而不是历史学家本身。"书写的问题也就是在说起一个著史的存在时"——或者在说起一个说话的存在时[12]——"到底是在说什么意思的问题"。因为书写想要让人通过想象重新把握、重新理解和重新呈现过去的经历,所以它试图将之复活。这就是为什么自米什莱以来,历史编撰学的文献中到处都有人一再将历史学说成是过去的"复生"。

复生当然是不可能的:历史学在读,但它不在生活;它是思想、表象,但不是直接、突然的情绪。然而,还必须"给词语以血肉"。此中有许多手法齐头并进。最常见的就在于给读者的想象提供支撑点,即运用貌似无用的小细节,渲染特色之处。召唤过去,使之成为崭新的现在,这也有赖于在使用动词时错开时态。自邦弗尼斯特(Benveniste)以来,人们就将解释的话语和讲述的话语相对;前者使用现在时和将来时,后者使用过去时或未完成过去时,例如上文第215页(边码)引用的基佐的文本。但这种对立属于过去的传统。朗西埃说明,在米什莱那里,就像在费弗尔、布洛赫或布罗代尔那里一样,历史叙述的特性恰恰在于取消讲述与解释之间的差别,用现在时书写。这是一种以话语为形式的叙述。

---

[11] 朗西埃:《历史与叙述》,收录于《认识论与社会需求之间的历史学》,第186页,关于《年鉴》的写作。

[12] 我在这里添的这句是通过其他路径得来的,意思也略有不同,见朗西埃,同上书,第184、199页。

雅克·朗西埃 | 话语体系中的叙述

历史中的那场专业革命实际上是通过叙述时间体系中的革命表现出来的。……我们知道他(邦弗尼斯特)是怎样在那篇已成经典的文章中将话语体系与叙述体系相对立,他依据的两条基本准则是时态和人称的使用。话语中的讲话者介入其中,他想要说服他讲话的对象,话语自由地使用动词的所有人称形式,而与之相对的叙述则偏好就像无人在场似的第三人称。同样,话语使用除了不定过去时之外的所有动词时态,但主要是使用与话语的时刻相联系的现在时、完成过去时和将来时。历史学的言语则截然相反,它不用现在时、完成过去时和将来时,而是不定过去时、未完成过去时、愈过去时。时间上的距离与人称的中性化赋予叙述以无人承担的客观性,与之相反,话语是肯定在场的,它拥有自我证明的力量。根据这种对立,可以将专业历史学界定为一种结合,在其中,叙事被评论它、解释它的话语所包围。

然而,新史学的所有工作就是打破这种对立,在话语体系之中构建叙述。即使在《地中海》的"事件性"那部分,话语的时态(现在时和将来时)在很大程度上也与叙述的时态齐头并进。在别处,话语的时态处于支配地位,它赋予叙述的"客观性"以叙述所没有的确定性的力量,为的是"不仅仅是个故事"。突然发生的事件与长时段的事实一样,都用现在时来说,之前活动与之后活动间的关系用讲到后者时的将来时来表达。

——《历史学的词语》,第 32—33 页。

朗西埃分析了这些手法,其中一个好例证是《地中海》结尾处的菲利普二世之死。布罗代尔几乎是拉着读者的手:"让我们走进菲利普二世的书房,让我们坐在他的扶椅上……"[13] 提到诸如国王写字这样的细节,以及对现在时的使用,其目的就在于帮助读者想象这一场景。

我们还可以举出其他例子;只需翻开任何一本历史书的任何一页就够了。历史学也是个文学种类。

用词语准确地说

所有论述过历史学的作者都会有几页谈到文笔好的必要性。如马罗:"为了妥善处理其工作,为了真正履行其职责,历史学家必须也是一名大作家。"[14] 而最让人惊讶的是,连以反对历史学过于"文学化"为教学宗旨的朗格卢瓦和瑟诺博司笔下也出现了这条建议。瑟诺博司在其诸多著作的序言中从不错过强调写作功夫的机会,他本人则为了写得简洁明了而努力。《历史研究导论》中关于"表达"的一章如此总结这条训诫:"历史学家应该**永远**写得好,应该永不矫揉造作。"[15] 这些严肃的历史学家拒绝使用比喻和比较,为了让人能够理解,比喻和比较会到相关领域之外去寻找例证,会有可能把意义弄混淆。然而,他们同样意识到,历史学是写出来的,意识到只有写得好,才是好历史学。

在所有历史学家那里,都或隐或显地对写作有所意识,也有兴趣,如费弗尔、布洛赫、勒努万和布罗代尔(这里只提逝者)。阅读一本伟大的历史学著作总是能感受到语言和文风带给人的愉悦。

---

[13] 朗西埃:《历史与叙述》,第 25 页以下。

[14] 马罗:《论历史认识》,第 283 页。

[15] 同上书,第 257 页。

即使诸如拉布鲁斯等人的那些计量史学著作也是如此。拒绝事件,诉诸曲线和图表,这并不是要将历史学变为代数。经济学将具体的人赶出其模型,历史学则不同,它不是用方程和数学符号,而是用词语,用当时有教养的语言书写出来的。从此,历史学家无法避开文学。

雅克·朗西埃 | 知道从事的是哪种文学

……对于所谓当代的历史学的疑虑太过轻易地使它紧抓科学性的武器和标志,而不是试图描绘其时代独特的历史性。这种逃避渐渐变为美德,而严肃科学与文学之间的对立自然而然地对此予以迎合。将"文学"驱逐出去使人安心,其所要避免的不过是:历史学拒绝缩减为只是由数字和图表构成的语言,而同意将自己的论证,与共同语言借以生产意义并使意义流通起来的程序这二者的命运系于一处。用共同语言来证明,资料与曲线构成一种意义,而且对于语言及其链条来说,要有**如此**意义,就肯定要有选择。以说明或论证为目标的词语集合没有哪个不进行这样的选择,从这种意义来说,也就没有哪个不在从事"文学"。所以,问题就不在于知道历史学家应不应该从事文学,而是,他从事的是哪种文学。

——《历史学的词语》,第 203 页。

历史学家的确应该表现过去,让人理解过去:他用来达到这一目标的只有词语。然而驾驭词语并不像人们想的那样简单。问题在于找到准确的词语。但什么是准确的词语?语言学家习惯上要区分**所指**和**内涵**。所指就是词语所指示的东西。内涵是附着于意义周围的东西,是意义发出的泛音。例如，poilu 一词指的是 1914 年战争时的士兵。但这个词的内涵包括战壕、连日不洗澡不刮胡子、虱子和污垢。在人民阵线时代，communiste（共产主义者）一词在法国右派那里含有吓人的内涵：那时，这个字眼带有人们心满意足地从那些西班牙革命者，那些无政府主义者而不是共产主义者，那些在加尔默罗会（carmélite）修道院里放置炸弹的人身上所感觉到的全部恐怖气息：这是一个火红、血红的词。这个词现在的内涵不同了，它承载着人民民主的意象，当然还有古拉格，但也包含经济崩溃。准确的词不仅仅在其第一义中，而且在内涵中也应该准确地发出声音。

  它尤其应该对读者和对作者以同样的方式发出声音。但词语负载着一整套文化。这也是翻译如此之难的原因。每个读者都有点儿像是译者，因为读者的文化极少就是作者的文化。教学与普及化的难处就源于此。为历史学家写作历史相对容易，因为可以设定读者有相同的文化：至少人们是这么认为，写作因此不那么费力。这有时候让文本乏味无趣，例如某些写得太简短的博士论文就是这样。而当面向学生和公众时，就必须避免在内涵或隐语上耍花样，否则就有可能一败涂地。

  从这个观点来看，历史的书写只是所有书写中的一类而已。文学、新闻和政治都有同样的问题。总理有一次在访谈中用到 stock（库存）一词，这个词借自经济学词汇，他用来指在职的教师，与会被招聘的那些人（flux[通量]）相对。没有一个重读其文本的人发现这个词用得实在笨拙，它的内涵被缩减而与其在商业清单的使用及英语源头有关（家畜、股票）：有许多教师觉得受到了冒犯。

  但除此之外，历史学的书写还有些特殊的困难，这源自将过去与现在隔开的距离。

280 用错误的词语准确地说

历史学须臾不离词语意义的连续性。如果我说到20世纪初的**工人**或是中世纪的**农民**,当代读者能够理解我,因为在这个国家中还有工人和农民(以后很长时间内可能还会有)。词语好像在穿越诸多时代时保持了恒定的意义。历史学家用现在的词语说过去。

这种便利是骗人的。随着时间流逝,词语的意义不断地发生偏移。一般对古代来说偏移得更多,而对较近的年代来说偏移则更隐蔽。读者对古代有所警戒。他怀疑中世纪的农民不是今日见到的农业经营者。但对于20世纪初的工人,他可能不会疑心,这个词所指的人与其距离很近,却又已经很远的后继者完全不同。当我们说起工人的时候,我们眼前浮现出的是一个穿蓝色衣服的冶金工人,错了,这副景象已经过时。20世纪初的工人戴着鸭舌帽,身着短工作服,常常系着条法兰绒腰带[16];他常常在建筑业、煤矿或纺织业工作,而不是在冶金业和钢铁工业;他住在拥挤、豪无舒适可言的房子里,与之相比,现在饱受诋毁的廉租房(HLM)堪称豪华;他浸润在大众文化之中,关于这种大众文化,布吕昂[17]的歌曲只能给我们一个不那么强烈、有所偏差的印象。他经历现在已经不复存在的季节性失业;他在生病时没有收入,为了生存到年老时也得工作。要是没有我刚才这番说明,他的世界与这个词让读者想象出的世界毫无干系。此外,在今日,**工人**指的是没有资格认证的工人,是只做某部分工作的工人(OS),而在20世纪初,这个词指的是资格工,与**短工**和**帮工**相对。

---

[16] 细心阅读的话(就像我在重读这部分时那样)就会注意到,我在这里自发地使用现在时。

[17] 布吕昂(Aristide Bruant,1851—1925),法国歌曲作者和诗人。——译注

我们看到了历史学家的困境。他或者采用今日的词语,这样容易被人理解,但这种理解必定是有偏差的、走样的,这就是时代错乱,是历史学家的"大罪"(费弗尔)。他或者使用昔日的词语,他谈论 vilain(封建时代的农民、农村居民或平民)、tenancier(佃农)、compagnons(学徒或帮工)和 sublimes(酗酒工人),可这又有可能不被人理解,因为这些词对我们当代人来说是空洞的。谁知道在德尼·普洛时代,sublime 是什么意思?[18]

自然而然的解决办法就是像我刚才那样,不管历史学家是用昔日的还是今天的词语,他都必须加以解说。必须描述过去词语的具体意义,或是解释其与今日意义的区别,以此来填平词语那过去与今日意义之间的沟堑。因此,历史学家让一种平行的文本、**一种元文本**在其叙述的旁边、边缘处隐隐地流动,它时而用页下注,时而用融入文本本身之中的解释,又或是在第一次用某个词语时通过插入语,以此来指出词语的意义。但困难又来了,因为元文本也是用有同样问题的词语写成的,人们无法花费许多时间和页面来做一个历史词汇表。

就这样,逝去的时间使所有试图谈论他者的话语所遇到的困难加倍:它应该用它的词语还是他者的词语来谈?自身与他者这一问题位于历史理解的核心,当过渡到书写的时候,这自然而然就再次成了一个大问题。

毋庸多言,这个问题在理论上没有答案;它在逻辑上是无解的。但历史学家应该在其行当的日常劳作中解决这个问题。随着一页一页写

---

[18] 德尼·普洛:《酗酒工人,或 1870 年的工人是什么样以及能是什么样》(Denis Poulot, *Le Sublime ou le Travailleur comme il est en 1870 et ce qu'il peut être*, Paris, Libr. Internationale, 1870, réédition Paris, François Maspero, 1980, 阿兰·科特罗导读)。

过,一课一课讲过,他通过一系列的妥协——这些妥协的协调程度各不相同——来做到这一点。艰涩的历史学带有这些艰难的痕迹,就像是脸上的刀疤那样。而另一些历史学则更巧妙些,人们在翻书的时候,差不多已经不再感觉到解释某个词语的必要性来不时提醒他,存在着与他者之间的间隔及过去的距离。在这里,文学文化、实践以及对写作的兴趣是宝贵的援军。历史学无法略过属于文学领域的工作,同时它也自有其作为一个特殊种类的独特性。这就是为什么写历史将永远是一门技艺,一件活儿。或许也是一种愉悦。

结语　历史学的真相与社会职能

想要就历史写点什么的人,有两种姿态来抬高身价。

第一种是创新者的姿态。研究历史,应该像人们一直以来所做的那样——这种说法即使是正确的,也没有人会对它感兴趣。宣称应该用别样的方式来做,并且投身其中——即使这是夸大其词,也会为人瞩目、被人谈论。我这么说是心平气和的,与别人相比,我并不乏于创新[1],而正如人们已经看到的那样,我在这里采取的是另一种姿态:我认为,只要做得好的历史学都是好历史学。在 C 大调上还有很多乐曲可写。

第二种能抬高身价的是破除神秘者的姿态。采取这种姿态的人认为自己经验丰富、智力过人、头脑清明,而其反对者则预先就被认为是

---

[1] 我大概是第一个对信件进行因子分析的历史学家(那是在 1967 年),也是极少数在历史学中借用那些有点"坚硬"的语言学方法的人之一,参见我的文章,《政治家族的词汇与类型学》(Vocabulaire et typologie des familles politiques),《词汇学手册》(*Cahiers de lexicologie*)第 14 期,1969 年 1 月,第 115—126 页;与克里斯蒂安·罗森维格(Christian Rosenzveig)合写的文章,《众议院(1881—1885):对投票的因子分析》(La Chambre des députés[1881-1885],analyse factorielle des scrutins),《法国政治科学杂志》(*Revue française de science politique*),1971 年 2 月,第 5—50 页;与路易·吉拉尔和雷米·戈塞合著《1881 年、1885 年、1889 年选举声明中的词汇》。

幼稚和迟钝的。比之有着执着信念的思想单纯的人，舆论更容易追随麻木的批评。因此，具有感染力的苛刻的批评家嘲弄着让不那么聪明或消息不那么灵通的作者沉溺其间的幻象；他可不会上当受骗，他可不是那些还在相信某种历史真相的糊涂虫。他才华横溢地证明历史学不是一门科学，只是一种或多或少有些趣味的话语。

破除神秘者的姿态在很大程度上受惠于20世纪最后30年的两股思想潮流。第一股潮流由米歇尔·福柯激起，1968年精神使之更为浩荡。它处处都看到权力装置在起作用，于是在分析历史学家的话语时将之作为一种树立权威的举动，一种他们借之将自己的世界观强加给读者的暴烈行为。

美国的语言学转向（linguistic turn）为这股潮流提供了论证，使之更为强大。经心理分析、语言学和语义学改造而焕然一新的文学批评的诸多方法被运用于历史学作品，而史料工作和构建解释这些历史学特有的方法则被弃之不顾，以便只对文本本身进行考察。于是，文本与它想要让人认识的现实之间的关联消失了，历史与虚构之间的界限也随之消失。历史学家声称看过了档案？他声称了解，而且还想要让别人也了解文本之外的、抗拒了解的实在？这些都是为了获取读者信任而使用的修辞手法，是不能相信的：他不正是从我们的信任中获利了吗？简言之，对资料的考证被对范畴与书写模式的批评所取代，"在说什么"的问题被"是谁在说"的问题所取代，于是结论便迎面而来：历史学中只有文本、还是文本、永远是文本，而这文本不再以任何外部环境为参照；历史学是虚构，是不断重整和修订的主观解释；它是文学。历史学家"并不构建其他人可以使用的知识，他们生产关于过去的话语"。[2] 历史学整个被缩减为一种作者之语。

一　历史学与真相

解魅的后果

这种在方法论上的破除神秘使历史学家参加了为总体历史和真实历史所举行的双重葬礼。这对历史学家及其读者都不无影响。

总体历史的葬礼涉及舍弃宏大的综合。取而代之的出版事业是集体合著,这些作品将诸多个人作品(有时互相之间还存在分歧)集结在一起,例如瑟伊出版社的《法国乡村史》《法国城市史》《私生活史》以及分主题、多卷本的大部头《法国史》,普隆出版社的《女性史》,诺拉主编、伽里玛出版社出版的七卷本巨著《记忆的场所》等等。布罗代尔一个人写了三卷本的《15 至 18 世纪的物质文明、经济和资本主义》(1979),马克·布洛赫用几百页就写出了《法国乡村史的原创性》(*Les Caractères originaux de l'histoire rurale française*,1931),瑟诺博司一个人写了《法兰西民族信史》(1933),如此的勇气已成为过去。

历史学家虽然不再相信整体上的宏大解释,但他们依然关注证实程序,依然崇尚精确、崇尚完整的信息。毁灭性的批评将历史学缩减成作者的观点,而历史学家不这样看。他们拒斥绝对的相对主义,继续相信他们所写的是真实的。但他们只相信局部、暂时的真相。综合在他们看来是虚幻或不可能的,不仅仅如此,综合也意味着相信有可能得出

---

[2] 怀特,转引自乔伊丝·阿普尔比等人《历史的真相》(Joyce Appleby et al., *Telling the Truth*),第 245 页。这里的分析在很多方面要归功于下文所引夏蒂埃、布特里和波米安的文章。

总体的意义,这就还使它也是危险的。

　　于是就有了对结合了表象史与微观史的主题的自省。也就是"从一个特别的切入点(或隐微或重大的事件、对于某人一生的叙述、特殊行为构成的网络)出发,深入到构成社会的联系与张力的内部中去,认为所有的行为和结构无一不是由互相反驳、对立的表象产生的,个人和群体正是通过这些表象赋予他们的世界以意义",这种反省正是"由此来别样地对社会进行破译"。[3]

　　历史学家投身其中,摇身一变而成了金银匠和钟表匠。他们制作小首饰,制作精雕细琢的文本,这些文本上闪耀着的,是他们的知识和才干,是他们的博学,是他们的理论修养和方法论上的灵巧,然而,他们处理的都是他们驾驭自如的细微主题,或是不会对其当代人有什么影响的主题。又或者他们"游戏般地喜好对不断经过'修正'的假设和解释进行系统地试验"。[4]

　　读到这些作品的同仁不能不赞扬其精湛,这个行会可能就这样变成了互相之间自动唱赞歌的俱乐部,人们在其中愉快地欣赏匠人们的小小杰作。但然后呢? And then, what? 炫耀博学,炫耀处理无足轻重的对象时的才赋,这样的历史学要将我们引向何处? 或者说得更准确些,只对领域内历史学家才有意义,只有他们才感兴趣的历史学要将我们引向何处?

　　这种历史学对我们当前的问题一言不发,当我们考察这种解魅了的历史学产品在教学中会是怎样时,其社会功能明显就成了一个问题。而事实上,学校里的历史学依然以过去25年的综合为基础:历史学不

---

〔3〕 夏蒂埃:《作为表象的世界》,第1508页。
〔4〕 菲利普·布特里:《历史学家理性的确凿与游移》,收录于《重整过去》,第67页。

涉及社会职能,其复兴又会是怎样?有些人大概会拒绝提这样的问题:毕竟,历史学的首要目标并不是课堂中的教学;不计利害的研究主导着历史学的主题;解除寄生于历史学的这种社会和政治职能就是解放历史学。

上述观点在我看来有点儿不切实际,我不愿历史学家步20世纪六七十年代教士的后尘,他们为了使入教宣誓成为纯粹的宗教仪式,而禁止与之相伴随的社会和民间传统,例如"小小新娘"的礼服[5]和家庭宴会,他们的教堂当然就因此而空荡荡了。

持怀疑态度的解魅还有产生其他毁灭性后果的危险。不断地在报刊上到处说历史学中没有真相,只有主观、相对的解释,公众最后就会相信这种说法。那此后他们为何要注意听历史学家讲了些什么?历史学在社会中的力量与重要性就在于如下事实,它以经过证实的真相的名义前行,它握有社会关于自身的知识。集体付给历史学家报酬,他们却弃用对集体来说至关重要的主题,在与自己有利害关系的主题面前退却,这已经威胁了历史学的上述地位;此外,如果历史学家对达到真相不抱希望,那又以什么名义来证明历史学是必须要教的一门学科呢?

实际上,没有一个历史学家走到这一步,看穿一切的怀疑主义不过是一种时髦的立场,但在这种立场背后,所有历史学家都对自己的分析之正当深信不疑,都相信自己所写的是真相。我不仅仅是说史料的考证与事实的确立,这是整个历史学的基础;没有一个历史学家能够同意

---

[5] 入教宣誓仪式上,小女孩身穿白色衣裙,所以文中说"'小小新娘'的礼服"。——译注

格尔尼卡是被西班牙共和主义者烧毁[6],或者同意毒气室并不存在的说法。解释也同样如此:只要看看由法国大革命史所引起的争论就明白了。显然,历史学家们的意见并不一致,但每个人都坚持认为自己的解释是正确的,并为此进行论证;没有谁说这些解释具有同样的价值。声称历史学是虚构的一种模式的,是符号学家,怀特选了巴特的一句话作为自己某本书的题词,"事实从来只是语言上的存在"。[7]

于是,对于批判过头,甚至于虚无主义的论题,历史学家这个行会实际上没有达成一致意见。它位于20世纪初科学的确定性与今日走俏的相对主义之间。历史学说真话,但它的真相并不是绝对的。如何来理解历史学学科中这种基本矛盾?

客观性、真相与证据

由于两个根本性的,而且也互相联系的缘由,历史学的真相是相对的、局部的。

一方面,历史学的对象总是处于周遭环境之中,历史学家关于研究对象所说的话总是指涉这些环境。说历史学的规律性,必须要附有保留条件,即"其他一切事物相同",而事物却从不相同,而只是相近或相似。前文在谈到理想型的概念,以及在帕斯龙之后,我们称之为自然推理的那种东西时,已经详细论述了这一点。

另一方面,在构建历史学的对象时,总是从本身也是历史的观点出

---

[6] 西班牙小城格尔尼卡(Guernica)在1937年4月26日遭德国空军轰炸,全城大部被烧毁。——译注

[7] 参见夏蒂埃:《哲学与历史学:对话》(Philosophie et histoire:un dialogue),收录于弗朗索瓦·贝达里达主编:《1945—1995年间法国的历史学与历史学家这个行当》,第146—169页。

发。前文谈到关于历史学家所提问题的科学、社会和个人根源，以及情节化和书写时，我们也已经看到了这一点。这就是为什么想要并且也趋向于客观性的历史学永远也无法达到客观性。客观性实际上意味着去知道的主体与被知道的客体之间的对立，这种对立正是诸多科学的特征，在这些科学当中，观察者并不身涉其研究之中。在历史学，以及在社会学或人类学中，这种严格意义上的客观性是不可能的。

与其说客观性，还不如说保持距离和不偏不倚。在这里，将历史学家和法官做一番比较能够给人启示。法官无法做到完全客观：在评估一件情杀案的时候，他的个人感情不可避免地起着作用。但在诉讼当中，控辩双方要面对面：控方与辩方的观点同样受到保护，法官在双方之间保持平衡，提问的时候没有偏心，以事实为准，这才称得上是公正的法官。历史学家也应该如此，他必须避免片面的视角。

历史学家的不偏不倚（我们不说客观性）来自道德与智识上的双重态度。首先是道德上的：从瑟诺博司到马罗，所有讨论历史学的作者都谈到了伦理。他们坚持认为，历史学家必须考虑所有行动者的立场，必须表现出智识上的诚实，必须隐去自己的观点，熄灭自己的激情，为此也就必须首先努力澄清并超出自己个人在其中的牵扯。这些建议虽然有说教意味，但却不无教益。我们依然看到有太多的历史学家为自己的激情所裹挟，在事实方面犯下了使自己信誉扫地的错误。[8]

---

[8] 我们以关于维希的争论为例，在争论中，像泽夫·施特恩赫尔（Zeev Sternhell）这样的历史学家为了支持自己的论点而援引错误的事实："《精神》杂志的团队直到1942年末仍在为民族革命（Révolution nationale）效力"（《世界报》，1994年9月21日），而维诺克反驳说，达朗上将在1941年8月就查禁了这份杂志，其总编也在1942年1月被捕（同前，1994年10月5日）。历史学家对于真相如此随心所欲，就等于是给自己判刑。

诉诸诚实与严格也属于智识领域。这首先是选择智识上的，而不是道德或政治上的姿态。历史学家如果想要做到不偏不倚，就必须抵制诱惑，不让历史学服务于除它本身之外的其他东西。他要试图去理解，而不是教导或训诫。当人们批评历史学想要成为一门科学的企图时，常常忘记了从历史上来说，这种诉求曾有利于切断那种使历史学成为生活主宰、榜样汇编的联系。兰克想要说出"过去的真实情况是怎样的"，今天再提到这句话时，人们嘲笑其白日做梦，然而，如果结合其上下文的话，它就仍有现实意义：

> 人们曾给历史学赋予的使命是审判过去，教导当代人以服务于未来的岁月：我们的尝试没有这样高远的使命，而只是想要说明，过去的真实情况是怎样的。[9]

然而，历史学真相的体制这一问题远远超出了研究者的不偏不倚与研究的不计利害。这也是一个方法上的问题：在历史学中，真相就是被证实的东西。有哪些方法来提交证据？[10]

历史学没有特别的方法，但不能由此就说历史学没有方法。我所说的方法是指由智识上的程序界定出的一个整体，任何人只要遵循这些程序，向同样的史料提出同样的问题，就必然会得出同样的结论。从这种意义上来说，历史学有的是方法。我们可以将这些方法分为两类，为便捷起见，我称之为调查和系统化，它们基于两种不同类型的证据之上，即事实证据和系统性证据。

---

[9] 转引自科泽勒克：《过去的未来》，第47页。
[10] 关于这一点，参见我的文章《历史、真相、方法——历史学的论证结构》（Histoire, vérités, méthodes. Des structures argumentatives de l'histoire），其中有进一步的反思。收入本书，见附录一。

调查(这里用的是人们在说预审法官和新闻记者的调查时所指的意思)是用来确定事实、来龙去脉、原因和责任的方法。不管调查是否得出真相,都应该有对调查的共识,否则就无法公正。法官在追寻真相时,像历史学家那样行事:他指出从动机、蛛丝马迹到确凿证据的所有事实。有时候,指纹和基因编码能提供可以称之为"科学的"证据。值得信赖的几位独立证人证明,案件发生时,犯罪嫌疑人正和他们在公共场所打桥牌:这个证据的性质不同,是以证言为基础,但也能同样肯定地证明嫌疑人的清白。

法官与历史学家之间的区别并不在于调查,而是在于判决。讯问结束之后,法官应该亮明自己的观点,犹疑会对被告有利。历史学家则更自由些,他可以悬而不决,在推定与犹疑之间保持平衡,因为认知不受诉讼的制约。但他从来都不会不提交证据。在这种意义上,所有的历史学都一定是坚守事实的。在这里,英语里有一个法语中没有的词:历史学应该奠基于从资料中提取出来的 evidences(证据)。在法语中,事实既是资料,也是证据。确定事实,就是从资料中提取出那些将在论证中用作 evidence(证据)的东西。

事实证据不一定是直接出现的,它也可能在貌似微不足道的细节中找到。卡洛·金兹堡(Carlo Ginzburg)说过"指数范式"(paradigme indiciaire),他提到了几个人物,其中之一是福尔摩斯。确认油画的作者是个好例子:有时候,耳朵和手指上的细微之处比签名更可靠。而历史学家和法官一样,要依靠证据,这些证据来自物质的痕迹(指纹、血迹等等)、证词和资料,历史学家得出通常被认为是准确的结论。正确进行的调查构成一套真相的体制,这套体制并非历史学所独有,而是被普遍接受,历史学使用这套体制时毫无保留。

每当历史学家说到关于某个实在整体(个人、物品、风俗、表象等等)的时候,都会出现系统化。历史学著作中有着大量这样的结论。例如,历史学家断言,在 1940 年,有很多法国人支持贝当元帅,又如在两次大战之间,一战老兵是和平主义者,或者 16 世纪的人不可能不信神,又如在七月王朝期间的工人家庭中,买面包的钱占了开销的一半以上。凭什么这么说?证据何在?

系统化并非历史学所独有。在社会学和人类学当中也能找见。但使之生效的方法并不具有同等的严格性。

最不严格的方法是提供例证来支持系统化。我们可以称之为"例证化"。[11] 其有效性的基础在于所提例证的数量和多样性,因此它本身就不是同等的:历史学家并非想要多少就能找到多少例证。为了证明有众多法国人支持贝当元帅,历史学家会引用属于各种政治派别的各类人的话,会引用地方长官的报告、报上的文章。如果例证研究是系统的,就会突显出哪些人反对贝当(共产主义者),也会表明有哪些不同的动机。它无法测出对贝当的支持有多广,有多深,但却能有一个大体上正确的估量。通过例证化得出的结论,其准确性取决于例证化的系统性如何;对这系统性进行解释并证明其恰当,这是很好的做法。

最严格的方法是构建可量化的指数和统计学上的效力。我们无限接近却达不到波普尔式的科学,在这种科学中,假设必须能被反驳。而所得结论的品质取决于所使用指标的构建,以及作为构建这些指标的出发点的资料的有效性。但是,只要牢记在量化下面藏有处于其环境之中的具体实在,这种手法就能提供非常难驳倒的证据。

在这两个极端之间,有各式各样可能的方法,历史学家根据自己的史料和问题构造出它们。重要的是,要有方法。这里举一个例子

---

〔11〕 这是帕斯龙的说法,但他的《社会学推理》是在更宽泛的意义上用这个词。

以助理解。

设想一下,有一项研究要通过分析专业报刊来了解某个特定时代的某个社会群体对自己的表象。研究者的结论以引文为依据。这里就有了例证化的局限:另一位研究者读同样的报刊不一定会得出同样的结论。因此,例证化应该是系统的,研究者应该说明他在研究其例证时依照的是何种程式。这就要严格一些了。如果再界定明确的方法,诉诸对内容的分析或某种形式的语言学分析,那就更严格了。方法确定下来,文本确定下来,那么所有将这种方法运用于这个文本的研究者都应该得出同样的结果。结论的真相体制就要有力得多。

我选择这个例子,是因为曾有一场讨论就以之为对象。有一位历史学家不同意,他认为只要改变方法,就足以得到其他结果。这即使不是一句俏皮话,也是一种放弃,它打消了历史学想要说真话的企图。实际上,并不是所有的方法都具有同等价值。一种方法要有效,就必须具备双重的相关性:既与所提的问题相关,也与所使用的史料相关。在上面这个例子中,对内容的分析很可能不如借自语言学的方法那么富有成效。但重要的是,要遵循一种方法,这也就是说,要界定这种方法,并证明选择这种方法是恰当的。否则,历史学家只能生产出文学文本,这种文本之中的例证是没有什么说服性的。

因此,提交证据的方法这一问题在历史学中至关重要。在每一个案例、每一次研究中都要提出这个问题,否则就无法确定真相。在我看来,对历史学家而言,比之一再得意洋洋地说历史学不是一门科学,更好的做法是对使用方法的各种方式进行反思,打牢其基础,使其更为严格。如果不对这些方法进行反思,甚至索性就没有任何方法,那么历史学就成了文学。历史学家想要拥有自己的真相的体制,那么他必须完全接受方法论上的要求。

只有两种可能:所有的方法具有同等价值,历史学只不过是诸多解释,诸多主观观点;或者,在历史学中存有真相,这些真相取决于方法的严格性。在第一种情况中,历史学的社会职能与随笔或小说相似,但总体上来说,小说更富含深刻的意义。在第二种情况中,历史学家能够合法地声称自己握有经过证实的知识。那么其社会职能这个问题就是另一番景象了。

二 模糊的社会职能

历史学、民族与公民责任感

明显吊诡的是,想要超越道德和政治的19世纪的历史学却有着非常政治性的职能:在法国,就像在德国和美国一样(就更不用提波西米亚和匈牙利了),历史学是民族认同的熔炉。

这种特征牵涉到选择民族和人民而不考虑其内部多样性(这是为历史所偏爱的框架),选择构建出这些想象的共同体(这是问题)。通过既确定国家的内部权威,也同样确定国家的外部力量(或独立)来构建国家,其重要性就在这里。

今天,我们清楚地看到这种历史学传统在民族问题上的投入,及其与初等和中等教育之间的联系。[12] 拉维斯这个人物就是众多民族的"小学教师"的代表。然而,不应该胶柱鼓瑟:19世纪末和20世纪前期的历史学家完全意识到走上民族主义歪路的危险。关于这一点,瑟诺博司就直接反对班维尔(Bainville)的历史学:法兰西行动(Action

---

[12] 尤其参见诺拉《拉维斯,民族的小学教师》和苏桑·西特龙《民族的神话》(Suzanne Citron, *Le Mythe national*),后者的论战气息有时过于浓烈了。

française）对历史书写的影响作用于大众史学（这种大众史学因此大获成功），但却没有作用于大学里面的史学。[13]

然而，这种大学里面的史学还是具有一种明显的社会职能，它给民族提供了其传说与认同。它本身并没有意识到这一点，因为一般来说它都保持了语调上的中性，避免做出裁断。它在处理事实和进行解释的时候采用不偏不倚的原则，其中"科学的"态度发挥了作用。它没有认识到，主题的确定从来就不是中性的。[14] 与历史编撰学方面反思的薄弱以及历史学家对自己学科历史的轻蔑相伴随的，是整个法国社会对历史学在实际中的社会职能视而不见。

这一点在莫里斯·哈布瓦赫的《记忆的社会框架》（Maurice Halbwachs, *Les Cadres sociaux de la mémoire*, 1925）中表现得很明显。历史学家本以为在此书中会看到作者讨论历史学在构建社会记忆中的作用，但却根本没有：这个问题并没有出现。但书中也没有民族记忆：哈布瓦赫所说的社会对家庭、宗教和社会阶级有所认识，却不知道民族。历史学的缺失就源于此：历史学在实际中的职能是塑造民族记忆的社会框架，而哈布瓦赫在研究中不考虑民族记忆，他甚至对这种排除没作任何讨论。

法国大学中的历史学传统的特征在于第二种入世，这种入世更深，它决定了历史学选择什么样的主题。历史学家将自己的目标定为使人理解民族或人民的政治和社会运作：演变是如何成为可能的？演变为

---

[13] 威廉·凯勒：《雅克·班维尔与保王派史学在20世纪法国的复兴》（W. R. Keylor, *Jacques Bainville and the Renaissance of Royalist History in Twentieth-Century France*）。

[14] 1945年那一代共产主义史学家的头脑更为清明，他们选择了与自己的入世立场相一致的主题。但他们在作为职业历史学家处理这些主题时，遵循了同样的道义。

何是不可避免的？社会和政治力量是如何形成的？决定是如何以及为何做出的？

这是一项公民的,也是共和主义的规划。通过民族传奇、法国国王的传说、革命和帝国的史诗,历史学成为团结的要素,而它也同时以批评职能为鹄的。知识就是武器,历史学解释民族如何成形,由此给公民提供一些途径,让他们形成自己关于当时政治和社会演变的观点。它给法国人提供了要在政治和社会领域里采取某种独立的、有强烈动机的立场所必需的思维工具。因此,历史学是不受束缚的,这证明了在课堂里教历史学是正当的。

这种志向没有人比瑟诺博司说得更好。对他而言,目标就是让学生"能够参与社会生活",接受必然的变动,并有秩序地为这变动做出贡献。为此,就必须让学生理解自己将在其中生活的社会。这正是历史教学的独特意义,历史学也比其他任何学科都有能力来造就公民。

夏尔·瑟诺博司 | 为什么必须教历史学

历史学研究人类事件,社会中活生生的人就投身于这些人类事件当中。对社会的研究如何成为政治教育的工具？这是第一个问题。——历史学研究的是时间的延续,它让人了解一个接一个的社会状态,由此也就让人了解社会的变迁。对这些社会变迁的研究如何有利于政治教育？这是第二个问题。——历史学研究再也无法直接观察的过去的事实,它是通过其独有的间接方法,即考证方法来研究。考证方法的习惯如何能被用于政治教育？这是第三个问题。……

历史学是展示大量社会事实的机会；它能给出关于社会的具

体认知。……

获得关于政治的基本观念,养成准确使用政治词汇的习惯,这使学生更能理解社会,即更能了解将构成社会的人互相联结起来的关系:阶级的分野,政府的组织,个人的征招,任务的分配,职能的机制。……

受过历史学教育的人在过去之中看到了如此众多的变迁,甚至是革命,那么当他在现实中遇到一次的时候,就不再会惊慌失措了。他看到有许多社会发生过深刻变化,有资格发表意见的人们曾宣称这些变化是致命的,而社会却没有因此而更不好。

这已经足以治愈对变化的恐惧,治愈英国托利党人式的顽固的保守主义。

受过历史学教育的人还能学会,一个社会和政治体制中的不同部分并不同等程度地趋向于变迁。……他能学会,社会组织和个人权利比中央政府的体制更为稳定,变更起来更缓慢。当他参与公共生活的时候,他会知道,哪些能迅速改变,哪些只能逐渐变更。……对变迁的研究能使我们摆脱两种截然相反,却对现实活动同样有害的感觉。一种是觉得个体无力撼动由大量人所组成的社会这样一个庞然大物:这种无力感导向了气馁和不作为。另一种是觉得人类自行演变,进步不可避免:于是就得出结论说,个体无需为此操心;其结果便是社会寂静主义与不作为。

与之相反,受过历史学教育的人知道,能够通过舆论来改变社会,舆论不会自行改变,单个的人无力改变舆论。然而他知道,如果许多人一起往同一个方向努力,就能改变舆论。这种认知使他感觉到自己的力量,意识到自己的义务及活动的准则,这有助于使社会往他认为最有利的方向变化。历史学教给他最有效的手段,

> 即与其他有着相同意图的人齐心协力以改变舆论。
>
> ——《作为政治教育工具的历史教学》,散见各处。

让历史学成为传授共和国公民责任感(civisme)的预科班,这项计划意味着对主题有所取舍。它一方面强调当代史,另一方面强调政治史,但并不仅限于此。实际中所偏爱的,是解释人类如何创造历史的那些主题,是关涉到个人、群体和体制在其所改变的社会环境中的行动的那些主题。中世纪史或古代史通过对比突显出今日的原创性,尤其是它们习惯于将推理模式运用于各种社会环境之中,通过这种推理模式人们来理解社会如何运行,二者能够同样地有助于造就公民。历史学不仅仅拘囿于离得较近的过去,因为可以将其推理从一个时代转换到另一个时代。

吊诡的是,这种社会功能并未因 1970 年代碎片化之前《年鉴》的崛起而受到影响。拉布鲁斯式和布罗代尔式的史学实际上是增强了,而不是打消了拉维斯或瑟诺博司的公民教育的雄心。为了造就有意识的公民,那么解释深层的力量,尤其是控制社会演变的经济力量,就是有益的。众多这一代历史学家的政治热情(这种热情在今天烧掉了昨日他们所崇拜的东西[15])有助于解释历史学这种公民教育职能之持久。

情况变了,历史学缩拢到更为有限的主题,其志向就是描述更为主观的机能,描述更加个人的表象,或者这些表象是社会性的,但却不直

---

[15] 我属于更年轻的一代,从来也不曾是共产主义者,我不觉得一定要进行如此令人心碎的修正,我不认为应该简单、决然地背弃共和主义者的信念。我也不认为因为昨日犯错,就有权在今日教训人。

接作用于宏观社会的演变。于是,历史学给自己设定的职能就是回应其他好奇,这些好奇只有在也是我们当代人的好奇的情况下才与我们的当下相联系。皮埃尔·诺拉阐明了源自1970年代历史学与社会双重演变的这种剧变。历史学失去了其确定性,对自己的历史没有把握;社会迅速生长,被生生地切断了根脉。于是,二者与过去之间的关系都倒转了。

历史学、认同与记忆

传统历史学构建于连续性的基础之上:"对于过去的真正感知在于认为它没有真正过去。"[16]过去仍在现实中起作用,这就是为何澄清过去是非常重要的:历史自然而然地照亮现在。前文就这一观点已经谈了很多,它具有某种有效性,尤其在当代史中是如此。[17]

这种现在与过去之间的关系被打破了。"过去对我们来说截然不同,它是和我们永远一刀两断的世界。"[18]历史学构建的基础成了历史学家真切地意识到根本性的断裂,意识到要取消、克服这种断裂的困难。社会则要求历史学家重新抓住失去的对象,要有其活生生的真实性,而不只是逻辑上的构造;他们接受的使命是让行动者重新发出声音,是展现出活色生香、带有异国情调的风光。《蒙塔尤》(1975)的成功就象征性地标志着历史学这种当下的要求与新的写作方式的汇合。此书作者以前是去描绘宏观社会的巨幅场景,后来写的是专题著作,有

---

[16] 诺拉:《记忆与历史之间》,第XXXI页。

[17] 我从不隐瞒,我对教育史的兴趣源自我想要阐明这种体制在当前的问题,并想给这些问题提供尽可能妥帖的回答。在这种情况下,历史学就是生活的导师,这并不妨碍我作为职业历史学家来研究历史。

[18] 诺拉:《记忆与历史之间》,第XXXI—XXXII页。

许多同行也像他一样经历了这样的过程。[19]

历史学与记忆的关系倒转了。那种人们后来为了方便起见而称之为"传统的"历史学(即在 1970 年代被记忆颠覆之前的历史学)攫取了民族的、共和国的记忆,以使之具有结构,并将之植根于一种长远的连续性之中。而现在的历史学则服务于记忆,就如同这是记忆命令历史学家必须去做的"义务",这一命令界定了历史学家现在的社会功能。

然而,历史学和记忆这两个词是相对立的。这一点诺拉说得最好。

皮埃尔·诺拉 | 记忆与历史学

记忆就是生命,它总是由活生生的群体所携有,因此,它就永远处于演变之中,向回忆与遗忘之间的辩证关系开放,它对自身连续不断地变形没有意识,易于接受一切利用与操控,可以长期潜伏,也可以突然复苏。历史学是对那些已经不复存在的东西所进行的永远成问题的、不完整的重建。记忆总是当前的现象,是在永恒现在中与经历的联结;历史学则是过去的表象。因为记忆是动感情、有魔力的,所以它只与那些强化它的细节相吻合;滋养着记忆的回忆是模糊的、混杂的、全面的,或是游移的、独特的或象征性的,所有的迁移、过滤、审查和投射都可能作用于这些回忆之上。历史学是世俗化的运思,所以它诉诸分析与批判话语。记忆将回

---

[19] 如阿兰·科尔班,从一个地区的全面历史(《19 世纪[1848—1880]利穆赞地区的古风与现代性》[*Archaïsme et Modernité en Limousin au XIXe siècle(1845-1880)*, Paris Marcel Rivière,1975])转到了《食人的村庄》(*Village des cannibals*, Paris, Aubier, 1990)和《大地之钟:19 世纪乡村中的有声风光与可感文化》(*Cloches de la terre. Paysage sonore et cultures sensibles dans les campagnes au XIXe siècle*, Paris, Albin Michel,1994)。

忆封圣,而历史学则去除其神圣性,它总是让神圣变得平常。记忆总是从由它所联结起来的群体中涌现,由此可以说(正如哈布瓦赫说过的那样),有多少群体就有多少记忆;记忆在其本性上是多元的并因此是更有力的,也是集体的、复数的,同时也是个人化的。历史学则相反,它既属于所有人也不属于任何人,它因此志在普遍。记忆植根于具体、空间、姿态、意象和物品之中。而历史学则只与时间的连续,与演变,与事物之间的联系相关。记忆是绝对的,历史学中只知道相对。

运作于历史学核心部分的,是一种对自发的记忆进行破坏性的批评。对历史学来说,记忆总是可疑的,历史学的真正使命就是摧毁记忆、压抑记忆。历史学去除所经历过去的合法性……

——《记忆的场所》,第一卷《共和国》,第 XIX—XX 页。

著史,曾经就是摆脱记忆,整饬回忆,将之放到来龙去脉与规律性之中,解释它们,理解它们,是将带感情、有情绪的经历转化为思想。我们前面讲过战争回忆的例子:记忆是在弹坑中,在被炸得地动山摇的掩体中;历史学则是在教育性(或纪念性或历史性)的博物馆中,在那里,参观者不再感受到当年士兵们的情绪,他们获得的是关于战役的知识。

因此,传统的历史学不仅仅是解放公民,教给他们理解现在的秘诀。它还使他们摆脱记忆的督导。历史学就是从过去中解放出来。马罗写道[20],人不是通过遗忘来摆脱默默压在其身上的过去,"而是通过重新找回过去,完全有意识地接受它,以便整合它"。从这种意义上来

---

[20] 马罗:《论历史认识》,第 274 页。

说,"历史学像是一种教育学,是我们练习自由的场地,也是我们自由的手段"。费弗尔也是这样想的。

吕西安·费弗尔 | 历史学,遗忘,生与死

有一种本能对我们说,群体、社会要是想活下去,想能够活下去,就必须遗忘。不要被那些承继下来的事实累积而成的非人性的庞然大物压垮。在这种难以抗拒的压力之下,生者被死者压垮——在死者的重压之下,生者被挤到逼仄的现在,直到再也无力抵挡……

历史学[回应这种需要。它]是一种组织过去,以不让过去对人太过沉重的手段。历史学大概……不甘心无知,所以它总是在不断地为书写历史而增加我们的文明所掌握的"历史"事实:但这里没有矛盾。因为历史学呈现给人们的不是大量单独的事实。它将这些事实组织起来。它解释这些事实,为了解释它们,它将它们整理成诸种系列,它对于这些系列绝对不会同样关注。这是因为,不管历史学愿不愿意,它都是根据当前的需要而对过去的事实进行系统地收割,然后分类、编组。它根据生来考察死。

——《朝向另一种历史学》(1949),收录于《为历史学战斗》,第437页。

现在,我们的社会不再害怕被过去淹没,而是担心失去过去。社会中充斥着大量纪念活动。加佩王朝千年纪念很好地展现了这一点[21]

---

[21] 这里采用诺拉的分析:《纪念的时代》,第989页以下。

开始时是纪念于格·加佩(Hugues Capet)登基(987),有资格发表意见的国家科研中心委员会认为这个日期不值得考虑,这个人物的身份不确定("加佩"这个字 16 世纪才出现),这个事件实际上不重要。结果,纪念活动大获成功,各处都有集会活动,共和国总统与巴黎伯爵(comte de Paris)参加在亚眠(Amiens)举行的加冕弥撒,出版了四本传记。要是莫拉斯那时还活着,他什么都写得出来![22]同样,两年之后,在法国大革命两百周年时让人印象深刻的,是在各地集会活动之多之大;法国被各式各样的纪念所覆盖:这件重大的民族事件首先被作为地方认同的基础来纪念。

我们感染了这种"纪念病",它要求历史学家给予既专业又提供合法性的帮助[23],与之结伴而来的,是前所未有的遗产浪潮。1980 年偶然设立的遗产年大获成功,以后每年的遗产日都是又一次成功。在所有地区,各式各样的博物馆层出不穷。每周(或差不多每周)都有一位地方长官提请退役军人部(le Ministère des Anciens Combattants)建一座博物馆,用来纪念某场战役,某些战俘或军队等等。老爷车、老酒瓶、老工具都被保存起来。把东西扔掉成了不可能的事情。

更不可能的是把东西毁掉。1913 年关于"历史"纪念物的法律是针对那些有民族价值、纪念或象征价值的东西:大教堂,卢瓦尔河的城

---

[22] 莫拉斯(Charles Maurras,1868—1952)是法国支持君主政体的政治活动家,也是多产的作家。——译注

[23] 昨天,也就是 1995 年 8 月 17 日,当我在汝拉省一个偏僻的村庄里完成此书的时候,电话铃响了。电话那头彬彬有礼地请我给社会保障体系(la Sécurité sociale)诞生 50 周年出份力……世界就是如此。难道我今年先要去纪念两次 1895 年创建总工会(CGT)、纪念集中营犯人归来,还要去纪念社会保障体系?遇到有什么要纪念的时候,我就是——请原谅——"逃兵"!……

堡,文艺复兴时期的房子。在今天,这个法律涵盖的范围大大扩展:饶勒斯被刺杀时所在的月牙咖啡馆(café du Croissant)的大理石,19 世纪的托儿所等也被算了进来。要保护某个地方,只要舆论赋予其象征意义就够了:人们就这样为了纪念卡尔内(Carné)的一部电影而"拯救了"位于热马普码头(quai de Jemmapes)的北方餐馆(l'hôtel du Nord)的墙面,虽然这部电影是在摄影棚中拍的。在我们的社会中到处可以听到这句口号:"别碰我的过去……"

于是我们被激增的遗产所充斥、淹没,这些遗产无论如何都不再是共有认同的要素,而是破碎成各种各样地方性、职业性和类别性的认同,每种认同都要求得到尊敬、培养。民族史让位给了诸多个别记忆组成的杂拌,"30 年来,人们怀着感动与虔诚,往这套家庭影集里添加了各种新发现的旧东西,里面有大量的日期、意象、文本、形象、情节、词语,甚至是价值观……过去的神话般的力量形成了家庭神话……"[24]这份清单或者说这份收藏虔诚地保存了过去的痕迹而不一定从中得出意义,它获得了高高在上的正当性。"我们当前文化世界中的"三个"主导形象"是博物馆、百科全书和旅游指南。[25]

对于多种形式的历史学的爱好与需求就这样弥漫了开来,系谱学家的激增更确证了这一点。寻根使我们当代人陷入对过去的怀念、迷恋之中,这开始使职业历史学家和其读者之间的界限变得模糊起来。来自读者方面的回应是有道理的,现在是时候提出职业历史学家的身份这一问题了。

卡尔·贝克尔(Carl Becker)1931 年在美国历史学会会议上就提

---

〔24〕 诺拉:《纪念的时代》,第 1010 页。

〔25〕 朗西埃:《历史与叙述》,收录于《认识论与社会需求之间的历史学》,第 200 页。

出了这个问题,虽然他的措辞有所不同。他的出发点是将历史极为简化地界定为"对所言与所行的记忆",并指出,普通人(M. Everyman)著史而不自知。普通人在醒来的时候回想起前天的所言所行,也想到了白天将要去做的事情。为了准确地回想起某些事情,他查阅自己的私人档案——他的记事本——看到了他要做的事情,例如去交煤炭费。他于是到了煤炭店,但后者因为没有他要的那种煤炭而已经把他的订货转到了另一家店。第一家煤炭店的店主在文件中找了一下,确认了这一事实,并把另一家店的地址告诉了这位将要去付款的普通人。普通人回到家之后,找到了送货单,并且毫不惊讶地看到,正是第二家店来送的货。贝克尔指出,这位普通人刚刚运用了历史学家的所有手法:他通过档案中保存的资料确立了事实。他在自己都不知道的情况下,将这种历史学的手法运用于所有在其日常生活中把过去与现在联系起来,以及把过去与未来将要做的联系起来的东西。他不仅仅是靠面包过活,所以他那完全以事实研究为基础的历史学家的活动拓展了他的现在,也赋予其体验以意义。

贝克尔问道,那么与职业历史学家之间又有什么区别呢?这种区别不是根本性的。诚然,历史学家有拓展和丰富社会之现在这一职能。但历史学不是科学;事实不是像19世纪为科学着迷的历史学家所相信的那样自己开口说话,贝克尔在此处引用了菲斯代勒·德·库朗日。

卡尔·贝克尔 | 历史学家的声音就是普通人的声音

五十年之后,我们可以清楚地看到,不是历史通过库朗日说话,而是库朗日通过历史说话。也许我们看得不那么清楚的是,库朗日的声音就是放大了的……普通人的声音；……仰慕的学生所鼓掌称颂的，既非历史，也非库朗日，而是库朗日选取并巧妙文饰过的一些事件（尤其妙在他没有觉察到自己这样做了），以便满足普通人的情绪需要，这种情绪需要的满足，对当时的法国人来说是至关重要的，因为他们由此领悟到，法国的制度并不是起源于日耳曼的。……普通人比我们强，并且我们迟早要让我们的知识去适应他的需要。否则，他便让我们自行其是，并且让我们从古物研究的硗薄土壤里培养出一种干巴巴的专业傲慢心理。[26]

——《人人都是他自己的历史学家》，第234页。

他总结说，我们的职能不是重复过去，而是修正它，使之理性化，以便被普通人共同使用。

卡尔·贝克尔的话包含了两条在昨日是互为奥援但在今天却相互抵牾的训令。我暂且不管对那个时代风行的科学主义的批评。我还是来考察一下历史学的社会职能与概念。

贝克尔建议其同事倾听普通人说话，并写作对普通人有用的历史学。这既是建议，也是对事实的确认：说到底，历史学家写出社会要求他写出的那种历史学；否则，社会就离他而去。而我们当代人所要求的，是记忆性、认同性的历史学，是让人掉头不理睬现实，而为历史感动或愤慨的历史学。如果历史学家不回应这种需要，他就会被封闭在学术圈子里。

但另一方面，对贝克尔来说，历史学是致力于现实的工具："为着

---

[26] 译文引自《西方现代史学流派文选》，田汝康、金重远选编，上海人民出版社，1982年，第274—275页。译文略有改动。——译注

准备去应付正向我们迎面而来的事情,不仅仅必须要回忆某些过去的事件,而且要预期(注意,我说的不是预言)未来。……对过去的回忆与对未来事件的预期携手共行……"[27]而当前的要求正相反,它使历史学成为记忆的场所:历史学逃离现在,害怕未来。

在我看来,这里有不仅对历史学,而且也是对社会来说的一个关键之处。迷恋过去与未来的不确定以及缺乏集体规划相应。宏大意识形态的坍塌无疑是政治清醒的进步,却也让我们当代人不知所措。这正是瑟诺博司与布罗代尔就与现在之间的关系而言所共享的一种历史书写传统为何退潮而去的原因。相反,没有作者进行历史学教育,不对问题进行历史学分析,就没有可能实行的集体规划。我们这个记忆的社会认为,没有历史,它就会失去其认同;更准确的说法是,一个没有历史的社会无力制定规划。

历史学家从此必须面对的挑战是将其同代人的记忆需求转化成历史学。费弗尔曾有力地说道,应该根据生来考察死。人们不断地强调记忆的义务:但如果不对之进行解释,回想起一件事情就毫无用处,甚至无法用来避免其再次发生。应该要使人理解事情是如何以及为何发生的。于是我们就发觉了那与纪念的净化机制无法调和的复杂性。我们尤其进入了推理的领域,而不是感情的领域,更不是正面感情的领域。记忆在它自己看来因为道德正确和政治正确所以是正当的,它的力量来自它所动员起来的感情。历史学则要求理性和证据。

我的确是个永不悔改的理性主义者——一个大学教员能不是吗?——因此我认为进入历史学是一种进步:人类根据理性来行事还

---

[27]《人人都是他自己的历史学家》,第227页。(译文引自中译本第266页,略有改动。——译注)

是比根据感情要好。这就是为何历史学不应该服务于记忆;它当然应该接受记忆的要求,但这是为了将之转化为历史学。如果我们想要做对我们自己的未来负责的行动者,我们首先就有历史的义务。

新版增补说明

以下两章分别发表于《争鸣》(*Le Débat*)和《20世纪:历史杂志》,收录于此,是因为它们接续了本书中的思考。

附录一　历史、真相、方法
——历史学的论证结构

在法国,历史学这门学科近来最意味深长的变化之一,便是人们对认识论反思的兴趣与日俱增。这股新潮流有弊也有利。如果由此导致弃一手研究于不顾,指望靠大谈方法论、提问法便可更新别人劳神费力所做的历史研究,那它就是有害的。反之,如果历史学家丢掉不假思索的天真,直面其学科的理论问题,那它就是有益的。

而这种反思引发了不确定性。其第一个效果是戳破了过于简单化的确定性。要相信事实本身就让人信服是不可能的了,要相信历史的真相永恒且能够积聚成某种总体史也是不可能的了;这种反思表明,历史学总是由某个自身也嵌于某一时间、某一处境之中的历史学家来书写,所以,历史学家与历史之间并不是认识论主体与认识客体的关系;这种反思强调了情节化和历史书写的重要性。简言之,它精彩地分析了历史学之所以不是科学的所有原因。但是,历史学家依然坚持认为,他们所持有的,并不是按各自立场与兴致而自由选择的作者之语;他们是在以真相之名进行论证。这样一来,在文学与科学这两造之间要将历史学这中间之物置于何处,就不甚清楚了。

这是个历史学之科学地位的问题,在其背后,还有一个历史学社会功能的问题。历史学家如何面对同时代的人们?他以什么名义对他们发言？他又是凭什么权利在课堂上教授？历史学如果放弃自己社会科学的地位，那它就不能行使其原有职能。在我们国家，历史学被当作民族认同、批判精神和公民身份的基础来培育。历史学想要对我们的社会、文化和政治生活说些重要的话，但如果历史学家不再言说真相，而只是发表意见，那历史学的上述意图就变得可笑和自相矛盾了。因此，历史学在我们这个社会中的地位就取决于它所能够追索的是何种性质的真相。

一 两种认识论传统

目前这场争论牵扯到两种认识论传统的遭逢，而历史学家对这两种都不满意。

自19世纪以来，克洛德·贝尔纳的实验科学模式以及要将历史学提升为科学的意愿主宰着法国的历史书写。也正是这激励了《历史杂志》(1876)的创办者和整个方法学派。而年鉴学派的决裂[1]也并非是出于不同的认识论。向事件史开战是以拓展好奇心、更新提问，而不是以运用新方法为名。费弗尔、布洛赫、勒费弗尔、拉布鲁斯以及更晚近的布罗代尔施用于新领域的手法与他们在饱受贬抑的索邦大学那里所学到的，几乎没什么不同。引起争执的是历史学所提的问题和对象，而不是其方法。

要相信这一点，只要读读《为历史学辩护》就够了（布洛赫毫不掩

---

[1] 况且这决裂并没有年鉴学派奠基者说的那样决然。洛朗·穆基里（Laurent Muchielli）着重指出了20世纪头30年的经济、社会史与年鉴学派之间的连续性。参见其《法国新史学溯源：智识演变与社会科学领域的形成》，《综合杂志》，1995年3月，第55—98页。

饰地认为自己属于瑟诺博司的考证传统[2]),又或者只要考察一下1903年那场论战就够了(《年鉴》自己在1953年重刊了西米安针对瑟诺博司所做的宣言式文章,将这场论战树立为奠基性的争论)。谁会是最科学的历史学?西米安指责瑟诺博司还不够科学:真正的科学一定要构建有普遍意义的社会事实,这是"唯历史的"历史学家力不能及的;他所声称的方法是"其用想象完成的抽象构建",是得不出任何知识的,因为"历史学家是于未加批判便使用的这种含混、拙劣的心理学之中,是从事先不经讨论便无意识、公理般应用的类推法则之中得出'解释'的"[3]。三十年之后,吕西安·费弗尔提出了同样的批评,这回的配角还是瑟诺博司;费弗尔在给《法兰西民族信史》写的书评中,以"科学精神史"为名指责瑟诺博司,说其之"信","实际上是主观主义中最糟糕的那种"[4]。要等到马罗受海峡对岸英国人的启发,一种不那么"客观主义"的认识论才会出现[5]。

实际上,英语世界的认识论传统很久以来就在强调,历史学家主体是被牵涉进其所书写的历史的。早在1874年,布莱德雷就指出,所有

---

[2] 马克·布洛赫:《为历史学辩护:或历史学家这个行当》。布洛赫分出三步,先是"历史考察",然后是"考证",接着是"历史学分析"。朗格卢瓦和瑟诺博司的经典著作《历史研究导论》也是这样分出确立事实和解释事实的。

[3] 弗朗索瓦·西米安:《历史学方法与社会科学》,《历史学综合杂志》,1903年,第1—22、129—157页;重刊于《年鉴》,1953年,第83—119页。

[4] 对夏尔·瑟诺博司《法兰西民族信史:试写法兰西民族演变史》(Paris, Rieder, 1933)的书评:《论文式史学与教科书式史学之间:近来两种法国史概要》,《综合杂志》第5期,1933年,第205—236页。瑟诺博司的著作已再版,PUF出版社,1969年,帕尔马德作序。费弗尔在其《为历史学战斗》中收录了这篇书评的缩写版。

[5] 亨利-伊雷内·马罗的《论历史认识》受到柯林武德的启发。书名本身就表现了作者在认识论上的立场:在马罗看来,历史学不是科学,而是一种认识模式。

的历史学都始于前提假设。[6]《年鉴》崭露头角的时候,柯林武德也在英国发表著作[7],同一时期,卡尔·贝克尔在美国历史学会会议(1931)上做了那场著名的演讲。贝尔批判了历史学想要达到客观性的企图。他是拿菲斯代勒·德·库朗日来开刀的,后者向其学生宣称,不是自己,而是历史在通过自己说话。贝克尔接过话头说:"五十年之后,我们可以清楚地看到,不是历史通过库朗日说话,而是库朗日通过历史说话……仰慕的学生所鼓掌称颂的,既非历史,也非库朗日,而是库朗日选取并巧妙文饰过的一些事件(尤其妙在他没有觉察到自己这样做了),以便满足普通人的情绪需要,这种情绪需要的满足,对当时的法国人来说是至关重要的,因为他们由此领悟到,法国的制度并不是起源于日耳曼的。"[8]

法国的历史编撰学自1970年代以来进入了怀疑期,在各式各样的批评面前,想要达到客观真相的雄心消退了。由米歇尔·福柯率先激发的破除神秘者的姿态为1968年精神所强化,它致力于在每一处地方都辨识出权力装置;它从历史学家的话语中揭露其树立权威的举动,揭露这种旨在将自己的世界观强加于读者的暴烈行为。譬如,米歇尔·

---

[6] 弗朗西斯·布莱德雷:《批判历史学的前提假设》。一个世纪之后,我们在彼特·诺维克《那个高贵的梦:"客观性问题"与美国历史学职业》(Cambridge, Cambridge University Press, 1988)一书中看到了同样的视角。海登·怀特的《元史学》更为激进,他指出历史学家在写作其历史之前,是怎样给自己定下可理解性模式的。他们"预构"、构建了这片领域。"这种预构行为是诗性的,因为它是前认知的和未经批判的。""在先于对历史领域进行正式分析的诗意行为中,史学家既创造了他的分析对象,也预先确定了他将对此进行解释的概念策略的形式。"(第30—31页)(译文引自中译本第39—40页。——译注)

[7] 罗宾·乔治·柯林武德:《历史哲学》;《历史的想象》;《历史的观念》。

[8] 卡尔·贝克尔:《人人都是他自己的历史学家》,《美国史学评论》(vol. XXXVII, 1932年1月,第221—236页,引文出自第234页)。(译文引自中译本第274页。——译注)

德·塞尔多在页末的参考注释中看到一种恫吓装置,历史学家由此窃据了权威位置,而读者则被指派、限定于一无所知、什么都要学的角色。[9] 精彩的论证,但却过了头,因为参考注释也有,而且首先就有将历史学话语向反对意见敞开的功能,核实或驳斥由此成为可能。

还有第二股潮流加剧了对历史学科学性企图的批评。那就是美国的语言学转向(linguistic turn)。海登·怀特等人将经过心理分析、语言学和语义学改造而焕然一新的文学批评的诸多方法运用于历史学作品,对历史学话语想要使人认识实在的全部企图提出质疑。整个历史学被缩减为一种作者之语。"事实从来只是语言上的存在。"[10] 历史学家"并不构建其他人可以使用的知识,他们生产关于过去的话语"。[11]

法国人并没有对这些一棍子打死的批评亦步亦趋。罗杰·夏蒂埃、克日什托夫·波米安、菲利普·布特里[12] 等人愿意承认这些批评有道理的地方,但不接受史料工作与构建解释就这样被打发掉了,因为这些正是历史学家所独有的。他们拒绝用对写作范畴与模式的批评来取代史料考证,拒绝用谁在讲述的问题来取代在讲什么的问题,拒绝取消历史学与虚构之间的边界。他们坚持认为历史学文本不单单是服从

---

[9] 米歇尔·德·塞尔多:《历史的书写》。

[10] 这是罗兰·巴特的话,海登·怀特将其作为自己一本著作的卷首语。参见罗杰·夏蒂埃:《哲学与历史学:对话》,收录于弗朗索瓦·贝达里达主编:《1945—1995年间法国的历史学与历史学家这个行当》,第146—169页。

[11] 海登·怀特,引自乔伊丝·阿普尔比、林恩·亨特、玛格丽特·雅各布:《历史的真相》,第245页。

[12] 夏蒂埃:《作为表象的世界》(*Annales E. S. C.*, novembre-décembre 1989),第1505—1520页;克日什托夫·波米安:《历史学与虚构》,第114—137页;菲利普·布特里:《历史学家理性的确凿与游移》,收录于《重整过去》,第56—58页。

语言学法则的文本，而且也因与其想要使人有所认识的实在之间的关系，而特为历史学文本。

保罗·韦纳在语言学转向之前就已经表示持这种认识论立场。[13]他完全承认从无限的事件脉络中剪切出情节的历史学家的主体性。他说历史学就是小说。然而，是真实的小说，因为经由情节剪切、构建的诸多事实被呈现出来时，它们之间是有联系的，这些联系不可动摇，制约着历史学家。叙述解释与叙事的文学构建是与事实之真和解释之真相容的。历史学就这样位于科学式的、不可及的最终真理，与除其作者之外什么都说明不了的小说虚构二者之间。历史学中有真，但它是部分的真，是与所提问题和被剪切情节相关联的真。

现在大部分法国历史学家看来就是持这种不非此即彼的立场。他们不再相信整体的宏大解释，认定综合是虚妄的，甚至是危险的，因为这些解释和综合蕴含着对某一总体可能有意义的信念。然而，他们还是关心核实，崇尚精确和信息完整，他们依然认为历史学中有真相。谁也不认为自己的著作只是众多观点、诸种意见之一，谁都相信自己的解释比别人的要好。所以每个人都认为对于他们如此这般地提出的那个问题，有并且只有一个答案是精准的。然而大家同时也承认问题的多元性、方法和可用史料的多样性，因此也就承认诸多真相混杂在一起，它们不一定是互补和可积累的。

人们会说这是种明智的立场。然而这也是不牢靠的立场。双重否定不是肯定。我们无法满足于既反对语言学转向，说它将历史学文本与其所指涉的分离开是不正当的；同时又向它承认，历史学家的观点之主观无可救药。怎么能认为所有历史学话语并不等值，而同时又认为

---

[13] 保罗·韦纳：《历史是如何写出来的》。

没有哪种历史学话语是客观的？如果要让人能够接受这种双重的拒绝，就一定要求一种实证。使历史学能同时免于绝对真理的虚妄与相对主义的自相抵牾的、它那特有之真是什么样的真？

二 一个不充分的回答：考证法

如果历史学言说纯属作者之语、主观观点，那么就只好从是否优美、新奇和深刻的文学观点来评判它。反之，如果历史学言说想要说出关于实在的真相，那么其价值恰恰就在于它们是真实的，于是它们是何种真实就成了关键问题。历史学家通过何种程序怎样确立其言说的真实性？这就是历史学的方法问题本身：被证实了的，就是真的，而方法就是提交证据的手段。方法其实是**由诸种思维程序构成的一个确定整体，不管是谁，只要遵守这些程序，向同样的材料提出同样的问题，就必定能得到同样的结论**。[14] 那么什么样的程序能提交历史学的证据？

在被问到这一点的时候，历史学家传统上会诉诸考证法。他们说得没错，因为考证一直是必不可少的，但这个回答还是太过简略了些。的确，整个历史学的基础就在于以经过考证的史料确立事实。事实并不是一种言说方式或单纯的意见。即便事实与使它得以构建出来的问题、史料和方法密不可分，可它们一旦被构建，就成其为事实，要想对它们提出异议，只有一个办法，那就是表明它们为何构建得不好并用一种更严格的构建取而代之。没有哪个历史学家能同意毒气室不存在，或者格尔尼卡是被西班牙共和主义者烧毁的说法。

---

[14] 我们要注意，从这个定义深处，散发出相对主义的气息（虽然其语调听起来并非如此），因为它让结论紧紧依赖于所提问题和所用资料。

然而这种认识论却走进一条死路。应该停止使用"事实"(fait)这个概念(英语世界的历史编撰学就不认这个词[15])。一说用考证法确立"事实",其实就是在承认确立"事实"和解释、解说"事实"之分,而这是让人无法接受的。诚然,历史学工作表面上看来分两个阶段,先是文献阅读,然后是写作。诚然,历史学家在阅读他们同事的著作时细心标出其再使用的"事实"。但实际上,解说工作从一开始就有了。历史学家就像是在采购的大厨:他知道自己要做什么菜。当我为了备课而标出某本历史学著作中的"事实"时,这门课的范围就引导着我的阅读,使之是有选择性的。

方法学派的错误就在于将"事实"孤立出来放置在历史学构建的起点,在于把历史学研究的过程想得跟中等教育一样,先是搜集"事实",然后从中得出解释。事实总是融合在话语整体之中,并在其中获得意义,因为我们不能将之与话语整体分开;"事实"回应问题;它们被用作论证内部的证据。以实际上并不准确的"事实"为基础的论证显然不可能是真实的,然而反过来也是不对的:我们见过,错误的论证恰恰是建立在作者赋予了偏颇的意义或过分重要性的"事实"之上。因此,历史学想要说出实在的真相的企图要能站得住脚,就必须从历史学家构建的话语整体,也就是论证,而不是从"事实"出发。那么用什么标准来判别论证是正确的还是错误的呢?

今日的历史学家对这个问题没有答案。不能在承认"事实"依赖于解释的同时,却又除了以资料为起点确立"事实"之外,别无其他方

---

[15] 英语世界使用的"证据"(evidence)一词要清晰得多。历史学家从其"数据"(datas)中得出"证据"(evidence),一项历史学工作"证"得好或是不好。"证据"(evidence)是包裹在论证中的"事实"(fait),也就是说,它不是给定或自动构建出来的。

法,这样做至少是自相矛盾的。说历史学家要尽力做到不偏不倚,要公正无私,要有智识上的诚实,在这里,反复说这些话没什么帮助。历史学家大概是应该尽可能平息自己的激情,做出冷静的判断,同时也保持使自己能够赋予过去以意义的兴趣。但历史学属于认识,上述这些道德劝谕是与确保知识构建的智识纪律毫不相干的。它们说得并不错,但没说到方法问题。

如果我们真的想要有能够核实或驳斥历史论证的标准,能够说这种历史论证是真的,那种是假的,或者换个委婉的说法——这与发明了"视力不佳者"(les malvoyants)和"不良于行者"(les personnes à mobilité reduite)的时代更相宜——这种的有效性让人满意,那种的有效性不大,那就应该考察历史学家在论证中使用的方法,这就是对历史学论证模式的分析,或者说是研究其论证结构和真相体制的类型学。

三 叙事与描绘

叙事与描绘是历史学中的经典区分,而这种区分一般是被用来在总体上对一部著作或一个有一定长度的文本进行说明。[16] 然而这两个方面是不可分割的,所有历史学文本都是两者皆有。叙事概述按时间排列单一、事件性的方面。而描绘表现的是共时性、概括性和结构性的方面。叙事致力于重建来龙去脉,它谈的是原因、条件和动因。而描绘寻求的是将实在的不同面相联结在一起的关联性和相容性:技术状况、社会结构、文化模式等等。

---

[16] 菲利普·卡拉尔就是从这个角度更新了这种区分,参见其《新史学的诗学》。卡拉尔增添了第三种历史学样式:评论。

在所有经济和社会史当中,叙事与描绘之互补、不可分是显而易见的。书写一场经济危机的历史必然要将结构(描绘)与局势(叙事)结合起来。对某一社会阶层的研究看上去好像是属于描绘,但它一定包含着关于影响这一阶层并由此揭示其主要特征的重大事件的叙事。叙事与描绘铰嵌在一起的情状比上述还要紧密。

让我们和让-雅克·贝克尔一起,以法国是如何进入1914年战争为例作一番考察。[17] 和某些人根据巴黎地区的证词就过快做出的论断不同,战争动员并不是在一片爱国热情中进行的,但它也没受到当时开小差和怠工破坏风潮的影响(工人阶级反对军国主义之积极让人原以为会是这样)。坚决、一致,却不怎么狂热,对此进行解释就既运用了描绘也运用了叙事。描绘检视了不同类型的证词,努力覆盖所有社会阶层和所有地区。叙事解释动员令如何传达,以及著名的"B 簿"[18] 名单上的反黩武主义积极分子为何未被逮捕。描绘诉诸表述微妙的概论,例如,"对于战争动员,城市总体上比农村要积极,带有些许狂热"。[19] 叙事追踪动员前后舆论的变化,关注各部按时间先后做出的一个个决定,得到如下说法:"没有按 B 簿名单抓人,并不是总工会和[内政]部长谈判的结果。"[20] 还可以通过检查可能存在的相关性来扩展描绘的范围:狂热与否取决于当地政治倾向吗?

---

[17] 让-雅克·贝克尔:《1914:法国人如何进入战争》(Jean-Jacques Becker, *1914, Comment les Français sont entrés dans la guerre*, Paris, Presse de la FNSP, 1977)。

[18] B 簿(Carnet B)是法国政府用于监控可疑人员的制度,1886 年创立,1947 年废除,开始时用于监视间谍,后来扩展到所有可能危害公共秩序及反对国家进行战争动员的人。——译注

[19] 让-雅克·贝克尔:《1914:法国人如何进入战争》,第 309 页。

[20] 同上书,第 390 页。

同样,在解释 1936 年罢工时也将严密的编年记录与对工人阶级经济、政治状况的描绘结合在一起。为推翻这是场由共产党组织的运动的假设(这属于叙事),我们举出几个例子,如罢工的工业部门是工会组织最薄弱的地方,而工会组织发展得最好的部门反而没有罢工。这一概论实际上是将对罢工的总体描绘与对人民阵线成立前夕法国工会组织状况的描绘两相对照:在这里,描绘支撑着叙事。反之亦然:对罢工的叙事支撑着对 1937 年工会发展的描绘。

然而在叙事与描绘中,历史学并不诉诸相同的证据提交模式,也就是说,历史学并不使用同样的方法。论证结构是不一样的。

四 叙事的论证结构

历史学家为了确定来龙去脉、原因和责任而进行调查(这里用的是人们在说预审法官和新闻记者的调查时所指的意思)。调查通往真相,这是对调查的共识,否则就无法公正。法官在追寻真相时,像历史学家那样行事:他指出从动机、蛛丝马迹到确凿证据的所有事实。有时候,指纹和基因编码能提供可以称之为"科学的"证据。值得信赖的几位独立证人证明,案件发生时,犯罪嫌疑人正和他们在公共场所打桥牌:这个证据的性质不同,是以证言为基础,但也能同样肯定地证明嫌疑人的清白。

让我们还是以 B 簿为例,B 簿是一份名单,上面记录了反对爱国主义的积极分子,政府预备在战时抓捕这些人。但内政部长马尔维(Malvy)却决定不抓。安妮·克里格尔根据马尔维本人所说,将他发电报给警察局命令不许抓捕的时间定在 1914 年 8 月 1 日凌晨 1 点。她查明做出不发动总罢工决定的总工会办公室在 7 月 31 日晚 9 点关门,当时有一名政府线人在场,其提交报告上的日期是 8 月 1 日,安妮·克里格尔于是**推测**这名线人在总工会会议一结束就给部长打电话通风报信，所以马尔维在发电报时已经知道总工会不会阻挠战争动员。[21] 让-雅克·贝克尔重检资料，他证明马尔维在发电报的时间上撒了谎，他在诺尔省（Nord）档案馆找到了这份电报，上面明确标明时间是 8 月 1 日晚 9 点。[22] 贝克尔继续探究，他弄清了马尔维撒谎的原因，并确定马尔维在 8 月 1 日白天和阿尔梅赫达[23]有接触，但和总工会不大可能有接触。因此没有按 B 簿抓人是政治决定，而不是总工会与政府谈判的结果，如若不然，总工会领导人就是为获得自由而背叛了自己的革命理想。

这个例子有点侦探故事的意味，但这并不影响其价值。在另一个领域，卡洛·金兹堡的《奶酪与虫子》也提供了一个绝佳的例子。[24] 这里涉及的是弗留利地区被宗教裁判所判决的一名磨坊主的思想世界。作者细致地查明其主人公读过哪些书，什么时候读的，以及是谁给他的。然后将其所说与所读内容对照，比较二者异同，并特地说明自己的结论能够成立的可能性有多大。就这样，他阐明了根深蒂固的乡村文化与学术性文化之间，口头与书写之间是如何交相流转的。

因此历史学家就好像是情报员、侦探、法官和调查记者：他追踪蛛丝马迹，以之互相印证，并试图将推测落实为证据。历史学家的特殊之

---

〔21〕 安妮·克里格尔：《法国共产主义溯源》（*Aux origines du communisme français*, Paris et La Haye, Mouton, 1964, t. I, note），第 57—59 页。

〔22〕 他在《1914：法国人如何进入战争》一书中提供了这份电报的复印件，参见第 385 页。

〔23〕 米格尔·阿尔梅赫达（Miguel Almereyda, 1883—1917），法国记者，反军国主义者，无政府主义者。——译注

〔24〕 卡洛·金兹堡：《奶酪与虫子：16 世纪一名磨坊主的世界》（Paris, Flammarion, 1980）。同样是思想领域，我们也可以分析阿兰·科尔班的《食人的村庄》。

处在于其动机,而不是方法。他位于不计利害、不受行动和判决制约的认识领域。对调查对象,他不负有记者、侦探或法官那样的责任。而他的调查方法并无不同,这就是为什么马克·布洛赫认为,在战争动员时,派历史学家去做情报工作也不坏的原因。[25]

在调查中,证据以事实为依据,历史学家如此重视确立事实的原因就在这里。我们甚至可以认为,历史学家重视得还不够:他们的判断不会像法官的判决那样随后就被执行,所以有时他们有些过快地屈从于自己内心的想法了。

事实证据奠基于矛盾律之上,它属于逻辑学。维希政权查禁《精神》(Esprit)杂志,将其负责人关进监狱,我们无法下结论说,此时《精神》杂志支持维希政权。事实证据有时是间接的,在貌似微不足道的细节中也可能找到它。卡洛·金兹堡说过"指数范式",他提到了几个人物,其中之一是福尔摩斯。确认油画的作者是个好例子:有时候,耳朵和手指上的细微之处比签名更可靠。[26]

事实证据极少是绝对的(逻辑学意义上的"绝对"),所以它与科学中关键实验产生的证据不同。[27] 它包含不同程度:历史学结论被证明的程度可以有强弱之分。有时会强到差不多达到科学真理的程度(但即使这

---

〔25〕 马克·布洛赫:《蹊跷的战败》,第26页。

〔26〕 卡洛·金兹堡:《神话、象征和痕迹:形态学和历史学》(Mythes, emblème, traces. Morphologie et histoire, Paris, Flammarion, 1989)。

〔27〕 我这里不讨论科学中证据的相对性。海森堡(Heisenberg)的不确定性原理和现代物理学的概率特性众所周知,我也知道。但在我看来,这还不足以消弭硬科学和人文科学在证据种类上的差别。如果想要深入讨论这些问题,最好从生态学这样的科学入手,因为其结论总是必须参照环境而定。库尔诺在考察生物与其环境时就是这样做的,参见其《论我们认识的基础以及哲学批判的特性》,第81页及以下。

样,事实证据与科学证据在性质上的差别依然存在)。有时与其说是确切的证据,不如说是推测:历史学家将互相交错的蛛丝马迹汇集起来,他们的想法由此而来,同时也就排除了其他不同的结论。但在这里,历史学家的手法与日常生活中的常识没什么不同。这种得出结论的方式是人们普遍接受的:历史学家为什么要比法官更严苛呢?将互相交错的蛛丝马迹汇集在一起已足以把没有认罪、也无人看到其犯法或犯罪的罪犯送进监狱。没有理由对历史学家要求更高。做得好的调查并不是历史学家特有的证据,但调查做得好是被普遍认可的,历史学毫无保留地使用它。

五 描绘的论证结构

当历史学家在下总体论断时(这些论断会被与其他总体论断对照比较),他并不是总以同样的方式行事。比如,"1914 年的战争动员更多是被动接受,而不是主动狂热的。""总工会没有就不按照 B 簿施行抓捕与内政部谈判"。这两个论断就是以不同的证据提交方式为基础,遵从不同的真相体制。而历史著作中有大量关于现实整体(人、物、风俗、表象等)的命题。例如,历史学家断言,在 1940 年,有很多法国人支持贝当元帅,又如在两次大战之间,一战老兵是和平主义者,或者 16 世纪的人不可能不信神,又如在七月王朝期间的工人家庭中,买面包的钱占了开销的一半以上。凭什么这么说?证据何在?

这类论断之真是属于哪种意义上的真?这个问题并非历史学所独有。它也同样涉及社会学、人类学以及所有让-克洛德·帕斯龙归入自然推理领域的学科。[28] 所以,可以证实或反驳这些论断的方法并非历

---

[28]《社会学推理》。

史学所独有。但它们的严格程度各有不同。

最不严格的方法是提供例证来支持系统化。我们可以称之为"例证化"。[29] 其有效性的基础在于所提例证的数量和多样性，因此它本身就不是同等的。"1914年的战争动员是在一片狂热的气氛中进行的。"这个论断基本是以来自巴黎地区的证词为基础。历史学家经常就是这么做的：引用几条材料，来支持自己的说法。这种方法我们无法接受：一条孤立的引用什么也证明不了，虽有几条引用，但来源单一的话也好不了多少。例证化则完全不同：这是在周边所有可能之处寻找例证的系统方法。让-雅克·贝克尔就是这样做的：他系统地考察了关于这个问题所有能看到的资料：报纸、警方和政府资料、小学教师在主管部门要求下所做的证词。系统地诉诸多样的史料，以探察多样的环境：各个地区，不同社会阶层。作者付出这样的努力，得出了总体结论。

这个例子很好地说明了例证化与简单引用之间的区别。孤立的引用是种修辞手法，它旨在预先劝阻可能存在的反对者，勒令其拿出相反的引用。这不是严格的方法，它什么也证明不了。例证化是系统的，所以它是一种证据方法。[30] 让-雅克·贝克尔证明了自己的结论，因为

---

[29] 这是帕斯龙的说法，但他是在更宽泛的意义上用这个词。

[30] 安德烈·勒兹的近作《1914—1918，拒绝战争：反抗军令者的历史》(André Loez, *14-18. Les refus de la guerre. Une histoire des mutins*, Paris, Gallimard, «Folio Histoire», 2010)给出了一个很好的例子。有些研究者提出对反抗军令的总体解释，认为是军人疲倦所致，是他们在罢工。他们径直诉诸引文，但对这些发出言论的环境没有足够注意(在法庭上、在军官报告中、审查部门拆开的信件中等等)。勒兹批评这样的做法，他指出，在相同时间，在同一支部队里，我们可以找到含义相反的诸多引文，历史学家无权只对其中一些青眼有加。因此他致力于在史料允许的情形下作尽可能详尽无遗的分析，他成功地对诸多类型的反抗军令和形形色色的反抗军令者做了一番非常细致的描绘。

他检查了问题周边所有可能的地方,可以说他给自己绘制了一幅周边情况的地图。这就是方法的要点所在:从例证化中所得结论的价值取决于例证法系统化的程度。所以有必要对此做进一步说明和证明。

历史学家自然不会总是想找多少例证就找到多少。例证化需要有丰富的资料,然而有时实际上却没有。关于1942年圣诞节期间法国人对德国人的看法,例证化很快就碰到一个障碍,在审查和压制舆论的时期,人民几乎不会公开表达自己内心的想法。关于第二帝国时期政治在农民头脑中的表象,历史学家只有来自这个社会阶层之外的证词。虽然资料有限,例证法在绝大多数时候还是能得出有意义的结论。例如,我们用系统、严格的例证法来检查如下论断:在1940年有很多法国人支持贝当元帅,那我们就会发现非宗教领域存在的例外,就会看到那时共产主义者虽然不与德国占领者发生正面冲突,但是旗帜鲜明地反对维希政权。

这里还应就民族学方法再说几句。历史学家常常以诉诸民族学为荣。他们想要做民族—历史学或历史人类学。然而,最常见的情形是,这些名称只不过表明从邻近学科借用了别人在其自身语境中处理的论题,除此之外便别无其他意义。这些名称不包含任何方法,有时甚至就是用来掩饰其没有任何方法。民族学的观察需要系统、严格的描述,这种描述关注物品、所在地、符号、不在场、复现和奇异。它在观察条件许可的情况下是尽可能系统和详尽无遗的,所以它近似于例证化。

在下总体论断的方法中,例证化位于一端,另一端是统计学方法。在这里我们无限接近却达不到波普尔式的科学,在这种科学中,假设必须能被反驳。统计学方法奠基于现象之间关系的统计效力之上。要使现象能够经受这道程序，就必须使用合适的指标将这些现象表现出来。18世纪农村的小麦价格、死亡率和出生率之间的关系就是这样通过表现这三种现象的图示确定下来的。

历史学中统计学方法的有效性基本上取决于其指标的有效性。这些指标可以是很不相同的，常见的是量化指标，如价格、各种比率（识字率、遵守教规参加宗教活动的比率等等），我们也可以从二元指标或者三元指标进行推理，这些指标的值是不连续的。例如为了对1936年5月1日两轮选举之间人民阵线的投票情况与工会组织动员情况进行比较，我们可以做两张图表，一张关于选票情况，另一张关于游行情况。但这两种图的性质不同：第一张用图示表现从最不支持到最支持人民阵线的情况的连续体。第二张首先记录的是游行之有无。统计学家分别称之为连续变量和离散变量。

不管指标是什么（某些特性之有无构成的级数，或是某些连续的级数），它们的价值都取决于构成它们的级数的价值，取决于用来构建这些指标的方法，以及它们与其想要表现的现象之间的相关性。量化一定会遮掩处于环境中的具体实在；量化从具体实在做出一种表达，一种转化，同时其中也包含着背离。当涉及经济、社会和政治这些本身就属于数字类型的实在时（如价格、财产、收入和选举等），困难自然就最小。然而声称这些方法不能用于更为定性化研究的历史实在，那就是手握智识利器，却用来当做懒惰的借口了。将可量化事件性的征象转录为定性结果（至少做出"是"或"不"的定性），总的来说只是一个手法是否精妙，对研究对象熟不熟的问题。没有什么比宗教情感更定性的研究了；加布里埃尔·勒布拉和米歇尔·沃维尔却偏偏能构建合适的指标来研究宗教情感的变动，并将之与其他现象关联起来。

由于计算机技术的进步，今日的历史学家已摆脱所有与计算相关的麻烦，再拒绝统计学方法就让人更不能理解了。计算机技术首先让历史学家能够构建和操作大量数据，然后也大大简化了计算过程。以前用计算尺，后来用计算器，现在已经是电脑了。历史学家比较两个百分比，然后就由这两个数值之间的差异做出总体结论，而无进一步的工作，这在还用计算尺的时代是可以接受的。今日，如果历史学家不核查这两个数值之差是否有什么含义的话，那就不行了。

简单的例证化总是会有犯大错误的风险，如果不使用统计学方法，就是在冒着这种风险工作。如果调查西部某个天主教传统深厚的省份中，纪念1914—1918年战死者的纪念碑设立在村庄象征空间的何处时，我们会毫不费力地找到一些投左派票，纪念碑却立在宗教场所和墓地的市镇，或是相反，将纪念碑立在公共场所(如广场)的右派市镇。例证化方法得出结论说，放置纪念碑的象征地点与当地政治倾向无关。但如果费心做做统计学工作，我们就会看到，左派市镇公共场所的纪念碑比右派市镇的多，产生这种差别，绝不是偶然的。即使有大量例外，也不妨碍还是有主流倾向存在。[31]

六 谁也免不了方法

历史学家将叙事与描绘像经线与纬线一样编织起来。他诉诸从例证化到统计学的所有可用的方法，从一种论证模式转到另一种。责任在历史学家身上，使用何种与其问题和史料最相宜的方法大概就是他要做出的最重要的选择。然而，选择了方法，历史学才刚刚开始。这里

---

[31] 请参见我的文章，《地方记忆与民族记忆：法国1914—1918年的纪念碑》，《世界大战与当代冲突》，第41—50页。

举一个例子以助理解。[32]

　　设想一下,有一项研究要通过分析专业报刊来了解某个特定时代的某个社会群体对自己的表象。研究者的结论以引文为依据。这里就有了例证化的局限:谁也不能保证另一位研究者读同样的报刊就会得出同样的结论。因此,应该有真正讲究方法的例证化(遵循上文所定义的"方法");研究者至少应该说明他在汇集其例证时依照的是何种程序,以及他具体是在哪些领域寻找例证的。如果再界定明确的方法,诉诸对内容的分析或某种语言学分析法,那就更严格了。方法确定下来,文本确定下来,那么所有将这种方法运用于这个文本的研究者都应该得出同样的结果。结论的真相体制就要有力得多。

　　有人也许会反对说,只要改变方法,就足以得到其他免不了的结果。选择方法,使之适于资料和所处理的问题,这的确是个至关重要的问题。例如,卡洛·金兹堡很有道理地指出,将应用于书写文化的有效核实的要求用于口头文化,就必然会导致低估口头文化的重要性,因为它留下的痕迹要少得多,也更微弱。[33] 但谁也免不了要有方法,谁都应该阐明自己的方法。

　　实际上,我们要么臣服于相对主义——这样的话,所有的方法都具有同等价值,我们不知道历史学家还能以何种权利来声称自己的论断是有效的,是应该被作为真相加以接受的。要么,我们就继续认为自己

---

[32] 本书结语部分已用过这个例子。

[33] "主导文化和附属文化在玩一场不平等的游戏,游戏中的骰子被动了手脚。既然文献资料表达了某个特定社会中不同阶层之间的力量对比关系,那么在一个不识字还如此普遍的时期,附属阶层的文化留下痕迹(即便是走样的痕迹)的机会是很有限的。因此,如果用惯有的核实标准,那就不正当地夸大了主导文化的分量。"《奶酪与虫子》,第203页注释。

的论断是真的,即使是部分的真,是与所提问题和所考察资料相关联的真,这样的话,我们就应该承认,某些方法优于其他方法,也就是说它们与所提问题和所处理资料更相宜。在前面这个例子中,对内容的分析很可能不如语言学的方法那么合适。在二者之间做出选择,就会以不同的方式界定要分析的文本整体,一种是以主题分析为框架,另一种是语义和词汇场考察法。但重要的是,要遵循一种方法,这也就是说,要界定这种方法,并证明选择这种方法是恰当的。否则,历史学家只能生产出文学文本,这种文本之中的例证是没有什么说服性的。

历史学的方法和真相体制的问题并不完全决定人们如何评价一个历史学文本。一个论断有效与否和它是否有趣无关。历史学家构建的对象或多或少是有趣的,我们应该既从科学的观点,也从社会的观点来评估它。如果一项工作没什么新意,那么严格论证也无法挽救它,它还是无意义的。书报亭里书架上面大量历史类作品的过错不在于其论证不充分,而往往在于其无聊的主题对知识的进步和对我们理解这个社会都没什么益处。我们的主题裁判我们。

然而,仅仅所提问题有益、提问法新颖还不够,我们还是要把论说奠基在严格的论证之上。历史学是文学还是社会科学取决于历史学家怎么做它。当他们不讲方法,甚至不对方法进行反思,那他们就将历史学做成了文学。当他们完全接受其特有的方法的严格要求,他们就将历史学做成了社会科学,当然与精确科学不同,但却也是一门科学、一个学科,它生产真实、可核实、所有真诚的人都应该如实承认的言说。说所有价值相等(这样说是轻巧的,也是错误的)便不再谈方法问题,一再得意洋洋地说历史学不是一门科学,说历史学家的主观性无法逾越,随波逐流,一再把历史学说成书写和文学种类,这是在拒绝确立真相。在我看来,历史学家最好对使用方法的各种方式进行反思,打牢其基础，使其更为严格。他们学科的价值取决于他们的严格要求，他们只有完全接受真相独特体制在方法论上的严格要求，才能捍卫自己的结论，也才能由此捍卫其学科的价值。

附录二　历史学如何造就历史学家

对诸位而言,这是本学年的最后一节课。对我来说,也是我作为教师的最后一课。[1] 这让我有理由做些略微不同的思考,不是关于本学年的主题,而是对历史学家这个行业做些认识论上的反思。由此,我想探讨历史学家的职业文化这个问题。所有行业最终都会给其从业者打上自己的印记。历史学是个迷人的行业,因此探讨它给历史学家留下什么印记这个问题并非是不合时宜的。致力于历史学何以最终会培育、塑造历史学家凝视的方式、存在的方式以及他的个性?历史学是如何造就历史学家的?

下面我将更多地用反思分析,而不是以见证人的身份来回答这个问题。因为,这个问题只因其普遍性而有价值,我将从这一角度着手。

一　历史学,接受时间

时间性的结构

历史学教给人的第一课就是凡事都有开头、中间和结尾,这是历史

---

[1] 1998年作者在索邦大学上了最后一课,其文字讲稿发表于《20世纪,历史杂志》,2000年第65期。——译注

学家在教书时甚至自己都没有意识到的。事情被纳入时间的轨道之中，这轨道当然不像节拍器或是钟表那样规律，它有时会加速，有时又放缓，好像停滞了似的，但它总是确保从过去到未来的连续性。历史学家好像是自然而然地在他分出不同时期的时间中游走，他随意地逆流而上或顺流而下：时间是连续的，它节奏不均，但却一去不返；时间，无法截停，无法倒转，也无法超越。历史学家知道，有些时刻合适，另一些则不，他知道做得对但做太早还是没什么用，也知道某个时刻一旦错过，时机也就没了。

在这方面，从1968年五六月间大学生的表现中可以看出历史学家（les historiens）与众不同之处。总集会是由几个大学科组织的。历史系的大学生（les historiens）不用别人说就明白，革命总会结束，秩序总会重建，虽然有时是前所未有的新秩序，但还是会有秩序。他们也明白，所有"事件"都被纳入不可避免的进程轨道之中。因此他们很早就着手重新组织学习和考试，就像这是他们内在固有的结构似的，他们的想法简单而坚定，那就是警察总有一天会在索邦清场，在此之前，应该利用力量对比于自己还有利的阶段，尽可能多地将改革成果变现并就此固定下来。文学系和哲学系大学生觉得这种态度说白了就是太过理性，太过小资产阶级，他们拒绝考虑他们所希望的、还很遥远的未来，对于这未来，他们心怀不切实际的幻想。

从事历史学家这份职业就意味着将时间结构化为连续性，这种连续性就是叙事的时间性本身。他要求历史学家在某种意义上接受时间。历史学家知道过去永远不再回来，即使历史有时吞吞吐吐，但它不会重复：这让他学会，怀旧和悔恨是无用的。他知道当下正在不可挽回地逝去，他从中得到的信念是，想要阻挡当下改变是徒劳的，即使有时某些人能够引导这种改变。实际上，这种时间性也是规划，尤其是集体规划、政治生活的时间性。这种时间性将当下和过去接上头,同时要求我们在当下里面寻找未来的端倪,这未来的轨迹应该是能辨认出来的,至少也要能看出个大概轮廓。通过历史认识当下,这是给未来提议的第一步……

在今日,这种叙事和规划的时间性与一种新式的时间性发生了冲突,后者将时间构建成诸多非连续性时刻的前后相继,其中每个时刻独有的特性都应得到欣赏、品味或者批评,而不应将它们重置于被斥之为虚构的连续性中。

我个人观察到这种非连续的时间性第一次显现是在1976年罢课的时候。这次罢课漫长而痛苦,直至有可能因此取消考试时,罢课才结束。罢课15天之后,谁也不知如何收场,我在和大学生讨论时问他们,他们想要什么?他们想要获得或赢取什么?大学生们拒绝回答这个问题,理由是每天都有新的创造力。他们给我的回复大意是说,如果此前我们自己就提出这个问题,那么我们这场运动就不会像它已经发展成的这般模样。应该每天提当天的而不是次日的问题,这是行动的最佳方式……

从连续的时间性过渡到非连续的时间性本身就是最重要的一个历史现象,因为它形成了将我们的集体经验予以结构化的一个框架。生活模式、情感、粗鄙或高深的话语在一定程度上都依存于我们用何种方式为自己表现时间。这里大概就是米歇尔·福柯所说的认识论的基座(socle)。如果对这种新出现的非连续的时间性不闻不问,那我们就无法理解婚姻危机和政治介入之间有何共同之处,正是这些共同点使得如此不同的诸多演变得以相互接近,并解释了它们为何同时发生。规划的时间性动摇了,这使人很难再去做宏大设计。

这意味着历史学本身也受到连累了吗?作为一门学问、学科,很可能并非如此。而就其对社会的作用这一意义而言,答案则是肯定的。

历史学的责任

事实上,我们对历史学的新面貌没有给予足够的关注。我们这个时代的人们在不断提及"记忆的责任",这可以被看作是历史学的胜利。历史学家不断地被请去参加各种纪念活动,他们有时会因此觉得自己对社会有用,觉得自己德高望重。他们颇为自得。对历史学的需求看起来从未如此旺盛过。

然而对记忆的需求远非对历史学的需求。原因有如下四个。

对记忆的需求总是首先指向确切的事实,指向事件。有些事情发生了,对它们的回忆要保持鲜活。今日是《南特敕令》,昨天又有克洛维(Clovis)的洗礼、加佩王朝纪念等等。记忆的责任总是从它可能会消解于其中的更广阔的环境中抽取出它想要使人记住的,为了更清晰地突显这部分,它将之单独隔出来。而受社会所托做这项纪念工作的历史学家则相反,正是为了让纪念的事件能够为人们理解,他们致力于将之置于更广阔的历史脉络之中。他们冒着让人失望和惹人恼怒的风险叙述历史,反抗纪念的封闭性。然而这无关紧要,因为他们说了什么不如他们的参与本身重要:他现身纪念活动,就证明了其合法性,虽说他的评论可能反而侵蚀了其正当性。就这样,在我们这个社会当中,通过一系列纪念活动,一种关于过去的表象确立了下来,这种表象由一个个被突显的时刻和事实构成,它就像是由很多一闪而逝的场景构成的演变,这种演变因为缺乏连续性而失去了意义。将记忆的责任累加起来并不导向历史学,反而瓦解历史学。

第二,记忆的责任好像在禁止遗忘。没有一件事,哪怕是无足轻重的小事,我们不能宣布说,必须保留其记忆。然而,将被纪念的事实放在一起并不构成历史学,就像集邮并不是地理学一样。历史学构建叙事,这种构建将事实串成一串,赋予它们融贯性,并由此创建出意义和可理解性。记忆的责任要么是将人引向参考注释的累积,就好似从词典中抽出一个个词,却连不成句;要么是将人引向堆积整个过去,而这永无尽头,是不可实现的。历史学则相反,费弗尔有篇名文中写道,历史学号召"不要被那些承继下来的事实累积而成的非人性的庞然大物压垮。在这种难以抗拒的压力之下,生者被死者压垮——在死者的重压之下,生者被挤到逼仄的现在,直到再也无力抵挡"。这是"一种组织过去,以不让过去对人太过沉重的手段"。[2] 它根据生考察死。在这种接连不断的重组中,有些事实退居次要地位,有些则被撇到一边:历史学调整遗忘,它有所取舍,这是无法避免的。

第三个矛盾是情与理的矛盾。记忆的要求总是包含着感情:过去了的,其记忆应该保存的,常常是痛苦,是惨事,是悲剧。伤疤还没有完全愈合,伤口依然暴露。于是,呼吁记忆的责任就是要求整个集合体来共同感受愤慨,来一起反抗或是哀悼,就是要求将这些愤慨、反抗和哀悼转化为决议。在另一些情况中(我想到法国大革命两百周年纪念时各地不计其数的活动),是更冷静的要求,它要人关心历史,但却还是免不了人们在翻阅家庭相册时那种带有怀旧的感动。某种情绪因此被调动起来。而历史学属于认识,属于知识;它保持距离,它是理性化,是去理解和解释的意愿。这与鲜活的记忆并不总是相容。

刘易斯事件就是个好例子。普林斯顿大学伯纳德·刘易斯(Bernard Lewis)教授是举世闻名的近东史专家。他在《世界报》的一次访谈中表示,反对使用"种族屠杀"(génocide)一词来描述土耳其人1915—1916年间屠杀至少60万亚美尼亚人这件事。这并不是否认大

---

[2] 吕西安·费弗尔:《朝向另一种历史学》,《为历史学战斗》,第437页。

屠杀。刘易斯毫不怀疑这是屠杀,而且是大规模屠杀;他讨论的是"种族屠杀"这个词。在他看来,这个词意味着蓄意灭绝亚美尼亚族,而文献资料却不支持这种看法。这种对"种族屠杀"的定义是否适当,是否太过严苛,人们当然可以再做判断,但这是另一个问题。对我们这里来说,关键是亚美尼亚人团体觉得他的说法是种冒犯,他们控告刘易斯,说他"犯了大错,严重损害了应该给予幸存者及其家人的忠实记忆、尊敬和同情"。〔3〕在这里记忆的责任和历史学家的工作发生了冲突:在某些时刻,在某些情况下,谴责一件事好像也就是不许讨论它。因为理性和认识的要求很难与道德判断、情感判断的要求相一致。

还有最后一个矛盾:个体与普遍的矛盾。记忆的责任一般会与认同的确认相合;它指向被群体认作创始的事件。由此,它潜在地排斥那些与自己不直接相关的人。在记忆之责任的尽头,隐约可以见到,一个群体可能自我闭合,只许其他群体点头同意而禁止它们表达其他意见,甚至认为其他群体不可能进入这种记忆:"你们不是某某人,所以你们无法理解。"

这种趋势与记忆的责任本身在逻辑上是矛盾的,因为记忆的责任要求过去可以被现在的人们理解,而这过去已然远逝,现在的人们因此变得尤为不同。不仅如此,我觉得这种趋势对于社会团结也有巨大危险。在对一切旨在培育个别认同的努力(记忆的责任就是其中重要的组成部分之一)鼓掌欢迎之前,最好先反思一下这些认同的蕴意。这里所谈论的,是我们的根源和价值观。但从根源一下子跳到价值观,在逻辑上是畸形的。根源是个别的,而价值观是普遍的,否则就不成其为

---

〔3〕 刘易斯因此在几场官司中当了被告,乔姆斯基、让-皮埃尔·韦尔南、皮埃尔·诺拉、勒内·雷蒙等多位著名知识分子也参与了论战。——译注

价值观。价值观是整个人类能够聚集在其周围,并在其中发现将自己联为一体的那些理想。在"价值观"这个词前面加上主有形容词"我的""我们的""你们的""他们的",这是在滥用语言,足以表明其所说的并不真正是一种价值……在这里,我想到了国立高等美术学院的老生有捉弄新生的习惯,这种可鄙的行为有损人的尊严,而他们竟然以这是他们的"价值观"为名坚持这么做!某个群体以其自诩的价值观(也就是使之与众不同之处)为名,意欲为对个人尊严不可容忍的侵犯正名。这种语言上的便利导致了让人惊愕的说法。某天,我看到有份稿子中写道:"纳粹的价值观(民族主义、反犹主义)",但其作者明明是否定所有纳粹认同的价值的。另外,还有人以某个群体认同性或历史性的"价值观"为名,发动内战,或进行种族清洗。从这点来看,在认同问题上诉诸记忆,诉诸致命的、受伤的记忆,这会带来很多长久的分裂。共和国学校里曾使用过的法国地图上,东北部有个紫色三角形,标示出被吞并的省份,地图上的法国看起来好像缺了一角,杜奥蒙墓园已在这里萌芽……〔4〕

二 历史学,培育公民责任感的学校

原因和条件

历史学不是要培育关于过去的充满了彼此永远隔阂的怨恨和认同

---

〔4〕 1871年普法战争法国战败后,位于法国东北部、德法边境的阿尔萨斯—洛林地区归于德国,此后法国学校使用的地图上普遍用醒目的紫色来标示这一地区,并在课堂上不断向学生灌输复仇观念。杜奥蒙墓园(Ossuaire de Douaumont)位于凡尔登附近,里面埋葬着一战中德法两国十三万无名士兵的遗骸。——译注(感谢 Gilles Ouvrard 先生为译者解释了"紫色三角形"[le triangle violet]的含义)。

的回忆,而是要努力理解发生了什么,以及为何发生。它是在寻找解释;它试图确定原因和后果,为此,它必然包含比事件更宽广的时间跨度。

如果历史学家顺时间而下,考察后果而不是原因,那这种寻找就更容易。一个事件在那里了,我们可以确定其后果:不管是什么事件,这一点都很清楚。无论是19世纪发明铁路,1914年战争,还是一场选举,对历史学家来说,描述其后果总是相对容易些。这些"事件"被视为"历史性"事件也确实正是因为其影响深远,历史学家位于这些事件发生之后,他们享有的有利位置让他们可以较轻松地完成工作。

如果要溯时间而上,确定事件的原因,难度就要大些。我们以1968年为例。历史学家努力对1968年事件的诸多原因分出等级,确定哪些是深层原因,哪些是直接原因。属于深层原因的有:数年之间大学入学人数猛增,无政府主义者和马克思主义者的抗议活动增多(这又与第三世界民族独立斗争和越战有关),政府统治仍是传统上的专断作风,反对党派力量薄弱(这与教育实践中近来兴起的自由化相冲突)等等。显然,如果这些因素没有凑到一起,就不会爆发1968年事件。

然而,这些因素只构成事件爆发的可能条件,而没有解释事件为何爆发,只有这些因素的话,事件就并非不可避免。为了对此做出解释,还需要更为直接的原因。历史学家提到了两点,一方面是1966年高等教育改革之后大学中的气氛相当紧张,迫在眉睫的难题是组织六月份的考试,以及宣布1968年入学考试的结果;另一方面是大学当局在面对楠泰尔(Nanterre)学院学生抗议时的表现,以及特别是他们在5月3日索邦大学的表现。可以说这是点燃炸药的火星(瑟诺博司1901年用了这个比喻,西米安在1903年又用过一次,后来马克·布洛赫在《为历史学辩护》中也用过，所以我这里也必须再用一下这个比喻）。

为了解释历史，历史学家就这样来确定诸种原因和条件，并将之分出等级，或者说掂量它们的分量。他的逻辑很少是线性的，基本上，在他的逻辑上都交错着位于不同时间性之中的不同序列。这种职业习惯对历史学家来说有什么后果吗？它在存在的层面上有什么意义？

受约束的责任

衡量原因是历史学家这份职业中的日常工作，如果做更细致的考察，我们会发现，衡量原因常常依据的一个关键标准，就是行动者在情境中能有多大的自主。一个极端是潮流浩浩荡荡，外在因素众多，行动者无能为力，只能承受而无从改变；另一个极端是直接取决于行动者的介入。一方面是约束，另一方面是自决。在两端之间，是一个连续体，在这里，个体行动者组成集合体，他们的介入是一种复杂的中介，可能会无果，会迟滞，也可能会反而事与愿违。我们还是以1968年事件为例。显然，无论是当局，还是运动领袖都没有能力真正影响学生动员的规模，即使有影响，也只是间接的，通过政治、工会和媒体的中介来影响，因为这些中介也都有其自主性；政府最主要的困难正是找到办法影响舆论，使之转而对自己有利，政府后来终于找到了，那就是戴高乐将军戏剧性的离去。反之，巴黎发生的冲突只造成一人遇难，那显然应归功于警察局长格里莫（M. Grimaud）及其麾下警察所下达的命令。[5]

历史学家显然不能将解释只建立在难以抗拒的潮流或是只建立在

---

〔5〕 1968年5月29日，巴黎警察局长格里莫以个人的名义在媒体上给所有警察发表了一封公开信，告诫他们在与示威者的对抗中不要滥用暴力，否则，即使在街头赢得了胜利，也会败坏警察的声誉。——译注

行动者的介入之上；他必须二者兼顾并尽可能地弄清它们是怎样交错缠绕在一起的。也就是说，他要构建一个世界，在这里，责任受到约束，没有命中注定，也从来没有完全的自由。

历史学家写出不同的历史，他们有的对制约力量更敏感，有的则对行动者的作用更敏感。经济史或社会史更属于前者，在分析危机，像工业化或城市化这样的大变动，甚至是像启蒙运动这样的思想潮流时，经济史、社会史强调的是演变的逻辑、形势的力量。从这个角度来看，行动者自主的余地在很大程度上就是幻觉：他们好像是坐着小筏子顺流而下的桨手，为自己划得如此之快而感到高兴，但他们如果逆流而上的话就要大吃苦头了。话说回来，他们划桨也不是完全做无用功，因为可以避免暗礁或是让船靠岸……没有银行家或是财政部长就没有经济危机，没有工会就没有罢工，没有作家就没有思潮。反之，政治史——这一治理失误或成功的历史、党派史、革命史和政变史则更强调行动者，它强调改变了形势、局势的决定。这种强调"决策者"（如今人们喜欢用这个词）的历史的最佳例证是军事史：有人问霞飞（Joffre）是否觉得是自己赢得了马恩河战役的胜利，霞飞的回答很有名，我们都是知道的，他说："我不知道是谁赢的，但我很清楚输了算谁的！"〔6〕

在我看来，形势与行动者责任之间的这种往复互动会带来政治上的后果。在1907年的一场著名讲座中，瑟诺博司就已经谈到了这一点，他要证明在中等教育中将历史教学作为政治教育的工具是理所应当的。对这位塞文地区（Les Cévennes）的共和主义者、德雷福斯派来

---

〔6〕 马恩河战役结束后，法国政界、军界对于胜利应归功于霞飞还是另一名军事将领约瑟夫·加列尼（Joseph Gallieni）一直争论不休，于是就有了霞飞的这句名言，他想说的是，自己才是这场战役的真正负责者。——译注

说,历史学培育一种进步的态度,既拒绝保守主义,也同样拒绝革命乌托邦:

> 受过历史学教育的人在过去之中看到了如此众多的变迁,甚至是革命,那么当他在现实中遇到一次的时候,就不再会惊慌失措了。他看到有许多社会发生过深刻变化,有资格发表意见的人们曾宣称这些变化是致命的,而社会却没有因此而更不好。
>
> 这已经足以治愈对变化的恐惧,治愈英国托利党人式的顽固的保守主义。
>
> ……对变迁的研究能使我们摆脱两种截然相反,却对现实活动同样有害的感觉。一种是觉得个体无力撼动由大量人所组成的社会这样一个庞然大物:这种无力感导向了气馁和不作为。另一种是觉得人类自行演变,进步不可避免:于是就得出结论说,个体无需为此操心;其结果便是社会寂静主义与不作为。
>
> 与之相反,受过历史学教育的人知道,能够通过舆论来改变社会,舆论不会自行改变,单个的人无力改变舆论。然而他知道,如果许多人一起往同一个方向努力,就能改变舆论。这种认知使他感觉到自己的力量,意识到自己的义务及活动的准则,这有助于使社会往他认为最有利的方向变化。历史学教给他最有效的手段,即与其他有着相同意图的人齐心协力以改变舆论。[7]

瑟诺博司的论述会遇到反例。并不是所有历史学家都是改良派。有些历史学家以经验予人教诲为名,召唤历史学来支持传统,例如雅

---

[7] 夏尔·瑟诺博司:《作为政治教育工具的历史教学》,《教育博物馆会议》(Paris, Imprimerie nationale, 1907),第1—24页。

克·班维尔。反之，共产主义者则在历史学中寻找教导阶级斗争的学校和暴力革命孕育新社会的例证。在这些对立的政治家族中，我觉得历史学家还是有一定分寸的。在传统派的阵营内部，历史学家没有别人那么向往回到过去：历史一去不返，在这个意义上，保守主义的历史学家不可能是彻头彻尾的反动派。在革命者阵营中，比起其他那些更唯意志论的人，历史学家对可能性、一切运动要能成功所必需的力量和条件，以及弥合所有裂口的连续性有更强的意识。总体而言，我认为历史学本身就既预备着变动（这是它的对象、脉络和本质），同时又使人意识到束缚所有政治行为的约束。这两个限制划出改良主义的活动空间，这一空间是大大敞开的。由此，历史学反对命定，但也不相信只要有政治意愿就足以克服障碍。历史学家比别人更清楚，历史就像重力，只有通过服从它，才可控制它，他也比别人更明白，社会中没有哪个进步不是靠妥协得来的。

342 历史学和建构历史学家

而历史学远不止是一座培养共和国公民责任感的学校。他还塑造了做历史学的历史学家。米什莱在一篇经常被人引用的序言中已经说到这一点：

> 时间流逝，历史做出了历史学家，远甚于它被历史学家所做。我的著作创造了我。我才是它的作品。是儿子创造了父亲……如果我们相像，那很好。它来自于我的特征在很大程度上是我欠它的，是我从它那里得来的。[8]

然而，一旦做出这么强力的论断，就需要理解这份职业中的实践是

---

[8] 米什莱：《法国史》1869年版序言，收录于埃拉尔和帕尔马德：《历史》，第265页。

通过哪些办法如何塑造个性的。我想从两个互为补充的方面来试着解释这个问题。

普　遍

每当历史学家着手研究一个新主题时，他都为此必须以第一人称来重新思考。他必须设身处地，重新经历他研究的那些人们所生活过、感受过和思考过的。历史学家积累诸多迹象，可以说是与那些人将心比心；他重建他们过去的生活方式、住所、服饰、饮食、劳作、所用物品和所交换的东西；他重建他们的思想世界、对世界的观感，他们的欲求、渴望、宗教信仰等等。这是一种通过中介痕迹得来的体验。

我就是这样做的。面对西班牙内战这场悲剧，我曾和莫里亚克、贝那诺斯[9]一样激动，我曾在法国接待巴斯克地区（basque）的合唱团，他们是西班牙人民阵线（Frente popular）的天主教代言人。我曾是1936年被罢工工人占领的工厂里的一名工人；庞大的机器这次终于安静下来，变得友好了，我就睡在机器边上，睡在地上，就像罢工的女售货员有长沙发不躺，也睡在地上一样。我曾是1936年7月14日游行队伍中的一员，和大家共享喜悦；我曾是1916年战壕中的法国士兵；我曾待在凡尔登的弹坑里挨过轰炸；我曾在漫漫长夜中等待马上就将到来的下一轮重炮轰击，既呆滞麻木，又紧张焦虑。我现在还听得见前线受伤的战友垂死时发出的声音。从前线下来时，我还活着，我去洗澡，好好吃顿饭，睡觉，感觉一身轻松。我曾是20世纪初博斯地区（Beauce）一个大农场里的佣人，在那里，大家一起吃饭的时候要等农场主先动刀叉，而妇女们则伺候大伙吃饭；我也曾是利穆赞地区的一个小业主，住

---

[9] 弗朗索瓦·莫里亚克（François Mauriac，1885—1970），法国作家。乔治·贝那诺斯（Georges Bernanos，1888—1948），法国作家。——译注

在土地硗薄的农庄里，每天吃的都是带皮肥肉蘸同一种汤，我借钱又买了十来公亩地，为了还钱，辛苦劳作。我曾是1906年库里耶尔（Courrières）大矿难时的矿工，我先认识了手推斗车，然后又知道了什么是回采工作面；我曾住在矿工宿舍区，当还是个小男孩时，我拉紧横穿街道路面的铁丝，把过来镇压罢工的军队的马匹绊倒。朱尔·费里在众议院为通过1881年和1882年一系列伟大的教育法案而战时，我和他并肩战斗，与他一起准备演讲词。我还曾站在参议院里反对上面这些法案的朱尔·西蒙（Jules Simon）身边，我甚至还曾站在众议院里费里部长的大敌弗雷佩尔主教（Mgr Freppel）一边。我也在乡村小学里教过书，那里的冬天室内只有十五六度，那里什么都得自己动手来做。我曾是第二帝国时期的中学教师，我用罗蒙教材[10]给学生讲解拉丁语语法，我批改拉丁语和法语互译练习、拉丁语作文……我经历过大溃败和德军占领；1941年我曾在克莱蒙（Clermont）或穆兰（Moulins）的街道上向贝当元帅鼓掌欢呼；我也曾做过地下工作，也在游击队中生活过，我也曾在解放了的工厂里当家作主……

就这样，拜历史学所赐，我有机会过很多生活，有多种多样的体验。我与大相径庭的各色人等常有往来，我和他们一起经历各种各样不同的情境。当然，是在想象里，在思想里：这一点，牛津大学哲学教授柯林武德（《剑桥英国古代史》中有一卷也是他写的）在我之前就说过，而且说得比我更好：历史学，是"experiences to be lived through in his own mind"，是在他自己心灵中经历一番的体验。

---

〔10〕 夏尔-弗朗索瓦·罗蒙神甫（Charles-François Lhomond, 1727—1794），法国学者、教育家和语法学家。法国初中直到20世纪60年代仍在使用他编写的拉丁语教材。——译注

这种出奇丰富的体验激发、培育了多种态度。要有这种体验,就要去想象,要怀有好奇的和殷切的同情心,可以说,是要虚己以待,让自己受对象本身的指引。然而,历史学家不是小说家,他不听任自己的想象力为所欲为。光对他所研究的情境中的人做一番想象还不够,他还必须核查他的想象是否准确,要在文献资料中找到痕迹、迹象和证据来确证他的说法。历史学是想象,历史学也是通过博学研究来对想象所做的控制。它既是同情,也是警戒。

个　人

历史学家就这样在其他境遇中经历其他生命的体验,由此他最终发现自己是何人。在这一点上,让我们再次引用柯林武德:

> 重新想他人之所想,他自己也就思想了他人的思想;知道了他人思想过的那一思想,他因此知道自己能够思想那一思想;发现自己能做什么就是发现自己是一个什么样的人;如果他通过重新思想而懂得了许多不同类型的人的思想,那么他必定是具有多种类型特征的人,他实际上就是他所了解的那些历史的缩影。因此,他的自知同时也就是对人类事务的认识。[11]

然而,由此发现原来可以做这么多不同的人,而同时自己还是自己,这是种矛盾的体验。这种体验使我们可以知道,人对具体历史境遇的依赖有多么大;人只存在于某个特定社会中的某个给定时间的此处或彼处。哲学家很久以来就在研究这个问题:人,世间的存在。[12] 我

---

[11] 罗宾·乔治·柯林武德:《自传》,第114—115页。(译文引自《柯林武德自传》,第107—108页。——译注)

[12] être-au-monde 译自海德格尔自造的术语 In-der-Welt-sein,我们这里直译为"世间的存在",以便与后文"时间的存在"(être-au-temps)相照应。——译注

想加一句:人,时间的存在。这里我们在另一种意义上回到了本课开始时的主题。历史学使历史学家回到了人类境遇(la condition humaine)的历史性和他自己的历史性。

他由此发现,他介入了。他被卷入历史之中,他被历史界定,他逃脱不出历史。要么,他选择漠然:这就是让其他人去影响他身在其中的集体的演变,可这退隐本身也是一种选择,也是一种负责。要么,他拒绝逆来顺受,尝试用有节制(这是当然)但干预性的行动在长时间段上来引导社会的改变方向。这是选择介入,也意味着接受集体行动带来的团结和束缚。

以历史学实践为基础,介入拓展了历史学家的历史体验,反过来也加深了他对自己所书写历史的理解,使他能从内部理解集体行动的逻辑。他和其他人行动时遭遇的困难、失败与获得的成功,教给他什么是历史的狡计和迂回,教给他时间扮演什么角色:那些看起来正义的、必需的,却很少立马就能取得的胜利。他衡量舆论惯性、习惯抵触和利益冲突的程度。他明白必须让时间的归于时间,必须等待合适时机。

然而介入也包含着风险,对此历史学仍是最好的解药。介入的人,不论他是不是历史学家,实际上都有可能会迷失在自己的介入之中,都有可能反而会受困于他本用来使自己成为世间的存在、历史的存在的那些联系。对他来说,回到作为智识实践的历史学是一种保持对自己介入之相对性有所意识的方式。介入是激情似火的时刻。历史学是保持头脑清明的一种方式。它是认识、澄清和保持距离;它是理性。前面说过,这是它与记忆之间的重大区别。人们常说,写历史要保持一定距离。这是倒果为因:历史学并不预先就设好距离,它创造出距离。如果相信只需任时间逝去便可获取距离,那就错了:必须把过去的做成历史学,才能创造距离。这就是为何对于介入之人来说,历史学必不可少的原因。

历史学让我理解我生活于其中的各类难题,因为生活(vivre)就是一直经受着(vivre)各种难题;这是历史学教给我们的,它向我们表明,从来都没有哪个人或者哪个社会是不碰到难题的。人们说"幸福的人没有历史",有时就是这个意思。历史学让人明白,在这些难题上交错着我们无可奈何的制约,与我们必须承担的责任、做出的选择。它使我们免于被当前的生活所吞没,这是因为,通过理解这当前的生活,我们对之做出了解释,这样,以一定的方式,我们仍是它的主人。

从这个观点看,历史学不仅仅是公民教育。它是在每个人那里永无止境的构建人性。

诚然,我们对一切反思性的学科(哲学、社会学、人类学,或许还有文学)都可以如是说。然而历史学比它们的方法还是要多一些东西:它是动态、运动和演变的。

因为人是历史的存在,因为他的历史性是他这人必不可少的组成部分,不做历史学工作,他就无法构建自己。人们经常说,只要还有人,就还有历史,这句话要表达的意思是,历史的终结不过是个神话。然而这句老话应该倒过来说:只要还有历史,就还有人。历史学是对存在于每个人、所有人心中的人性进行人性化的工作。这项工作不断重新开始,永远必不可少;这项工作不断在新的基础上重来、从新的问题出发。处于社会之中的人是一种既脆弱易感,又能感染他人的实在,如果没有历史学这项工作,他就会被野蛮给盯上,而这野蛮是一直都可能出现,不会彻底消失的。

书目指南

给像本书这样的著作开出来的参考书目总是既太短又太长。说太短,是因为我们本可以毫不费力地把书目列得更长,并且就此打住的话会多少有些武断,甚至是有些不公。说太长,是因为下面提到的所有著作显然并不具有同样的意义,在我们看来,只有 10—15 本可能引起一些非专业读者的兴趣。

为了克服这一对困难,我们采取两个办法。第一,我们在这里坦白自己的阅读有限,请原谅我们没有做到无书不读。在雅克·勒高夫的《历史与记忆》中有详细得多的书目(尽管也不是一网打尽)。另一方面,我们在页下注中附上某些著作的参考信息,这些书不是我们直接讨论的主题,但我们有所援引。从索引中可以找到它们。

第二,请允许我们挑出 15 本左右著作,在我们看来,这些著作出类拔萃,无论如何,我们的反思都从其中汲取养分。

首先而且最首要的,是马克·布洛赫的《为历史学辩护》。虽然这是一本未竟之作,但如果只读一本历史学方法论方面的书的话,那就应该是它。接下来是亨利-伊雷内·马罗的教材《论历史认识》,它在细节方面非常精细,这是泛泛而读所领略不了的。爱德华·卡尔的那本教材要后出一些,它同样有趣,尤其是前几章。最后,约瑟夫·乌尔斯的小书虽然年头有些长了,但却依然有趣耐读,这真是一个惊喜。

所有法国作者都要参照雷蒙·阿隆那篇奠基性的论文来自我定位。如果时间有限,那么在哲学家中,最好读读保罗·利科的《时间与叙事》。这三卷书有点难度,但却激动人心,利科下了大功夫认真阅读历史学家的作品,他的话因此更具说服力。如果只想读些最为相关的内容,那么就应该读第一卷的第二部分"历史与叙事"(第163—404页)。这是核心部分。

在过去关于方法论的争论中,我觉得最有意思的是与方法学派相关的争论。我们将看到加布里埃尔·莫诺为第一期《历史杂志》所作的宣言,还有朗格卢瓦和瑟诺博司合著的那本著名的《历史研究导论》,最近这本书已再版,还有瑟诺博司一个人写的《应用于社会科学的历史学方法》,应该在图书馆里找到这本书,并将它与西米昂的批评和涂尔干的《社会学方法的规则》相对照。最后,让-克洛德·帕斯龙的著作虽然题名是《社会学推理》,但其中所蕴含的反思却与我们的话题息息相关,尤其是"历史学与社会学"这一章(第57—88页)。

历史书写并不是本书直接讨论的主题。这方面最有用的读本是居伊·布尔代和埃尔韦·马丁的那本教材。由雅克·勒高夫与皮埃尔·诺拉主编的三卷本《著史》也值得一读,因为这是转折期当中的重要一刻。我还要再提三本书:雅克·勒高夫的《历史与记忆》,其中有原创性的概述,米歇尔·德·塞尔多有个性而又深刻的《历史的书写》,保罗·韦纳才华横溢而又走极端的《历史是如何写出来的》。

在外国作者当中,我承认自己钟情于柯林武德,这是一个出众的人物,他把自己所思所想说得如此好,如此风趣,如此坚实。然而,那本最好地概括了其思想的小册子在法国还找不到,并且柯林武德的著作连一本都没有翻译过来。因此我没法推荐。反之,在我看来阅读下面这几本著作至关重要,马克斯·韦伯的《论科学的理论》,在当代人中,有科泽勒克已译为法文的《过去的未来》,以及不幸尚无法文译本的海登·怀特的《元史学》。

我在本书的新版(2001)中当然更新了书目,其中可以听见围绕历史学与正义之间所进行的争论的回声。安妮特·维沃卡的《证人的时代》使我们关注当前对于历史学的期待中重大而又危险的改变。但近来最为重要的著作无疑是利科的《记忆,历史,遗忘》,这本书将在以后很长时间内为历史学家们的反思和论争提供养分。

克里斯蒂安·阿马勒韦,《法国历史中的英雄:对第三共和国学校教学当中名人堂的图像研究》

Amalvi, Christian, *Les Héros de l'Histoire de France. Recherche iconographique sur le panthéon scolaire de la Troisième République*, Paris, Éd. Phot'œil, 1979.

马涅·安维克,博多·冯·博里斯(编),《青年与历史:关于青少年历史意识与政治态度的欧洲比较调查》

Angvik, Magne, Von Borries, Bodo (éd.), *Youth and History. A Comparative European Survey on Historical Consciousness and Political Attitudes among Adolescents*, Hambourg, Körber-Stiftung, 1997, 2 vol.

乔伊丝·阿普尔比,林恩·亨特,玛格丽特·雅各布,《历史的真相》

Appleby, Joyce, Hunt, Lynn et Jacob, Margaret, *Telling the Truth about History*, New York-Londres, W. W. Norton, 1994.

菲利普·阿里耶斯,《历史学的时间》

Ariès, Philippe, *Le Temps de l'histoire*, Paris, Éd. du Seuil, 1986.

雷蒙·阿隆,《历史哲学导论:论历史学客观性的限制》

Aron, Raymond, *Introduction à la philosophie de l'histoire. Essai sur les limites de l'objectivité historique*, Paris, Gallimard, 1938.

雷蒙·阿隆,《历史学的哲学批判:论一种德国史学理论》

—, *La Philosophie critique de l'histoire. Essai sur une théorie allemande de l'histoire*, Paris, Vrin, 1969 (1re éd. 1938).

雷蒙·阿隆,《历史意识的诸种维度》

—, *Dimensions de la conscience historique*, Paris, Plon, 1961.

雷蒙·阿隆,《历史讲座》

—, *Leçons sur l'histoire*, texte établi, présenté et annoté par Sylvie Mesure, Paris, Éd. de Fallois, 1989.

罗兰·巴特,《历史的话语》,《社会科学信息》

Barthes, Roland, "Le discours de l'histoire", *Social Science Information*, VI, n°4, pp. 65-75.

罗兰·巴特,《米什莱自陈》

—, *Michelet par lui-même*, Paris, Éd. du Seuil, 1954.

贝尔纳·贝林,《论历史教学与历史写作》

Baylin, Bernard, *On the Teaching and Writing of History*, Hanover (NH), University Press of New England/Dartmouth College, 1994.

卡尔·贝克尔,《人人都是他自己的历史学家》,《美国史学评论》

Becker, Carl, "Everyman His Own Historian", *American Historical Review*, vol. XXXVII, January 1932, pp. 221-236.

弗朗索瓦·贝达里达(主编),《1945—1995年间法国的历史学与历史学家这个行当》

Bédarida, François (dir.), *L'Histoire et le Métier d'historien en France, 1945-1995*, Paris, Éd. de la MSH, 1995.

亨利·贝尔,《历史学中的综合,及其与一般性综合的关系》

Berr, Henri, *La Synthèse en histoire, son rapport avec la synthèse générale*, Paris, Albin Michel, 1953 (1re éd. 1911).

马克·布洛赫,《为历史学辩护,或历史学家这个行当》

Bloch, Marc, *Apologie pour l'histoire ou métier d'historien*, Paris, Armand Colin, 1960 (1ʳᵉ éd. 1949).

马克·布洛赫、吕西安·费弗尔,《通信集》,第一卷,*1928—1933*

Bloch, Marc, Febvre, Lucien, *Correspondance. I. 1928-1933*, éditée par Muller, Bertrand, Paris, Fayard, 1994.

吕克·博尔当斯基、洛朗·泰弗诺,《以谁为大》

Boltanski, Luc, Thévenot, Laurent, *Les Économies de la grandeur*, Paris, PUF, 1987.

吕克·博尔当斯基、洛朗·泰弗诺,《证明正当:以谁为大》

—, *De la justification, Les économies de la grandeur*, Paris, Gallimard, 1991.

居伊·布尔代、埃尔韦·马丁,《历史学流派》

Bourdé, Guy, Martin, Hervé, *Les Écoles historiques*, Paris, Éd. du Seuil, 1983.

皮埃尔·布迪厄,《科学的原因:社会科学的社会史如何才能为这些科学的进步服务》,《社会科学研究学报》

Bourdieu, Pierre, "La cause de la science. Comment l'histoire sociale des sciences sociales peut servir le progrès de ces ciences", *Actes de la recherche en sciences sociales*, n°106-107, mars 1995, pp. 3-10.

皮埃尔·布迪厄,《论德国与法国的社会学与历史学之间的关系》,与卢茨·拉斐尔的对谈,《社会科学研究学报》

—, "Sur les rapports entre la sociologie et l'histoire en Allemagne et en France", entretien avec Lutz Raphaël, *Actes de la recherche en sciences sociales*, n°106-107, mars 1995, pp. 108-122.

弗朗西斯·H. 布莱德雷,《批判历史学的前提假设》

Bradley, Francis-H., *Les Présupposés de l'histoire critique*, trad. de p. Fruchon, Paris, Les Belles-Lettres, 1965 (1ʳᵉ éd. Oxford, 1874).

费尔南·布罗代尔,《地中海与菲利普二世时代的地中海世界》

Braudel, Fernand, *La Méditerranée et le monde méditerranéen à l'époque de Philippe II*, Paris, Armand Colin, 1976 (1re éd. 1949), 2 vol.

费尔南·布罗代尔,《论历史》

——, *Écrits sur l'histoire*, Paris, Flammarion, 1969.

安妮·布吕德,《表象的教育和教育的表象:拉维斯与历史教学》,《教育史》

Bruter, Annie, " Enseignement de la représentation et représentation de l'enseignement : Lavisse et la pédagogie de l'histoire ", *Histoire de l'éducation*, n° 65, janvier 1995, pp. 27-50.

安德烈·布吕吉埃,《一种历史学的历史:年鉴学派的诞生》,《年鉴:经济、社会与文明》

Burguière, André, " Histoire d'une histoire : la naissance des Annales ", *Annales ESC*, novembre-décembre 1979, pp. 1347-1359.

安德烈·布吕吉埃(编),《历史科学辞典》

——(éd.), *Dictionnaire des sciences historiques*, Paris, PUF, 1986.

彼得·伯克(编),《历史书写的新视角》

Burke, Peter (éd.), *New Perspectives on Historical Writing*, Cambridge, Polity Press, 1991.

夏尔-奥利维耶·卡博内尔,《历史学与历史学家:1865—1885 年法国历史学家的观念变化》

Carbonell, Charles-Olivier, *Histoire et Historiens. Une mutation idéologique des historiens français 1865-1885*, Toulouse, Privat, 1976.

夏尔-奥利维耶·卡博内尔,乔治·利韦,《摇篮中的年鉴:斯特拉斯堡会议(1979 年 10 月 11—13 日)会刊》

Carbonell, Charles-Olivier, et Livet, Georges, *Au berceau des Annales. Actes du colloque de Strasbourg (11-13 octobre 1979)*, Toulouse, Presses de l'IEP, 1983.

爱德华·哈利特·卡尔,《历史是什么?》

Carr, Edward Hallett, *Qu'est-ce que l'histoire?*, Paris, La Découverte, 1988 (1re éd. en anglais, 1961).

菲利普·卡拉尔,《新史学的诗学:从布罗代尔到夏蒂埃的法国历史学话语》

Carrard, Philippe, *Poetics of the New History. French Historical Discours from Braudel to Chartier*, Baltimore-Londres, The Johns Hopkins University Press, 1992 (Trad. fr.: *Poétique de la Nouvelle Histoire. Le discours historique en France de Braudel à Chartier*, Lausanne, Payot, 1998).

《历史教学百年(1881—1981)》,1981 年 11 月 13—14 日会议,《现当代历史学杂志》特刊

Cent ans d'enseignement de l'histoire (1881-1981). Colloque, Paris, 13-14 novembre 1981, numéro spécial hors série de la Revue d'histoire moderne et contemporaine, 1984.

米歇尔·德·塞尔多,《历史学的操作》,收录于雅克·勒高夫,皮埃尔·诺拉,《著史》,第一卷《新问题》

Certeau, Michel de, "L'opération historique", *in* Le Goff, Jacques, Nora, Pierre, *Faire de l'histoire*, I. *Nouveaux Problèmes*, pp. 19-68.

米歇尔·德·塞尔多,《历史的写作》

—, *L'Écriture de l'histoire*, Paris, Gallimard, 1975.

克里斯托夫·夏尔,《"知识分子"的诞生:1880—1900》

Charle, Christophe, *Naissance des "intellectuels". 1880-1900*, Paris, Éd. de Minuit, 1990.

克里斯托夫·夏尔(主编),《社会史,全球史》

—(dir.), *Histoire sociale, histoire globale*, Paris, Éd. de la MSH, 1993.

克里斯托夫·夏尔,《1870—1940 年间的大学教师共和国》

—, *La République des universitaires 1870-1940*, Paris, Éd. du Seuil, 1994.

罗杰·夏蒂埃,《思想史与心态史:轨迹及问题》,《综合杂志》

Chartier, Roger, "Histoire intellectuelle et histoire des mentalités. Trajectoires et questions", *Revue de synthèse*, n°111-112, 1983, pp. 277-307.

罗杰·夏蒂埃,《历史学或真实的叙事》,《哲学与史学》

—, "L'Histoire ou le récit véridique", *Philosophie et Histoire*, Paris, Centre Pompidou, 1987, pp. 115-135.

罗杰·夏蒂埃,《文化史:实践与表象之间》(收录作者至此时最重要的文化史论文)

—, *Cultural History. Between Practices and Representations*, Ithaca, Cornell University Press, 1988.

罗杰·夏蒂埃,《作为表象的世界》,《年鉴:经济、社会与文明》

—, "Le monde comme représentation", *Annales ESC*, novembre-décembre 1989, pp. 1505-1520.

罗杰·夏蒂埃,《悬崖峭壁边:笃定与不安之间的历史学》

—, *Au bord de la falaise. L'histoire entre certitudes et inquiétude*, Paris, Albin Michel, 1998.

皮埃尔·肖尼,《计量史,系列史》

Chaunu, Pierre, *Histoire quantitative, histoire sérielle*, Paris, Armand Colin, 1978 (1re éd. 1968).

皮埃尔·肖尼,《历史学,社会科学:现代的时段、空间与人》

—, *Histoire, science sociale, la durée, l'espace et l'homme à l'époque moderne*, Paris, SEDES, 1974.

安德烈·谢韦尔,《教师资格考试的历史》

Chervel, André, *Histoire de l'agrégation*, Paris, Kimé, 1992.

让-路易·贝松主编,《数字之城,或统计的幻想》,《别样》,"社会中的科学"系列

Cité des chiffres, ou l'illusion des statistiques (La), sous la dir. de Besson, Jean-

Louis, Paris, *Autrement*, série "Sciences en société", n°5, septembre 1992.

苏桑·西特龙,《民族国家的迷思:成问题的法国史》

Citron, Suzanne, *Le Mythe national. L'histoire de France en question*, Paris, Éd. ouvrières, 1987.

特里·克拉克,《先知与赞助人:法国大学与社会科学的出现》

Clark, Terry N., *Prophets and Patrons. The French University and the Emergence of the Social Sciences*, Cambridge (Mass.), Harvard University Press, 1973.

罗宾·乔治·柯林武德,《历史哲学》

Collingwood, Robin G., *The Philosophy of History*, Historical Association Leaflet, n°70, Londres, 1930.

罗宾·乔治·柯林武德,《历史的想象:1935年10月28日在牛津大学的首场讲座》

—, *The Historical Imagination. An Inaugural Lecture Delivered before the University of Oxford on 28 october 1935*, Oxford, Clarendon Press, 1935.

罗宾·乔治·柯林武德,《自传》

—, *An Autobiography*, Oxford, Oxford University Press, 1939.

罗宾·乔治·柯林武德,《历史的观念》

—, *The Idea of History*, Oxford, Clarendon Press, 1946.

阿兰·科尔班,《"多得让人眩晕":一种无名历史学概览》,《现当代史杂志》

Corbin, Alain, "'Le vertige des foisonnements'. Esquisse panoramique d'une histoire sans nom", *Revue d'histoire moderne et contemporaine*, janvier-mars 1992, pp. 103-126.

库尔诺,《论现代的观念与事件的进展》

Cournot, A. A., *Considérations sur la marche des idées et des événements dans les temps modernes*, Paris, Vrin, 1973 (1re éd. 1872).

库尔诺,《论我们认识的基础以及哲学批判的特性》

—, *Essai sur les fondements de nos connaissances et sur les caractères de la critique philosophique*, Paris, Vrin, 1975 (1re éd. 1851).

埃尔韦·库尔托-贝加,《新史学现象:年鉴学派的兴衰》

Coutau-Bégarie, Hervé, *Le Phénomène nouvelle histoire. Grandeur et décadence de l'école des Annales*, Paris, Economica, 2e éd. entièrement refondue, 1989 (1re éd. 1983).

当斯/欧洲议会,《欧洲的教育:中等教育中历史学的地位》

Dance, E. H./Conseil de l'Europe, *L'Éducation en Europe. La place de l'histoire dans les établissements secondaires*, Paris, Armand Colin-Bourrelier, 1969.

布里吉特·当塞尔,《在第三共和国的小学中教历史》

Dancel, Brigitte, *Enseigner l'histoire à l'école primaire de la IIIe République*, Paris, PUF, 1996.

阿瑟·丹图,《分析的历史哲学》

Danto, Arthur C., *Analytical Philosophy of History*, Cambridge, Cambridge University Press, 1965.

克里斯蒂安·德拉克鲁瓦、弗朗索瓦·多斯、帕特里克·加西亚,《19 世纪至 20 世纪的法国历史学潮流》

Delacroix, Christian, Dosse, François, Garcia, Patrick, *Les Courants historiques en France. XIXe-XXe siècle*, Paris, Armand Colin, 1999.

安德烈·德罗西埃,《大数目字的策略:统计学理性的历史》

Desrosières, André, *La Politique des grands nombres, Histoire de la raison statistique*, Paris, La Découverte, 1993.

克洛德·迪贡,《法兰西思想的德意志危机》

Digeon, Claude, *La Crise allemande de la pensée française*, Paris, PUF, 1959.

威廉·狄尔泰,《精神科学中历史世界的创建》

Dilthey, Wilhelm, *L'Édification du monde historique dans les sciences de l'esprit*, traduit et présenté par Sylvie Mesure, Paris, Éd. du Cerf, 1988.

威廉·狄尔泰,《历史理性批判:精神科学导言》

——, *Critique de la raison historique, Introduction aux sciences de l'esprit*, traduit et présenté par Sylvie Mesure, Paris, Éd. du Cerf, 1992.

弗朗索瓦·多斯,《碎片化的历史学:从〈年鉴〉到"新史学"》

Dosse, François, *L'Histoire en miettes. Des «Annales» à la " nouvelle histoire"*, Paris, La Découverte, 1987.

弗朗索瓦·多斯,《意义的帝国:人文科学的人文化》

——, *L'Empire du sens. L'humanisation des sciences humaines*, Paris, La Découverte, 1995.

弗朗索瓦·多斯,《历史学》

——, *L'Histoire*, Paris, Armand Colin, 2000.

乔治·杜比,《历史在继续》

Duby, Georges, *L'Histoire continue*, Paris, Odile Jacob, 1991.

热罗姆·迪穆兰、多米尼克·莫伊西(编),《民族学与未来学之间的历史学》,1971年4月2日至8日威尼斯国际会议会刊

Dumoulin, Jérôme, Moisi, Dominique (éd.), *L'Historien entre l'ethnologue et le futurologue*, actes du colloque international de Venise, 2-8 avril 1971, Paris-La Haye, Mouton, 1972.

奥利维耶·迪穆兰,《1919—1939年间的历史学家这份职业,危机中的行当》,法国高等社会科学研究院博士论文

Dumoulin, Olivier, *Profession historien 1919-1939, un métier en crise*, Thèse de l'EHESS (A. Burguière), 1983.

奥利维耶·迪穆兰,《马克·布洛赫》

——, *Marc Bloch*, Paris, Presses de Sciences Po, 2000.

埃米尔·涂尔干,《社会学方法的规则》

Durkheim, Émile, *Les Règles de la méthode sociologique*, Paris, PUF, 1950 (1re éd. 1895).

埃米尔·涂尔干,《自杀论:社会学研究》

—, *Le Suicide. Étude de sociologie*, Paris, PUF, 1985 (1re éd. 1897).

《在现时中书写历史:献给弗朗索瓦·贝达里达》

Écrire l'histoire du temps présent. Hommage à François Bédarida, Paris, CNRS-Éditions, 1993.

让·埃拉尔、居伊·帕尔马德,《历史学》

Ehrard, Jean, Palmade, Guy, *L'Histoire*, Paris, Armand Colin, 1964.

阿莱托·法尔热,《喜爱档案》

Farge, Arlette, *Le Goût de l'archive*, Paris, Éd. du Seuil, 1989.

阿莱托·法尔热,《给历史学家的场所》

—, *Des lieux pour l'histoire*, Paris, Éd. du Seuil, 1997.

吕西安·费弗尔,《在博士论文中的历史学与教材中的历史学之间:近来对法国历史学的两瞥》,《综合杂志》(这篇文章缩写后收入于《为历史学战斗》,第80—99页)

Febvre, Lucien, "Entre l'histoire à thèse et l'histoire-manuel. Deux esquisses récentes d'histoire de France", *Revue de synthèse*, V, 1933, pp. 205-236 (une version abrégée de cet article a été reprise dans *Combats pour l'histoire*, pp. 80-99).

吕西安·费弗尔,《一种现代俄罗斯的政治史:历史—描绘或历史综合》,《综合杂志》,对保罗·米留科夫、瑟诺博司、艾森曼《俄罗斯史》的书评,收录于《为历史学战斗》,第70—75页。

—, "Une histoire politique de la Russie moderne. Histoire-tableau ou synthèse historique", *Revue de Synthèse*, VII, 1934, pp. 27-36. Compte rendu de Paul Milioukov, C. Seignobos, L. Eisenmann, *Histoire de Russie*, Paris, E. Leroux, 1932. Repris dans *Combats pour l'histoire*, pp. 70-75.

吕西安·费弗尔,《为历史学战斗》

—, *Combats pour l'histoire*, Paris, Armand Colin, 1953.

卡罗勒·芬克,《马克·布洛赫:历史中的一生》

Fink, Carole, *Marc Bloch: A Life in History*, Cambridge, Cambridge University Press, 1989.

米歇尔·福柯,《知识考古学》

Foucault, Michel, *L'Archéologie du savoir*, Paris, Gallimard, 1969.

保罗·弗雷德里克(列日大学教授),《巴黎的历史学高等教育,旅行笔记与印象》,《国际教育杂志》

Fredericq, Paul (professeur à l'université de Liège), "L'enseignement supérieur de l'histoire à Paris, notes et impressions de voyage", *Revue internationale de l'enseignement*, 15 juillet 1883, pp. 742-798.

雅克琳娜·弗雷西内-多曼容,《1882—1959年间自由小学的历史教材》

Freyssinet-Dominjon, Jacqueline, *Les Manuels d'histoire de l'école libre 1882-1959*, Paris, Armand Colin-Presses de la FNSP, 1969.

绍尔·弗里德伦德尔,《历史学与心理分析:论心理史学的可能性与限制》

Friedlander, Saül, *Histoire et Psychanalyse. Essai sur les possibilités et les limites de la psycho-histoire*, Paris, Éd. du Seuil, 1975.

弗朗索瓦·傅勒,《从叙事史到问题史》

Furet, François, *De l'histoire récit à l'histoire problème*, Paris, Diogène, 1975.

弗朗索瓦·傅勒,《思考法国大革命》

—, *Penser la Révolution française*, Paris, Gallimard, 1978.

弗朗索瓦·傅勒,《历史学作坊》

—, *L'Atelier de l'histoire*, Paris, Flammarion, 1982.

弗朗索瓦·傅勒,《19世纪中叶的左派与大革命》

—, *La Gauche et la Révolution au milieu du XIXe siècle*, Paris, Hachette, 1986.

汉斯-格奥尔格·伽达默尔,《历史意识的问题》

Gadamer, Hans-Georg, *Le Problème de la conscience historique*, Paris, Éd. du Seuil, 1996(1re éd., Louvain, 1963).

马塞尔·戈什(编),《历史科学的哲学》

Gauchet, Marcel(éd.), *Philosophie des sciences historiques*, Lille, PUL, 1988.

艾利斯·热拉尔,《年鉴战斗的起点:历史实证主义与大学系统》,收录于夏尔-奥利维耶·卡博内尔,乔治·利韦,《摇篮中的年鉴》

Gérard, Alice, "A l'origine du combat des Annales: positivisme historique et système universitaire", in Carbonell, Charles-Olivier, Livet, Georges, *Au berceau des Annales*, pp. 79-88.

保罗·热尔博,《1802—1880年历史课在中等教育中的地位》,《历史学信息》

Gerbod, Paul, "La place de l'histoire dans l'enseignement secondaire de 1802 à 1880", *L'Information historique*, 1965, pp. 123-130.

卡洛·金兹堡,《神话、象征和痕迹:形态学和历史学》

Ginzburg, Carlo, *Mythes, emblèmes, traces. Morphologie et histoire*, Paris, Flammarion, 1989.

勒内·吉罗,《历史课与地理课探究》,提交给国民教育部的报告,巴黎,国民教育部,信息处,1983

Girault, René, *L'Histoire et la géographie en question*, Rapport au ministre de l'Éducation nationale, Paris, Ministère de l'Éducation nationale, service d'information, 1983.

让·格莱尼松,《当代法国历史书写:趋势与成就》,收录于《1940—1965年法国的历史研究》

Glenisson, Jean, "L'Historiographie française contemporaine: tendances et réalisations", in *La Recherche historique en France de 1940 à 1965*, pp. IX-LXIV.

让·伊夫·格勒尼耶,贝尔纳·勒珀蒂,《历史经验:关于拉布鲁斯》,《年鉴:经济、社会与文明》

Grenier, Jean-Yves, Lepetit, Bernard, "L'expérience historique. A propos de C. E. Labrousse", *Annales ESC*, novembre-décembre 1989, pp. 1337-1360.

贝尔纳·盖内,《中世纪西方的历史与历史文化》

Guenee, Bernard, *Histoire et culture historique dans l'Occident médiéval*, Paris, Aubier, 1980.

莫里斯·哈布瓦赫,《记忆的社会框架》

Halbwachs, Maurice, *Les Cadres sociaux de la mémoire*, Paris, PUF, 1952 (1re éd. 1925).

路易·阿尔方,《历史学导论》

Halphen, Louis, *Introduction à l'histoire*, Paris, PUF, 1946.

弗朗索瓦·阿尔托格,《19世纪与历史学:以菲斯代勒·德·库朗日为例》

Hartog, François, *Le XIXe siècle et l'histoire. Le cas Fustel de Coulanges*, Paris, PUF, 1988.

杰克·H.赫克斯特,《论历史学家:重评现代史学的几位缔造者》

Hexter, Jack H., *On Historians. Reappraisals of Some of the Makers of Modern History*, Cambridge (Mass.), Harvard University Press, 1979.

《认识论与社会需求之间的历史学》(布卢瓦暑期大学学报,1993年9月)

Histoire entre épistémologie et demande sociale (L') (Actes de l'université d'été de Blois, septembre 1993), Créteil, Institut universitaire de formation des maîtres, 1994.

《历史学及其方法》(阿姆斯特丹研讨会会志,1980年11月)

Histoire et ses méthodes (L') (Actes du colloque d'Amsterdam, novembre 1980), Lille, PUL, 1981.

《历史学/地理学,1.编排》,《空间时间》

"Histoire/géographie, 1. L'arrangement", *Espaces Temps*, Les Cahiers, n° 66-67,

Paris, 1998.

《社会史,史料与方法》,(圣-克洛德高师研讨会,1965 年 5 月 15—16 日)

Histoire sociale, sources et méthodes (L') (Colloque de l'École normale supérieure de Saint-Cloud, 15-16 mai 1965), Paris, PUF, 1967.

约瑟夫·乌尔斯,《历史学的价值》

Hours, Joseph, Valeur de l'histoire, Paris, PUF, 1971 (1ʳᵉ éd. 1953).

林恩·亨特,《近 20 年法国的历史学:年鉴范式的兴衰》,《当代史杂志》

Hunt, Lynn, "French History in the Last Twenty Years: The Rise and Fall of the Annales Paradigm", Journal of Contemporary History, vol. 21, 1986, pp. 209-224.

国立统计学与经济研究学院,《统计史学发凡》,第一卷:《论文》;第二卷:《材料》

INSEE, Pour une histoire de la statistique, tome 1: Contributions; tome 2: Matériaux, Paris, Economica, 1987 (1ʳᵉ éd. 1977).

阿兰·若贝尔,《档案馆中的警察局:伪造历史的照片》

Jaubert, Alain, Le Commissariat aux Archives, Les photos qui falsifient l'histoire, Paris, Bernard Barrault, 1986.

让-诺埃尔·让纳内,《法庭中的过去:历史学家、法官与新闻记者》

Jeanneney, Jean-Noël, Le Passé dans le prétoire, L'historien, le juge et le journaliste, Paris, Éd. du Seuil, 1998.

菲利普·儒达尔,《一种法兰西激情:历史》,收录于安德烈·布吕吉埃、雅克·雷韦尔(主编),《法国史:文化的形式》

Joutard, Philippe, "Une passion française: l'histoire", in Burguière, André, Revel, Jacques (dir.), Histoire de la France. Les formes de la culture, Paris, Éd. du Seuil, 1993, pp. 507-570.

雅克·朱利亚尔,《政治》,收录于雅克·勒高夫、皮埃尔·诺拉,《著史》,第二卷《新取径》

Julliard, Jacques, "La politique", *in* Le Goff, Jacques, Nora, Pierre, *Faire de l'histoire*, *II*, *Nouvelles Approches*, pp. 305-334.

维克多·卡拉迪,《涂尔干,社会科学与大学:半成半败总结表》,《法国社会学杂志》,"涂尔干"特刊

Karady, Victor, "Durkheim, les sciences sociales et l'Université: bilan d'un demi-échec", *Revue française de sociologie*, numéro spécial "Durkheim", avril-juin 1976, pp. 267-311.

维克多·卡拉迪,《涂尔干主义者的成功策略与社会学经营模式》,《法国社会学杂志》,"涂尔干主义者"特刊

—, "Stratégies de réussite et modes de faire-valoir de la sociologie chez les durkheimiens", *Revue française de sociologie*, numéro spécial "Les Durkheimiens", janvier-mars 1979, pp. 49-82.

威廉·R.凯勒,《学院与共同体:法国历史学职业的基础》

Keylor, William R., *Academy and Community. The Foundation of the French Historical Profession*, Cambridge (Mass.), Harvard University Press, 1975.

威廉·R.凯勒,《雅克·班维尔与保王派史学在20世纪法国的复兴》

—, *Jacques Bainville and the Renaissance of Royalist History in Twentieth-Century France*, Baton Rouge, Louisiana State University Press, 1979.

赖因哈特·科泽勒克,《过去的未来:历史学时间的语义学》

Koselleck, Reinhart, *Le Futur passé. Contribution à la sémantique des temps historiques*, Paris, EHESS, 1990 (1re éd. en allemand 1979).

赖因哈特·科泽勒克,《历史的经验》

—, *L'Expérience de l'histoire*, Paris, Gallimard/Éd. du Seuil, 1997.

多米尼克·拉卡普拉、史蒂文·卡普兰(编),《欧洲现代思想史:再评价与新视角》

LaCapra, Dominick, Kaplan, Steven (éd.), *Modern European Intellectual History.*

Reappraisals and New Perspectives, Ithaca-Londres, Cornell University Press, 1982.

保罗·拉孔布,《论被看作科学的历史学》

Lacombe, Paul, *De l'histoire considérée comme science*, Paris, Hachette, 1894.

夏尔-维克多·朗格卢瓦、夏尔·瑟诺博司,《历史研究导论》

Langlois, Charles-Victor, Seignobos, Charles, *Introduction aux études historiques*, Paris, Hachette, 1897 (réédition avec une préface de Madeleine Reberioux: Paris, Kimé, 1992).

妮科尔·洛捷,《与历史相遇》

Lautier, Nicole, *A la rencontre de l'histoire*, Lille, Presses universitaires du Septentrion, 1997.

妮科尔·洛捷,《在高中教历史》

—, *Enseigner l'histoire au lycée*, Paris, Armand Colin, 1997.

让·勒迪克、维奥莱特·马科斯-阿尔瓦雷斯、雅克利娜·勒佩莱克,《构建历史》

Leduc, Jean, Marcos-Alvarez, Violette, Le Pellec, Jacqueline, *Construire l'histoire*, Toulouse, Bertrand-Lacoste/CRDP MidiPyrénées, 1994.

乔治·勒费弗尔,《反思历史学》

Lefebvre, Georges, *Réflexions sur l'histoire*, Paris, Maspero, 1978.

雅克·勒高夫,《历史与记忆》

Le Goff, Jacques, *Histoire et Mémoire*, Paris, Gallimard, 1977.

雅克·勒高夫,罗杰·夏蒂埃,雅克·雷维尔(编),《新史学》

Le Goff, Jacques, Chartier, Roger, Revel, Jacques (éd.), *La Nouvelle Histoire*, Paris, Retz, 1978.

雅克·勒高夫,皮埃尔·诺拉(编),《著史》,第一卷《新问题》,第二卷《新取径》,第三卷《新对象》

Le Goff, Jacques, Nora, Pierre (dir.), *Faire de l'histoire*, I. *Nouveaux Problèmes*, II.

Nouvelles Approches, III. *Nouveaux Objets*, Paris, Gallimard, 1974.

贝尔纳·勒珀蒂(主编),《经验的形式:另一种社会史》

Lepetit, Bernard (dir.), *Les Formes de l'expérience. Une autre histoire sociale*, Paris, Albin Michel, 1995.

埃马纽埃尔·勒华拉杜里,《历史学家的领地》,第一卷,第二卷,同前

Le Roy Ladurie, Emmanuel, *Le Territoire de l'historien*, tome I, Paris, Gallimard, 1977 (1ʳᵉ éd. 1973), tome II, *ibid.*, 1978.

《阅读布罗代尔》(集体编著)

Lire Braudel (ouvrage collectif), Paris, La Découverte, 1988.

让-诺埃尔·吕克,《艰难的改革:小学里历史学的世纪(1887—1985)》,《历史学家与地理学家》

Luc, Jean-Noël, "Une réforme difficile: un siècle d'histoire à l'école élémentaire (1887-1985)", *Historiens et Géographes*, n° 306, septembre-octobre 1985, pp. 145-207.

让·马比荣,《对历史学某些规则的浅思》

Mabillon, Jean, *Brèves Réflexions sur quelques règles de l'histoire*, Préface et notes de Blandine Barret-Kriegel, Paris, P. O. L., 1990.

多米尼克·曼格诺,《1870—1914年共和国小学用书:话语与意识形态》

Maingueneau, Dominique, *Les Livres d'école de la République 1870-1914. Discours et idéologie*, Paris, Le Sycomore, 1979.

汉斯-迪特尔·曼,《吕西安·费弗尔:一位历史学家的活思想》

Mann, Hans-Dieter, *Lucien Febvre, La pensée vivante d'un historien*, Paris, Armand Colin, 1971.

保罗·芒图,《历史学与社会学》,《历史学综合杂志》

Mantoux, Paul, "Histoire et sociologie", *Revue de synthèse historique*, 1903, pp. 121-140.

路易·马兰,《叙事是个陷阱》

Marin, Louis, *Le récit est un piège*, Paris, Éd. de Minuit, 1978.

亨利-伊雷内·马罗,《论历史认识》

Marrou, Henri-Irénée, *De la connaissance historique*, Paris, Éd. du Seuil, 1954 (rééd., 1975).

布丽吉特·马宗,《社会科学高等研究院的起源：社会科学高等研究院,美国资助所扮演的角色(1920—1960)》

Mazon, Brigitte, *Aux origines de l'EHESS. École des hautes études en Sciences sociales, le rôle du mécénat américain(1920-1960)*, Paris, Éd. du Cerf, 1988.

达尼埃尔·S. 米洛,《背叛时间(历史学)》

Milo, Daniel S., *Trahir le temps(histoire)*, Paris, Les Belles Lettres, 1991.

达尼埃尔·S. 米洛,阿兰·布罗,《另一个历史：论实验历史学》

Milo, Daniel S., Boureau, Alain, *Alter histoire. Essais d'histoire expérimentale*, Paris, Les Belles Lettres, 1991.

国民教育部,《历史学及历史教学国家研讨会,1984 年 1 月 19、20、21 日,蒙彼利埃》

Ministère de l'Éducation nationale, *Colloque national sur l'histoire et son enseignement, 19-20-21 janvier 1984, Montpellier*, Paris, CNDP, 1984.

阿纳尔多·莫米利亚诺,《论古代与近代的历史学》

Momigliano, Arnaldo, *Problèmes d'historiographie ancienne et moderne*, Paris, Gallimard, 1983.

亨利·莫尼奥(编),《教历史：从教科书到记忆》

Moniot, Henri (éd.), *Enseigner l'histoire. Des manuels à la mémoire*, Berne, Peter Lang, 1990.

亨利·莫尼奥(编),《历史教学法》

—, *Didactique de l'histoire*, Paris, Nathan, 1993.

亨利·莫尼奥,马切伊·塞尔温斯基(编),《分享的历史》,第一卷,《对真实的叙事》

Moniot, Henri, Serwanski, Maciej(éd.), *L'Histoire en partage*, I. *Le Récit du vrai*, Paris, Nathan, 1994.

加布里埃尔·莫诺,《16世纪以来法国历史研究的进展》(《历史杂志》首期社论,1876),《历史杂志》重发于1976

Monod, Gabriel, "Du progrés des études historiques en France depuis le XVIe siècle"(éditorial du premier numéro de la *Revue historique*, 1876), réédité dans la *Revue historique*, n°518, avril-juin 1976, pp. 297-324.

夏尔·莫拉泽,《历史与文化三论》

Moraze, Charles, *Trois Essais sur histoire et culture*, Paris, Armand Colin, 1948.

热拉尔·努瓦列,《研究社会的主观主义路径发凡》,《年鉴:经济,社会与文明》

Noiriel, Gérard, "Pour une approche subjectiviste du social", *Annales ESC*, novembre-décembre 1989, pp. 1435-1459.

热拉尔·努瓦列,《历史学这个行当的诞生》

——, "Naissance du métier d'historien", *Genèses*, n°1, sept. 1990, pp. 58-85.

热拉尔·努瓦列,《论历史学的"危机"》

——, *Sur la "crise" de l'histoire*, Paris, Belin, 1996.

皮埃尔·诺拉,《记忆与历史之间:场所的问题》,收录于《记忆的场所》,第一卷,《共和国》(皮埃尔·诺拉主编)

Nora, Pierre, "Entre mémoire et histoire. La problématique des lieux", in *Les Lieux de mémoire*, I. *La République*(sous la dir. de Nora, Pierre), Paris, Gallimard, 1984, pp. XVII-XLII.

皮埃尔·诺拉,《拉维斯,民族的小学教师》,收录于《记忆的场所》,第一卷,《共和国》,同前

—,"Lavisse, instituteur national", in *Les Lieux de mémoire*, I. *La République*, *op. cit.*, pp. 247-289.

皮埃尔·诺拉,《拉维斯的法国史》,收录于《记忆的场所》,第二卷,《民族国家》(皮埃尔·诺拉主编)

—,"L'histoire de France de Lavisse", in *Les Lieux de mémoire*, II. *La nation* (sous la dir. de Nora, Pierre), Paris, Gallimard, 1986, pp. 317-375.

皮埃尔·诺拉,《纪念的时代》,收录于《记忆的场所》,第三卷,《复数法国》(皮埃尔·诺拉主编)

—,"L'ère de la commémoration", in *Les Lieux de mémoire*, III. *Les France*(sous la dir. de Nora, Pierre), Paris, Gallimard, 1992, pp. 977-1012.

皮埃尔·诺拉(编),《试写自我—历史》

—,(éd.), *Essais d'égo-histoire*, Paris, Gallimard, 1987.

彼特·诺维克,《那个高贵的梦:"客观性问题"与美国历史学职业》

Novick, Peter, *That Noble Dream, The " Objectivity Question" and the American Historical Profession*, Cambridge, Cambridge University Press, 1988.

让-克洛德·帕斯龙,《社会学推理:自然推理的非波普尔空间》

Passeron, Jean-Claude, *Le Raisonnement sociologique. L'espace non-poppérien du raisonnement naturel*, Paris, Nathan, 1991.

让-克洛德·帕斯龙,《社会人》,《争论》

—,"Homo sociologicus", *Le Débat*, n°79, mars-avril 1994, pp. 114-133.

让-克洛德·帕斯龙,安托万·普罗斯特,《教学,历史学家与社会学家相遇的地方》,《当代社会》

Passeron, Jean-Claude, Prost, Antoine, " L'enseignement, lieu de rencontre entre historiens et sociologues", *Sociétés contemporaines*, n°1, mars 1990, pp. 7-45.

让·布捷,雅克·朱利亚尔主编,《重组过去:历史学的场域与工地》,《别样》,"变动"系列

358　*Passés recomposés. Champs et chantiers de l'histoire*, sous la dir. de Boutier, Jean, et Julia, Dominique, Paris, *Autrement*, série " Mutations " , n°150-151, janvier 1995.

纳丁·戈蒂埃，让-弗朗索瓦·鲁热主编，《对过去的激情，历史"作坊主"，他们的梦想与战斗》，《别样》

Passion du passé, " *les fabricants* " *d'histoire*, *leurs rêves et leurs batailles*, sous la dir. de Gautier, Nadine, et Rouge, Jean-François, Paris, *Autrement*, n°88, mars 1987.

《时期：构建历史学时间》，"当下的历史学"第五次研讨会会刊

Périodes. La construction du temps historique, Actes du Ve colloque d'Histoire au Présent, Paris, EHESS et Histoire au Présent, 1991.

德尼·佩尚斯基、米夏埃尔·波拉克、亨利·鲁索（编），《政治史与社会科学》

Peschanski, Denis, Pollak, Michael, Rousso, Henry (éd.), *Histoire politique et sciences sociales*, Bruxelles, Complexe, 1991.

安德烈·皮加尼奥尔，《何谓历史学》，《形而上学与伦理学杂志》

Piganiol, André, "Qu'est-ce que l'histoire?", *Revue de métaphysique et de morale*, 1955, pp. 225-247.

让-巴普蒂斯特·皮奥贝塔，《中学毕业会考》

Piobetta, J.-B., *Le Baccalauréat*, Paris, Baillière et fils, 1937.

克日什托夫·波米安，《时间的秩序》

Pomian, Krzysztof, *L'Ordre du temps*, Paris, Gallimard, 1984.

克日什托夫·波米安，《年鉴时刻：大地—人—世界》，收录于皮埃尔·诺拉（编），《记忆的场所》，第二卷《民族国家》

—, " L'heure des Annales. La terre-les hommes-le monde ", in Nora, Pierre (éd.), *Les Lieux de mémoire*, II. *La Nation*, Paris, Gallimard, 1986, tome 1, pp. 377-429.

克日什托夫·波米安，《论历史学》

——, *Sur l'histoire*, Paris, Gallimard, 1999.

卡尔·波普尔,《历史主义的贫困》

Popper, Karl, *Misère de l'historicisme*, Paris, Plon, 1956 (1re éd. en anglais, 1944).

卡尔·波普尔,《科学发现的逻辑》

——, *La Logique de la découverte scientifique*, Paris, Payot, 1978 (1re éd. en anglais, 1959).

安托万·普罗斯特,《瑟诺博司再探》,《20世纪,历史杂志》

Prost, Antoine, "Seignobos revisité", *Vingtième siècle, revue d'histoire*, n°43, juillet-septembre 1994, pp. 100-118.

安托万·普罗斯特,《历史、真相、方法:历史学的论证结构》,《争论》

——, "Histoire, vérités, méthodes. Des structures argumentatives de l'histoire", *Le Débat*, n°92, novembre-décembre 1996, pp. 127-140.

安托万·普罗斯特,《历史学如何造就历史学家?》,《20世纪,历史杂志》

——, "Comment l'histoire fait-elle l'historien?", *Vingtième siècle, revue d'histoire*, n°65, janvier-mars 2000, pp. 3-12.

安托万·普罗斯特,《史家,法官,证人与被告》,收录于弗洛朗·布拉亚尔(编),《诉讼与史学之间的犹太种族屠杀》

——, "L'historien, le juge, le temoin et l'accusé", *in* Brayard, Florent (éd.), *Le Génocide des juifs entre procès et histoire*, Bruxelles, Éd. Complexe, 2000.

雅克·朗西埃,《历史学的词语:论知识的诗学》

Rancière, Jacques, *Les Mots de l'histoire. Essai de poétique du savoir*, Paris, Éd. du Seuil, 1992.

马德莱娜·勒贝留,《1903年的争论:历史学家与社会学家》,收录于夏尔-奥利维耶·卡博内尔、乔治·利韦,《摇篮中的年鉴》

Rebérioux, Madeleine, "Le débat de 1903: Historiens et Sociologues", *in* Carbonell, Charles-Olivier, et Livet, Georges, *Auberceau des Annales*, pp. 219-230.

《1940 年至 1965 年法国的历史学研究》,法国历史科学委员会编

Recherche historique en France de 1940 à 1965 (La), Paris, Comité Français des sciences historiques, Éd. du CNRS. 1965.

《1965 年以来法国的历史学研究》,法国历史科学委员会编

Recherche historique en France depuis 1965 (La), Paris, Comité français des sciences historiques, Éd. du CNRS, 1980.

勒内·雷蒙(主编),《政治史发凡》

Remond, René (dir.), *Pour une histoire politique*, Paris, Éd. du Seuil, 1988.

雅克·雷维尔,《年鉴范式》,《年鉴:经济、社会与文明》

Revel, Jacques, "Les paradigmes des Annales", *Annales ESC*, novembre-décembre 1979, pp. 1360-1376.

保罗·利科,《活隐喻》

Ricoeur, paul, *La Métaphore vive*, Paris, Éd. du Seuil, 1975.

保罗·利科,《解释与理解:论文本理论、行动理论与历史学理论之间某些值得注意的联系》,《卢万哲学期刊》

—, "Expliquer et comprendre. Sur quelques connexions remarquables entre la théorie du texte, la théorie de l'action et la théorie de l'histoire", *Revue philosophique de Louvain*, tome 75, février 1977, pp. 126-147.

保罗·利科,《时间与叙事》

—, *Temps et Récit*, Paris, Éd. du Seuil, 3 vol., 1983, 1984 et 1985.

保罗·利科,《记忆,历史,遗忘》

—, *La Mémoire, l'histoire, l'oubli*, Paris, Éd. du Seuil, 2000.

让-皮埃尔·里乌、让-弗朗索瓦·西里内利(编),《文化史发凡》

Rioux, Jean-Pierre, Sirinelli, Jean-François (éd.), *Pour une histoire culturelle*, Paris, Éd. du Seuil, 1996.

保罗-安德烈·罗森塔尔,《隐喻和认识论策略:费尔南·布罗代尔的地中海》,收录于达尼埃尔·S. 米洛、阿兰·布罗,《另一个历史》

Rosental, Paul-André, "Métaphore et stratégie épistémologique: La Méditerranée de Fernand Braudel", in Milo, Daniel S. , Boureau, Alain, *Alter histoire*, pp. 109-126.

亨利·鲁索,《耽湎于过去》

Rousso, Henry, *La Hantise du passé*, Paris, Textuel, 1998.

让-克洛德·鲁阿诺-博尔巴朗(编),《今日史学》

Ruano-Borbalan, Jean-Claude (éd.), *L'Histoire aujourd'hui*, Auxerre, Sciences humaines éditions, 1999.

妮科尔·萨顿-洛捷,《学会的历史,归为已有的历史:历史教学法初步》,社会科学高等研究院博士论文

Sadoun-Lautier, Nicole, *Histoire apprise, histoire appropriée. Éléments pour une didactique de l'histoire*, Thèse EHESS(S. Jodelet) , 1992.

夏尔·萨马朗,《历史学及其方法》,"七星百科"

Samaran, Charles, *L'Histoire et ses méthodes*, Paris, Gallimard, "Encyclopédie de la Pléiade", 1973 (1re éd. 1961).

亨利·西伊,《科学与历史哲学》

See, Henri, *Science et philosophie de l'histoire*, Paris, F. Alcan, 1933.

夏尔·瑟诺博司,《德国大学中的历史教学》,《国际教学杂志》

Seignobos, Charles, "L'enseignement de l'histoire dans les universités allemandes", *Revue internationale de l'enseignement*, 15 juin 1881, pp. 563-600.

夏尔·瑟诺博司,《大学中的历史教学》,《国际教学杂志》

—, "L'enseignement de l'histoire dans les facultés", *Revue internationale de l'enseignement*, I, 15 octobre 1883, pp. 1076-1088; II, 15 juillet 1884, pp. 35-60; III, 15 août 1884, pp. 97-111.

夏尔·瑟诺博司,《应用于社会科学的历史学方法》

—, *La Méthode historique appliquée aux sciences sociales*, Paris, F. Alcan, 1901.

夏尔·瑟诺博司,《中等教育里的历史学》

—, *L'Histoire dans l'enseignement secondaire*, Paris, Armand Colin, 1906.

夏尔·瑟诺博司,《作为政治教育工具的历史教学》,收录于《教育博物馆会议》,重新收录于夏尔·瑟诺博司,《政治学研究与历史学研究》(我在《20世纪,历史杂志》1984年4月第2期中刊登了此文中几个篇幅较长的片段)

—, " L'enseignement de l'histoire comme instrument d'éducation politique ", in *Conférences du Musée pédagogique*, Paris, Imprimerie nationale, 1907, pp. 1-24, repris in Seignobos, Charles, *Études de politique et d'histoire*, Paris, PUF, 1934, pp. 109-132 (j'ai publié de larges extraits de ce texte dans *Vingtième siècle*, *revue d'histoire*, n°2, avril 1984).

夏尔·瑟诺博司,《法兰西民族信史:论法兰西人民的演变史》

—, *Histoire sincère de la nation française. Essai d'une histoire de l'évolution du peuple français*, Paris, Rieder, 1933; nouvelle éd. avec une préface de Guy P. Palmade: Paris, PUF, 1969.

夏尔·瑟诺博司,《政治学研究与历史学研究》

—, *Études de politique et d'histoire*, Paris, PUF, 1934.

弗朗索瓦·西米昂,《历史学方法与社会科学》,《历史学综合杂志》,重发于《年鉴:经济,社会与文明》

Simiand, François, (Méthode historique et Science sociale), *Revue de synthèse historique*, 1903, pp. 1-22 et 129-157, repris par les *Annales ESC*, 1960, pp. 83-119.

让-弗朗索瓦·西里内利,《智识的一代:两次大战之间的高师文科预备班学生与高师学生》

Sirinelli, Jean-François, *Génération intellectuelle, Khâgneux et Normaliens dans l'entre-deux-guerres*, Paris, Fayard, 1988.

特拉扬·斯托亚诺维奇,《法国史学方法:年鉴范式》

Stoianovich, Traian, *French Historical Method. The Annales Paradigm*, Ithaca, Cornell University Press, 1976.

劳伦斯·斯通,《回归叙事,或对一种老树开新花的史学的反思》,《争论》

Stone, Lawrence, "Retour au récit ou réflexions sur une nouvelle vieille histoire", *Le Débat*, n°4, 1980, pp. 116-142.

《反思的时间:受历史学家威胁的历史学》,《空间时间》

"Temps réfléchi (Le). L'histoire au risque des historiens", *Espaces Temps*, Les cahiers, n°ˢ 59-60-61, Paris, 1995.

尼科尔·图蒂奥-吉永、马里-若泽·穆索,《年轻人与历史学:认同,价值观,历史意识:欧洲"年轻人与历史学"调查》

Tutiaux-Guillon, Nicole, Mousseau, Marie-José, *Les Jeunes et l'Histoire : identités, valeurs, conscience historique : enquête européenne " Youth and history "*, Paris, INRP, 1998.

皮埃尔·旺德里,《论历史学中的或然》

Vendryes, Pierre, *De la probabilité en histoire*, Paris, Albin Michel, 1952.

皮埃尔·旺德里,《决定论与自律》

—, *Déterminisme et Autonomie*, Paris, Armand Colin, 1956.

保罗·韦纳,《历史是如何写出来的》

Veyne, Paul, *Comment on écrit l'histoire*, Paris, Éd. du Seuil, 1971.

保罗·韦纳,《盘点差异:法兰西学院就职演讲》

—, *L'Inventaire des différences. Leçon inaugurale au Collège de France*, Paris, Éd. du Seuil, 1976.

皮埃尔·维拉尔,《构建中的历史:马克思主义取径和局势的问题》

Vilar, Pierre, *Une histoire en construction, Approche marxiste et problématiques conjoncturelles*, Paris, Hautes Études-Gallimard-Éd. du Seuil, 1982.

马克斯·韦伯,《论科学理论》

Weber, Max, *Essais sur la théorie de la science*, traduits de l'allemand et introduits par Julien Freund, Paris, Plon, 1965.

海登·怀特,《元史学:19 世纪欧洲的历史想象》

White, Hayden, *Metahistory, The Historical Imagination in Nineteenth-Century Europe*, Baltimore-Londres, The Johns Hopkins University Press, 1973.

安妮特·维沃卡,《证人的时代》

Wieviorka, Annette, *L'Ère du témoin*, Paris, Plon, 1998.

增补书目

《历史学十二讲》一书出版于 1996 年,当时人们对历史学方法论和历史编撰学兴趣正浓,而此后这种兴趣也一直有增无减,引得大量著作问世。

在历史编撰学方面,我要特别推荐德拉克鲁瓦(C. Dlacroix)、多斯和加西亚(P. Garcia)的经典著作,以及皮姆·登·博尔(Pim den Boer)的著作,这是今日关于 19 世纪法国历史学家职业的最佳研究。我还要推荐迪穆兰和霍夫(U. Raulff)分别撰写的马克·布洛赫传记,穆勒(B. Müller)撰写的费弗尔传记,费弗尔所有关于历史学的文字已由马宗(B. Mazon)结集出版,书名为《亲历历史》。

历史教育引人关注。除了历史和地理教师协会非常著名的期刊《历史学家与地理学家》之外,我还要推荐《克里奥的书包》(*Le cartable de Clio*),这是一份广义上的历史教学类期刊,发行于瑞士法语区和提契诺地区(tessinoise),从 1901 年起,每年一期,常常很有意思。关于今日历史教学的问题,读读奥迪克(J.-L. Auduc)、索罗内勒(M. Solonel)和潘松(G. Pinçon)的著作会很受益。最后,关于历史教学的起源,可读布吕德(A. Bruter)的著作。关于 18、19 世纪的历史教学史,可读加西亚、勒迪克(J. Leduc)和埃里(E. Hery)的著作。

方法论反思非常活跃,但也非常分散。德拉克鲁瓦、多斯、加西亚和奥芬斯达(N. Offenstadt)主编的两卷本《历史书写》对此做了总结。奥芬斯达的小书做了一番概述。因诉讼而起的争论引得历史学家也加入其中,鲁索(H. Rousso)、让纳内(J.-H. Jeanneney)和金兹堡的著作值得一提,但我认为下面几本书的反思更深刻、更重要:阿尔托格论历史性的诸体制,戈谢(M. Gauchet)论历史境遇,夏尔(C. Charle)论历史学领域与文学领域之间的关系,卡拉尔论历史学的诗学。

克里斯蒂安·阿马维(编),《法国和法语国家历史学家传记词典》

Amalvi, Christian (dir.), *Dictionnaire biographique des historiens français et francophones*, Paris, La Boutique de l'histoire, 2004.

克里斯蒂安·阿马维(编),《历史学的场所》

——(dir.) *Les lieux de l'histoire*, Paris, Armand Colin, 2005.

让-路易·奥迪克、米歇尔·索罗内勒,《在初中和高中教授历史学—地理学》

Auduc, Jean-Louis, et Solonel, Michel, *Enseigner l'histoire-géographie en collège et en lycée*, Créteil, CRDP de Créteil, 1996.

斯特凡·伯杰、海科·费尔德纳和凯文·帕斯莫尔,《书写历史:理论和实践》

Berger Stefan, Feldner Heiko, et Passmore, Kevin, *Writing History. Theory and Pratice*, Londre, Bloomsbury Academic, 2010.

让-米歇尔·贝特洛,《真之帝国:科学认知和现代性》

Berthelot, Jean-Michel, *L'Empire du vrai. Connaissance scientifique et modernité*. Paris, PUF, 2008.

皮姆·登·博尔,《作为一份职业的历史学:1818—1914年间的法国历史学研究》

Boer, Pim den, *History as a Profession. The Study of History in France*, 1818-1914, Princeton, Princeton University Press, 1998 (1re éd., Nijmegen, 1987)

多米尼克·博尔内,《在学校教授真相？意义何在？》

Borne, Dominique, *Enseigner la vérité à l'école ? Quels enjeux ?*, Paris, Armand Colin, 2007.

帕特里克·布舍龙,《从事历史学家这份职业》

Boucheron, Patrick, *Faire profession d'historien*, Pairs, Publications de la Sorbonne, 2010.

安妮·布吕德,《那个伟大世纪中讲授的历史:一种教学的诞生》

Bruter, Annie, *L'Histoire enseignée au Grand Siècle. Naissance d'une pédagogie*, Paris, Belin, 1997.

菲利普·卡拉尔,《化为文本的过去:当代法国历史编撰学的诗学》

Carrard, Philipe, *Le passé mis en texte. Poétique de l'historiographie française contemporaine*, Paris, Armand Colin, 2013.

恩利科·卡斯泰利·加蒂纳拉,《理性的忧虑:两次世界大战之间法国的认识论和历史学》

Castelli Gattinara, Enrico, *Les Inquiétudes de la raison. Epistémologie et histoire en France dans l'entre-deux guerres*, Paris, Vrin/EHESS, 1998.

克里斯托夫·夏尔,《历史人:反思历史学、历史学家和社会科学》

Charle, Christophe, *Homo historicus. Réflexions sur l'histoire, les historiens et les sciences sociales*, Paris, Armand Colin, 2013.

克里斯蒂安·德拉克鲁瓦、弗朗索瓦·多斯和帕特里克·加西亚,《18世纪至19世纪法国历史学思潮》

Delacroix, Chritian, Dosse, François et Garcia, Patrick, *Les courants historiques* en France. XIXe-XXe siècle, Paris, Gallimard,(Folio Histoire), 2007.

克里斯蒂安·德拉克鲁瓦、弗朗索瓦·多斯和帕特里克·加西亚(编),《历史性》

——(dir.), Historicités, Paris, La Découverte, 2009.

克里斯蒂安·德拉克鲁瓦、弗朗索瓦·多斯,帕特里克·加西亚和尼古拉·奥芬斯达(编),《历史书写:概念与争论》

——Et Offenstadt, Nicolas (dir.), Historiographies, Concepts et Débats, Paris, Gallimard, «Folio Histoire», 2010, 2 vols.

奥利维耶·迪穆兰,《历史学家的社会角色:从讲台到法庭》

Doumonlin, Olivier, Le Rôle sociale de l'historien. De la chaire au prétoire, Paris, Albin Michel, 2003.

奥利维耶·迪穆兰,《马克·布洛赫》

——, Marc Bloch, Paris, Presses de Sciences-Po, 2000.

吕西安·费弗尔,《亲历历史》,布丽吉特·马宗编,本书收录费弗尔关于历史学所写的大部分文字,包括"为历史学战斗"和"一种整全的历史学发凡"。

Febvre, Lucien, Vivre l'histoire, éd. établie par Brigitte Mazon, Paris, Robert Laffont, «Bouquins», 2009, réunit la plupart des textes sur l'histoire de L. Febvre, y compris «Combats pour l'histoire» et «Pour une histoire à part entière».

帕特里克·加西亚、让·勒迪克,《从旧制度时期到今日法国的历史教学》

Garcia, Patrick, Leduc Jean, L'Enseignement de l'histoire en France de l'Ancien Régime à nos jours, Paris, Armand Colin, 2003.

马塞尔·戈谢,《历史境遇》

Gauchet, Marcel, La Condition historique, Paris Stock, 2003.

卡洛·金兹堡,《法官与史家:写在索弗里一案边上》

Ginzburg, Carlo, Le juge et l'Historien. Considérations en marge du procès Sofri, Lagrasse, Verdier, 1997.

卡洛·金兹堡,《力量关系:历史学,修辞和证据》

—, *Rapport de force. Histoire, rhétorique, preuve*, Paris, Gallimard/Seuil, «Hautes études», 2003.

安东尼·格拉夫敦,《历史学曾是什么？早期现代欧洲的史学艺术》

Grafton, Anthony, *What was History ? The Art of History in Early Modern Europe*, Cambridge, Cambridge University Press, 2007.

即时史研究组,《1945年以来职业教育中的历史学和地理学:献给让-保罗·库尔邦》

Groupe de recherche en histoire immédiate, *L'Histoire et la Géographie dans l'enseignement professionnel depuis 1945. Hommage à Jean-Paul Courbon*, Toulouse, Maison de la recherche, 1998.

弗朗索瓦·阿尔托格,《历史性的诸体制:现代主义与时间的经验》

Hartog, François, *Régimes d'historicités. Présentisme et expérience du temps*, Paris, Seuil, 2003.

弗朗索瓦·阿尔托格,《历史之显:历史学家所见》

—, *Evidence de l'histoire. Ce que voient les historiens*, Paris, EHESS, 2005.

穆斯塔法·哈桑尼·伊德里西,《历史学思想与历史学学习》

Hassani Idrissi, Mostapha, *Pensée historienne et Apprentissage de l'histoire*, Paris, L'Harmattan, 2005.

埃弗利娜·埃里,《历史课的世纪:1870—1970年间高中的历史教学》

Hery, Evelyne, *Un siècle de leçons d'histoire. L'histoire enseignée au lycée 1870-1970*, Rennes, Presse universitaires de Rennes, 1999.

让-诺埃尔·让纳内,《法庭里的过去》

Jeanneney, Jean-Noël, *Le Passé dans le prétoire*, Paris, Seuil, 1998.

斯特凡·约尔丹(编),《历史科学基本概念词典》

Jordan, Stefan (dir.) *Lexikon Geschichtswissenschaft. Hundert Grundbegriffe*,

Stuttgart, Reclam, 2002.

皮特·兰伯特、菲利普·肖菲尔德(编),《制作历史:历史学及这门学科的实践入门》

Lambert, Peter, et Shoffield, Philippe(dirs.) *Making History. An Introduction to the History and the Practices of a Discipline*, Londres, Routletge, 2004.

埃马纽埃尔·洛朗坦,《今日历史学有何用?》

Laurentin, Emmanuel, *A quoi sert l'histoire aujourd'hui* ? Paris, Bayard, 2009.

让·勒迪克,《历史学家与时间》

Leduc, Jean, *Les Historiens et le Temps*, Paris, Seuil, 1999.

克莱尔·勒梅西埃、克莱尔·扎尔克,《给历史学家用的计量方法》

Lemercier, Claire et Zalc, Claire, *Méthodes quantitatives pour l'historien*, Paris, La Découverte, 2008.

阿瑟·马威克,《历史学的新性质:知识,证据与语言》

Marwick, Arthur, *The New Nature of History. Knowledge, Evidence, Language*, Basingstoke, Palgrave, 2001.

洛朗·穆基里,《神话与人文科学史》

Mucchielli, Laurent, *Mythes et Histoire des sciences humaines*, Paris, La Découverte, 2004.

贝特朗·米勒,《吕西安·费弗尔:读者和批评家》

Müller, Bertrand, *Lucien Febvre, lecteur et critique*, Paris, Albin Michel, 2003.

贝特朗·米勒(编),《记忆与认识论之间的历史学:以保罗·利科为中心》

—(dir.), *L'Histoire entre mémoire et épistémologie. Autour de Paul Ricœur*, Lausanne, Payot, 2005.

热拉尔·努瓦歇,《与之同思,与之辩难:一位历史学家的历程》

Noiriel, Gérard, *Pener avec, Penser contre. Itinéraire d'un historien*, Paris, Berlin, 2003.

尼古拉·奥芬斯达,《历史学家的语词》

Offenstadt, Nicolas(dir.), *Les Mots de l'historien*, Toulouse, Presses universitaires du Mirail, 2004.

尼古拉·奥芬斯达,《历史编撰学》

—, *L'Historiographie*, Paris, PUF, 2001.

让-克洛德·帕斯龙、雅克·雷韦尔,《案例思考》

Passeron, Jean-Claude et Revel, Jacques, *Penser par cas*, Paris, EHESS, Enquête, 4, 2005.

热拉尔·潘松,《教授历史学:一份职业,意义,初中,高中》

Pinçon, Gérard, *Enseigner l'histoire. Un métier, des enjeux, Collège, lycée*, Caen/Paris, CRDP/Hachette, 2007.

安托万·普罗斯特,《历史学论述与法学论述》,收录于米歇尔·德·弗龙内勒和让-克洛德·帕斯龙(编),《论述:证据和劝说》

Prost, Antoine, «Argumentation historique et argumentation judiciaire», in Michel de Fronel et Jean-Claude Passeron (dir.), *L'Argumentation. Preuve et Persuation*, Editions de L'EHESS, «Enquête», n°2, 2002, pp. 29-47.

安托万·普罗斯特,《这是事实》,《理性在场》

—, «C'est un fait», *Raison présente*, n° 157-158, 2006, pp. 21-29.

于尔里克·霍夫,《马克·布洛赫:20世纪的一位史家》

Raulff, Ulrich, *Marc Bloch. Un historien au XXe siècle*, Paris, Editions de la Maison des sciences de l'homme, 2005(1re éd. allemande, 1995).

保罗·利科,《历史与真理》

Ricœur, Paul, *Histoire et Vérité*, Paris, Seuil, dernière éd., 2001.

理查德·罗蒂,《客观主义、相对主义与真理》

Rorty, Richard, *Objectivisme, relativisme e vérité*, Paris, PUF, 1994.

亨利·鲁索,《萦绕不去的过去》

Rousso, Henry, *La Hantise du passé*, Paris, Textuel, 1998.

菲利普·里日勒、塞尔日·努瓦雷,《历史学家,他们的期刊和因特网(法国、西班牙、意大利)》

Rygiel, Philippe et Noiret, Serge, *Les Historiens, leurs revues et Internet (France, Espagne, Italie)*, Paris, Publibook, 2005.

恩佐·特拉韦尔索,《过去,使用方式:历史、记忆、政治》

Traverso, Enzo, *Le passé, modes d'emploi. Histoire, mémoire, politique*, Paris, La Fabrique éditions, 2005.

索 引

(页码为本书边码,页码用斜体字时表示此页引用了相关作者的文字。)

Acton (Lord), 75 et n., 116. 阿克顿勋爵

Agulhon (Maurice), 46n. 莫里斯·阿居隆

Altdorfer, 108. 阿尔特多费尔

Althusser (Louis), 226. 路易·阿尔都塞

Appleby (Joyce), 284n., 313n. 乔伊丝·阿普尔比

Ariès (Philippe), 8 n., *102* et n., 103 n., *106*, 111, 243 et n. 菲利普·阿里耶斯

Armatte (Michel), 199n. 米歇尔·阿马特

Aron (Raymond), 7, 151, 152 n., 178, *179*, 180, *183* et n., 184, 186, 226 et n., 230, 239. 雷蒙·阿隆

Augustin (saint), 97, 163. 圣奥古斯丁

Aulard (Alphonse), 93. 阿方斯·奥拉尔

Azéma (Jean-Pierre), 183n. 让-皮埃尔·阿泽马

Baehrel (René), 225. 勒内·巴莱勒

Bailyn (Bernard), 146 et n., *163—164*. 贝尔纳·贝林

Bainville (Jacques), 294, 341. 雅克·班维尔

Barbas (Jean-Claude), 60 n. 让-克洛德·巴尔巴斯

Barral（Pierre），197 et n. 皮埃尔·巴拉尔

Bathes（Roland），94，*287*，313n. 罗兰·巴特

Bayle（Pierre），146. 皮埃尔·培尔

Becker（Carl），303，*304*，*305*，311 et n. 卡尔·贝克尔

Becker（Jean-Jacques），318—320 et n.，323—324. 让-雅克·贝克尔

Bédarida（François），44 n.，48 n.，61 n.，287 n.，313n. 弗朗索瓦·贝达里达

Bède le Vénérable，*106*. 可敬者比德

Benveniste（Émile），275. 埃米尔·邦弗尼斯特

Bernard（Claude），14，71，195，310. 克洛德·贝尔纳

Bernanos（Georges），342. 乔治·贝那诺斯

Berstein（Serge），135 n. 塞尔日·贝尔斯坦

Bismarck（Otto von），92，95，178 et n.，179，207，239. 奥托·冯·俾斯麦

Bloch（Marc），8 et n.，11，36，38，39 et n.，57，*58*，*62*，*63*，67，70 n.，73 n.，*74*，*76*，*81*，*93*，94 et n.，*118—119*，*146*，*147*et n.，*149*，154，156，160，171 et n.，172，213，236，241 n.，275，277，285，310 et n.，321 et n.，338. 马克·布洛赫

Boltanski（Luc），143 et n.，228n. 吕克·博尔当斯基

Bouchard（Gérard），254 et n. 热拉尔·布沙尔

Boucher de Perthes（Jacques），81. 布歇·德·彼尔德

Boudon（Raymond），47 n. 雷蒙·布东

Bourdé（Guy），39 n. 居伊·布尔代

Bourdieu（Pierre），47 n.，*48—49*，*141*，*142* et n.，228. 皮埃尔·布迪厄

Bourgon（Jérôme），104 n. 热罗姆·布尔容

Boutier（Jean），44 n.，313 n. 让·布捷

Boutry（Philippe），*99* et n.，284 n.，*286*，313 et n. 菲利普·布特里

Bouvier（Jean），208 et n. 让·布维耶

Bradley（Francis H.），*96*，97 n.，159 n.，313 et n. 弗朗西斯·H. 布莱德雷

Braudel（Fernand），8，10，31，36，39 n.，42，43，59，94，*120*，*121—122* et n.，*182* et n.，192 n.，*207*，208，213，219，225，226 n.，*230* et n.，232，235—237，238 n.，240，252，275，*276—277*，285，305，310. 费尔南·布罗代尔

Burckhardt（Jacob），258 n. 雅各布·布克哈特

Burguière（André），39 n.，*40* n. 安德烈·布吕吉埃

Burke（Peter），234 n. 彼得·伯克

Burrin（Philippe），135 n. 菲利普·布兰

Cahen（Léon），38. 莱昂·卡昂

Capet（Hugues），301. 于格·加佩

Carbonell（Charles-Olivier），7，18 n.，33n.，39 n. 夏尔-奥利维耶·卡博内尔

Carné（Marcel），302. 马塞尔·卡尔内

Carr（Edward H.），7. 爱德华·H. 卡尔

Carrard（Philippe），15 n.，240 n.，242 n.，243n.，267 n，317n. 菲利普·卡拉尔

Carrère d'Encausse（Hélène），31. 卡雷尔·当科斯

Certeau（Michel de），264 n.，*269-272*，313 et n. 米歇尔·德·塞尔多

Charle（Christophe），33 n.，35 n.，44 n.，*48* et n.，*209* et n. 克里斯托夫·夏尔

Chartier（Roger），39 n.，64 n.，284 n.，*285—286* et n.，287 n.，313 et n. 罗杰·夏蒂埃

Chase（James Hadley），257. 詹姆斯·哈德利·蔡斯

Chaunu（Pierre），8，9，211 et n.，225. 皮埃尔·肖尼

Chervel（André），36 n. 安德烈·谢韦尔

Chevènement（Jean-Pierre），31，32. 让-皮埃尔·舍韦内芒

Christie（Agatha），257. 阿加莎·克里斯蒂

Citron（Suzanne），294 n. 苏桑·西特龙

Clark（Terry N.），37 n. 特里·克拉克

Clovis，334. 克洛维

Codaccioni（Félix），82 n. 费利克斯·科达乔尼

Collingwood（Robin George），11，72 et n.，*80—81* et n.，*84—85* et n.，110，159 n.，161，*166—168*，169，170，185 et n.，311n.，312 et n.，343，*344* et n. 罗宾·乔治·柯林武德

Compayré（Gabriel），28. 加布里埃尔·孔佩雷

Comte（Auguste），190，267. 奥古斯特·孔德

Constantin，104. 君士坦丁

Conze（Werner），146. 维尔纳·孔策

Corbin（Alain），33 n.，46n.，64n.，88，225，240 et n.，299 n.，320 n. 阿兰·科尔班

Cottereau（Alain），281 n. 阿兰·科特罗

Cournot（Antoine-Augustin），*153* n.，*154-155*，322n. 安托万·奥古斯丁·库尔诺

Couteau-Bégarie（Hervé），39 n. 埃尔韦·库尔托-贝加里

Crémieux-Brilhac（Jean-Louis），183 n.，244n. 让-路易·克雷米厄-布里拉克

Croce（Benedetto），96，258 n. 贝内代托·克罗齐

Crouzet（François），208 et n. 弗朗索瓦·克鲁泽

Dancel（Brigitte），18 n.，28，32. 布里吉特·当塞尔

Danto（Arthur C.），246 n.，250 et n. 阿瑟·C. 丹图

Darlan（Amiral），88，289 n. 达朗上将

Daumard（Adeline），82 n.，209 n.，225. 阿德兰·多马尔

Debré（Michel），31. 米歇尔·德勃雷

Decaux（Alain），15，*31*.阿兰·德科

Démosthène，95.狄摩西尼

Désert（Gabriel），209 et n.，225.加布里埃尔·德塞尔

Desrosières（André），199 n.，228 n.安德烈·德罗西埃

Dilthey（Wilhelm），151，156，*157*，*158*.威廉·狄尔泰

Dosse（François），7，10，39 n.，42，43，230，232 n.，*233*.弗朗索瓦·多斯

Dubief（Henri），22n.亨利·迪比耶夫

Duby（Georges），15 n.，*59*，197 n.，240，241 et n.乔治·杜比

Dumoulin（Olivier），7，34 n.，40 n.，41 n.，116 n.，235 n.奥利维耶·迪穆兰

Dupanloup（Mgr Félix），204.费利克斯·杜庞卢主教

Dupeux（Georges），82 n.，222，223 n.，225.乔治·迪珀

Durkheim（Émile），37，191 n.，193，194，*195*，*196*，223.埃米尔·涂尔干

Duroselle（Jean-Baptiste），237，238 n.让·巴普蒂斯特·迪罗塞勒

Duruy（Victor），20，22，26.维克多·迪律伊

Ecclésiaste，108.传道书

Eco（Umberto），52 n.翁贝托·埃科

Ehrard（Jean），98.让·埃拉尔

Engels（Friedrich），230 n.弗里德里希·恩格斯

Fagniez（Gustave），34，57 n.古斯塔夫·法涅

Farge（Arlette），59.阿莱托·法尔热

Faure（Edgar），31，92.埃德加·富尔

Febvre（Lucien），8 et n.，11，36，39—41 et n.，59，*76*，81，*82*，94，*120*，127 et n.，146，147，*148—150*，151，154，156，160，*165*，235 et n.，236，241 n.，275，277，281，*301*，306，310—311，334，355n.吕西安·费弗尔

Ferro（Marc），43，242.马克·费罗

Ferry（Jules），128，343.朱尔·费里

Fogel（Robert），176 n.罗伯特·福格尔

Fontenelle（Bernard Le Bovier de），*109*.贝尔纳·勒博维耶·德·丰丹内勒

Foucault（Michel），284，312，333.米歇尔·福柯

Frank（Robert），95—96 et n.罗伯特·弗朗克

Frédéric II，92.腓特烈二世

Freppel（Mgr），343.弗雷佩尔主教

Furet（François），8，24 n.，42，75 n.，116，146，192，193 n.，202 n.，208 n.，242，245，246 n.弗朗索瓦·傅勒

Fustel de Coulanges（Numa），146，147，213，304，311.努马·菲斯代勒·德·库朗日

Gallo（Max），31.马克斯·加洛

Gaulle（Charles de），339.戴高乐将军

Genet（Lucien），32.吕西安·热内

Gerbod（Paul），17 n.，20 n.，23 n.，35 n.保罗·热尔博

Gillet（Marcel），208 n.马塞尔·吉莱

Ginzburg（Carlo），290，320—321 et n.，328 et n.卡洛·金兹堡

Girard（Louis），200 n.，283 n.路易·吉拉尔

Girault（René），32.勒内·吉罗

Glénisson（Jean），39 n.让·格莱尼松

Godechot（Jacques），82 n.雅克·戈德肖

Goethe（Wolfgang von），*90*.沃尔夫冈·冯·歌德

Goguel（François），209.弗朗索瓦·戈盖尔

Gossez（Rémi），200 n.，283 n.雷米·戈塞

Goubert（Pierre），43，225. 皮埃尔・古贝尔

Grafmeyer（Yves），47 n. 伊夫・格拉夫梅耶尔

Grand-Chavin（Stéphane），46 n. 斯特凡娜・格朗-沙万

Grataloup（Christian），114 n. 克里斯蒂安・格拉特卢

Grenier（Jean-Yves），221 n.，222 n.，223 n. 让-伊夫・格勒尼耶

Grimaud（Maurice），339. 莫里斯・格里莫

Guénée（Bernard），103 n.，106 n. 贝尔纳・盖内

Guitton（Henri），200 n. 亨利・吉东

Guizot（François），24—26，91，213，*214—218*，222—224，227，229，234，257. 弗朗索瓦・基佐

Haby（René），31，32. 勒内・阿比

Halbwachs（Maurice），294. 莫里斯・哈布瓦赫

Hardenberg（Karl-August von），63 n. 卡尔・奥古斯特・冯・哈登堡

Hartog（François），7，148 n. 弗朗索瓦・阿尔托格

Hauser（Henri），192，207，223. 亨利・奥塞尔

Hegel（Friedrich），258 n. 弗里德里希・黑格尔

Herpin（Jacqueline），82 n. 雅克利娜・埃尔潘

Hexter（Jack H.），39 n.，226 n. 杰克・H. 赫克斯特

Hitler（Adolf），164. 阿道夫・希特勒

Holmes（Sherlock），290. 夏洛克・福尔摩斯

Huizinga（Johan），234 n. 约翰・赫伊津哈

Hunt（Lynn），313 n. 林恩・亨特

Jacob（Margaret），313 n. 玛格丽特・雅各布

Jaubert（Alain），67 n. 阿兰・若贝尔

Jaurès（Jean），93. 让·饶勒斯

Jeanne d'Arc，28，48，70，111. 圣女贞德

Jefferson（Thomas），164. 托马斯·杰斐逊

Jésus-Christ，104—107. 耶稣基督

Joffre(maréchal)，340. 霞飞元帅

Joutard（Philippe），15 n.，25 n.，26 n. 菲利普·儒达尔

Julia（Dominique），44 n. 多米尼克·茱莉亚

Julliard（Jacques），93. 雅克·朱利亚尔

Kant（Emmanuel），109，131. 伊曼努尔·康德

Karady（Victor），37 n. 维克多·卡拉迪

Keylor（William R.），18 n.，33 n.，34，294. 威廉·R. 凯勒

Kocka（Jürgen），136 n. 于尔根·科卡

Kogon（Eugen），57 n. 厄让·科贡

Koselleck（Reinhart），11，63 n.，90，103 n.，108 et n.，*112—113*，118 et n.，119 et n.，125 n.，*126*，*130*，*132*，*141* et n.，143，173 n.，181 et n.，289 n. 赖因哈特·科泽勒克

Kriegel（Annie），93，320 et n. 安妮·克里格尔

Labrousse（C.-Ernest），91，94，126，129 n.，160，213，*219* et n.，*220*，*221*，222—224，228—231，234—236，277，310. C.-恩斯特·拉布鲁斯

Lacombe（Paul），11，*75—76*，*152*，173，*174*，*178*，191. 保罗·拉孔布

Langbein（Hermann），57 n. 赫尔曼·朗拜因

Langlois（Charles-Victor），7，10，14，35 et n.，39，56，59，67，71，74，76，277，311 n. 夏尔-维克多·朗格卢瓦

Langlois（Claude），49 n. 克洛德·朗格卢瓦

Lavisse（Ernest），26，28，34，37，74，92，294，297. 恩斯特·拉维斯

Le Bras（Gabriel），204，326. 加布里埃尔·勒布拉

Le Goff（Jacques），7，8，39 n.，42 et n.，46 n.，*51* et n.，59，83. 雅克·勒高夫

Le Pellec（Jacqueline），22 n. 雅克利娜·勒佩莱克

Le Roy Ladurie（Emmanuel），8，15，31，43，122 n.，*202* et n.，211 et n.，225 n.，*233* n. 埃马纽埃尔·勒华拉杜里

Leduc（Jean），22 n. 让·勒迪克

Lefebvre（Georges），7，38，218 n.，310. 乔治·勒费弗尔

Léon（Pierre），82 n.，209 n. 皮埃尔·莱昂

Lepetit（Bernard），221 n.，222 n.，223 n.，231 et n. 贝尔纳·勒珀蒂

Levasseur（Émile），224. 埃米尔·勒瓦瑟

Levi（Primo），*164*. 普里莫·莱维

Levi-Strauss（Claude），101—102，232. 克洛德·列维-斯特劳斯

Levillain（Philippe），46 n. 菲利普·勒维兰

Lewis（Bernard），335—336 伯纳德·刘易斯

Lhomond（Charles-François），343. 夏尔-弗朗索瓦·罗蒙

Lipp（Carola），146 n. 卡萝拉·利普

Livet（Georges），39 n. 乔治·利韦

Loez（André），324 n. 安德烈·勒兹

Lodge（David），52 n. 戴维·洛奇

Luc（Jean-Noël），18 n.，28 n.，30 n. 让-诺埃尔·吕克

Luc（saint），105. 圣路加

Mabillon（dom Jean），59. 让·马比荣教士

Malthus（Thomas Robert），25. 托马斯·罗伯特·马尔萨斯

Malvy（Louis），320. 路易·马尔维

Mao Ze-dong，226. 毛泽东

Marcilhacy（Christiane），204 n. 克里斯蒂安娜·马西亚西

Marcos-Alvarez（Violette），22 n. 维奥莱特·马科斯-阿尔瓦雷斯

Marrou（Henri-Irénée），8，11，67，70，72，81 n.，*96*，*97*，*162*，*163*，186，*187*，277 et n.，288，*300*，311et n. 亨利-伊雷内·马罗

Martin（Hervé），39 n. 埃尔韦·马丁

Marx（Karl），226，227，258 n.，259. 卡尔·马克思

Mauriac（François），342. 弗朗索瓦·莫里亚克

Mauroy（Pierre），17 n. 皮埃尔·莫鲁瓦

Maurras（Charles），203，301. 夏尔·莫拉斯

Mayeur（Jean-Marie），118. 让-马里·马耶尔

Melanchton，*108*. 梅兰希通

Meuvret（Jean），129 n.，198. 让·默弗莱

Meyer（Édouard），178 n. 爱德华·梅耶尔

Michelet（Jules），24—26，48，91，94，*98*，167，213，257，258 et n.，259，275，*342* et n. 朱尔·米什莱

Milo（Daniel S.），103 n.，106 n.，115 n. 达尼埃尔·S. 米洛

Milza（Pierre），135 n. 皮埃尔·米尔扎

Mitterrand（François），16. 弗朗索瓦·密特朗

Molotov（Viatcheslav），66. 维亚切斯拉夫·莫洛托夫

Monod（Gabriel），34，*57* et n.，74. 加布里埃尔·莫诺

Moulin（Jean），61. 让·穆兰

Mucchielli（Laurent），310 n. 洛朗·穆基里

Napoléon，272. 拿破仑

Newton（Isaac），154. 伊萨克·牛顿

Nicolet（Claude），46 n. 克洛德·尼科莱

Nietzsche（Friedrich），*132*，258 n. 弗里德里希·尼采

Noiriel（Gérard），33 n.，47 n.，64 n. 热拉尔·努瓦列

Nora（Pierre），8，28 n.，34 n.，39 n.，42 n.，45，47，83，285，294 n.，*298*，*299—300*，301 n.，*303*. 皮埃尔·诺拉

Novick（Peter），312 n. 彼特·诺维克

Ory（Pascal），135 n. 帕斯卡尔·奥里

Ozouf（Jacques），202 n. 雅克·奥祖夫

Palmade（Guy-P.），77，98，249，311 n.，342 n. 居伊-P. 帕尔马德

Passeron（Jean-Claude），46 n.，*70*，131 n.，156，159，197 n.，205 et n.，*206*，288，291 n.，323 et n. 让-克洛德·帕斯龙

Paxton（Robert），135 n. 罗伯特·帕克斯顿

Pearson（Karl），199 n. 卡尔·皮尔逊

Péguy（Charles），8. 夏尔·贝玑

Pelloutier（Fernand），93. 费尔南·佩路提埃

Perrot（Michelle），46 n.，93，225. 米歇尔·佩罗

Pétain（Maréchal），60，324，343. 贝当元帅

Pétrarque（Francesco），108. 弗朗切斯科·彼特拉克

Philippe de Macédoine，95. 马其顿王腓力

Philippe II，41，272，276—277. 菲利普二世

Piaget（Jean），30. 让·皮亚杰

Piobetta（Jean-Baptiste），21. 让-巴普蒂斯特·皮奥贝塔

Pivot（Bernard），86. 贝尔纳·皮沃

Platon, 114. 柏拉图

Pomian (Krzysztof), 39 n., 43 n., 103 n., 109 n., *112* et n., 223 et n., *263—264*, 284 n., 313 et n. 克日什托夫·波米安

Pompadour (Mme de), 88. 德·蓬巴杜尔夫人

Popper (Karl), *153* n., *203*, 208 n. 卡尔·波普尔

Poulot (Denis), 281 et n. 德尼·普洛

Pressac (Jean-Claude), 57 n. 让-克洛德·普雷萨克

Prost (Antoine), 200 n., 201 n., 210 n., 225 n., 228 n., 243 n., 283 n., 327 n. 安托万·普罗斯特

Proudhon (Paul-Joseph), 203. 保罗·约瑟夫·蒲鲁东

Queuille (Henri), 123. 亨利·克耶

Quinet (Edgar), 24. 埃德加·基内

Rancière (Jacques), *271* et n., *275* et n., *276*, *278*, 303 n. 雅克·朗西埃

Ranke (Leopold von), 119, 258 n., *289*. 利奥波德·兰克

Raphaël (Lutz), 39 n. 卢茨·拉斐尔

Rebérioux (Madeleine), 93. 马德莱娜·勒贝留

Rémond (René), 45, 210 n. 勒内·雷蒙

Renan (Ernest), 24. 恩斯特·勒南

Renouvin (Pierre), 45, 277. 皮埃尔·勒努万

Revel (Jacques), 39 n., 233. 雅克·雷韦尔

Reynaud (Jean-Daniel), 47 n. 让-达尼埃尔·雷诺

Ribbentrop (Joachim von), 66. 约阿希姆·冯里宾特洛甫

Ricardo (David), 25. 大卫·李嘉图

Ricoeur (Paul), 7, 9, 140, 155 n., 172, 180 n., *184*, *186* et n., 234, 246 n.,

247, 249 n., 252, 254, 257. 保罗·利科

Robert（Jean-Louis）, 210 et n. 让-路易·罗贝尔

Robinson（espion soviétique）, 61. 鲁滨逊（苏联间谍）

Robinson Crusoé, 160. 鲁滨逊

Robrieux（Philippe）, 93. 菲利普·罗布里厄

Roche（Daniel）, 46 n., 210 et n. 达尼埃尔·罗什

Rosental（Paul-André）, 207 n., 235 n. 保罗-安德烈·罗森塔尔

Rosenzveig（Christian）, 283 n. 克里斯蒂安·罗森维格

Rostow（Walt Whitman）, 138. 沃尔特·怀特曼·罗斯托.

Royer-Collard（Pierre-Paul）, 22. 皮埃尔-保罗·鲁瓦耶-科拉尔

Rückerl（Adalbert）, 57 n. 阿达尔贝特·吕克勒

Sadoun-Lautier（Nicole）, 110 n., 182 n. 妮科尔·萨顿-洛捷

Schlegel（August Wilhelm von）, *125*. 奥古斯特·威廉·冯·施莱格尔

Schöttler（Peter）, 136 n. 彼得·舍特勒尔

Seignobos（Charles）, 7, 10, 11, 14, *25*, *26*, 35 et n., 37—39 n., 40 n., *56*, *59*, *65—66*, *67*, *68—69*, 70 et n., 71—73 et n., 74, *76*, 77, 92, 96 n., 119, *120* n., 141, *147—148*, *169—170*, 171 et n., 177, 189, *190*, 191, 213, 236, 266 et n., *273*, *274* et n., *277*, 285, 288, 294, *295—297*, 305, 310—311 et n., 338, 340, *340—341*, 341 et n. 夏尔·瑟诺博司

Sentou（Jean）, 82 n. 让·桑托

Siegfried（André）, 198, 209. 安德烈·西格弗里德

Simiand（François）, 10, 11, 37, 40, 70 n., 76, 121, 171 et n., *191* et n., *192*, 193 et n., 197, 207, 214, 224, 226 n., 310 et n., 338. 弗朗索瓦·西米安

Simon（Jules）, 343. 朱尔·西蒙

Smith（Adam）, 25. 亚当·斯密

Soboul（Albert），93. 阿尔贝·索布尔

Staline（Jeseph），66. 约瑟夫·斯大林

Stein（Ludwig von），*173*. 路德维希·冯·施泰因

Sternhell（Zeev），289 n. 泽夫·施特恩赫尔

Stoianovich（Traïan），39 n. 特拉扬·斯托亚诺维奇

Stone（Lawrence），240，242 n. 劳伦斯·斯通

Taine（Hippolyte），24，213. 伊波利特·丹纳

Thierry（Augustin），24—25，91. 奥古斯丁·梯叶里

Thiers（Adolphe），24—26. 阿道夫·梯也尔

Thucydide，151—152. 修昔底德

Tocqueville（Alexis de），24—25，218，226，258 et n.，259. 亚历克西·德·托克维尔

Trempé（Rolande），88，93，225. 罗兰德·特伦贝

Turgot（Robert-Jacques），109. 罗贝尔-雅克·杜尔哥

Vasari（Giorgio），109. 乔治·瓦萨里

Vercingétorix，28. 维钦及托列克斯

Veyne（Paul），116 et n.，117，135，192，193 n.，245—247，*248—251*，261，*262*，314 et n. 保罗·韦纳

Vidal de Lablache（Paul），36. 维达尔·德·拉布拉什

Vidal-Naquet（Pierre），62 n. 皮埃尔·维达尔-纳凯

Vigier（Philippe），225. 菲利普·维吉耶

Vilar（Pierre），7，129 n.，225. 皮埃尔·维拉尔

Voltaire（François-Marie），90，115，213. 弗朗索瓦-马里·伏尔泰

Vovelle（Michel），210 et n.，326. 米歇尔·沃维尔

Wallon（Armand），197 n. 阿尔芒·瓦隆

Weber（Max），11，132—134，156，171，*172*，178 et n.，179，*180*，185，230，239. 马克斯·韦伯

Weill(Georges)，96 n. 乔治·魏尔

White（Hayden），11，245，257—259，*260—261*，284，287，311 n.，312 et n. 海登·怀特

Willard（Claude），92. 克洛德·维亚尔

Winock（Michel），46，183 n.，289 n. 米歇尔·维诺克

Winter（Jay），176 n. 杰伊·温特

Wolton（Thierry），61. 蒂埃里·沃尔顿

Zonabend（Françoise），110 n. 弗朗索瓦·索纳本德

译后记

安托万·普罗斯特1933年生于法国汝拉省小镇隆勒索涅,从巴黎高师毕业之后,他先后在多所高中和大学任教,其中在巴黎一大的时间最长(1979—1998),本书便源于他给一大本科生讲授的课程。虽然普罗斯特已经退休,但访问一大历史系的网页便可知道,这本《历史学十二讲》依然是"历史书写"一课的基本阅读材料。我们选择这本书进行翻译,就是考虑到它不仅是用反思的目光对当代法国史学界做了一次较为全面的扫描,而且也因其被众多历史系的学生阅读而成为他们共同的思想背景和知识底色,今日以及未来法国历史学家的理论反思将从此处出发,继续前行。

法国历史学家所做出的成就无需译者多言,本书中的思考正是建立于这丰厚的学术积累之上。此外,我们也已经看到,作者还从英(柯林武德)、美(海登·怀特)、德(科泽勒克)等国撷取了重要的思想资源。此外,值得一提的是,柯林武德和海登·怀特的著作在法国至今仍无译本,学界的讨论也相对较少,而科泽勒克近年来的影响则似乎越来越大,已超出历史学的范围。考察法国史学界对外部资源的吸取与利用时,这种"厚此薄彼"也是值得我们关注的一个现象。

最后,我要感谢巴黎东方语言文化学院(INALCO)博士候选人Pablo A. Blitstein(石保罗)帮我做了仔细的校对,我们在对译文的讨论甚至争论中度过许多愉快的时光。没有他的协助,我一人根本无力完成此项工作。在遇到我们都没有把握或无法达成一致意见的问题时,我便向 Jean Rahman Duval(杜玉涵)先生请教,他耐心细致的解答让我受益匪浅。我的朋友 Antoine Roset 参与了前几章的讨论和校对,在此一并致谢。翻译此书的过程中我常有绠短汲深之感,虽有几位师友的帮助,译文中想必还是存在疏漏和错误,这要由我来负责,也请读者诸君指正。

译　者
2011 年 2 月 15 日